KB027115

심리상담 현장의 행정 실무

Practical Administration at Psychological Counseling Site

금명자 · 권나윤 · 김민종 · 김정인 · 박수진 · 서숙희 · 이미숙 · 이정숙
장혁란 · 전정희 · 정상화 · 진보겸 · 채강수 · 천보경 · 최희숙 · 황정임 공저

머리말

우리나라 상담의 역사는 논란의 여지가 있지만 1960년대 중등학교의 교도교사 제도가 생기면서 교육상담이 시작되었고, 1970년대 대학의 학생생활상담센터가 설치되면서 전문적 · 치료적 상담이 시작되었다. 그 후로 50여 년의 세월이 흐르면서 오늘에 이르기까지 심리상담의 보편화 · 세분화 · 전문화가 이루어졌다. 일반 사람들이 전문적 심리상담의 필요성을 인식하고, 주변에 상담실이 많아지면서 심리상담의 보편화가 이루어졌다. 학교상담에서 시작되었지만 지금은 발달단계에 따른 아동, 청소년, 노인 상담 영역들로 나뉘었고, 상담이 이루어지는 기관에 따라 대상 또한 기업의 노동자, 군인, 다문화주민, 북한이탈주민 등 다양해졌다. 우울과 같은 정신건강상담, 도박중독과 같은 중독상담, 피해자의 외상을 다루는 상담 등 문제에 따른 상담도 나뉘면서 다양성과 세분화를 이루었다. 이렇게 세분화된 영역들은 그 특성에 따라 전문화를 이루어 왔다.

상담을 수행하는 전문 상담자로서 필요한 역량은 전문화를 이루며 강화되었지만 직업인으로서 상담자의 다양한 역할과 기능에 대해서는 상대적으로 관심을 갖지 못하였다. 그러나 실제로 상담자는 정말 다양한 기관에서 일하고 있으며, 그곳에서 오직 상담만 하지는 않는다. 공공기관의 상담센터는 국가의 정책과 예산으로 운영되기 때문에 정책을 수행하고 예산을 쓰려면 처음부터 끝까지 문서를 통해 행위가 이루어진다. 공공기관에서의 상담에 한계를 느껴 사설상담소로 이직한 상담자들은 아이러니하게도 청소에서부터 세무 처리에 이르기까지 상담 말고도 너무 다양한 일을 해야 한다고 호소한다. 이렇듯 상담자에게 요구되는 직업인으로서의 행정적 역량을 대학원에서는 가르치지도 않았고 자격검정과정에서도 확인하지 않았다. 직업인으로서의 상담자는 현장에서 이 문제로 당황했지만 정서적으로 이 문제를 적극적으로 해결하려고 하지 않았다.

그러나 목마른 사람이 우물을 판다고 했던가? 저자들은 상담 현장에서 맨 몸으로 배워 온 상담 행정을 어떻게 하면 후배들과 동료들에게 알려 줄 수 있을까 고민하였다. 다행히 몇 권의 책이 먼저 발간되어 답답함을 얼마간 해소해 주었다. 그러나 그 내용들은 상담 현장에 바로 적용하기에는 다소 일반적이거나 상담 현장의 다양성을 담는 데는 한계가 있었다. 이 책은 저자들이 다양한 기관에서 기관장, 책임자로 일하면서 갓 들어온 신입 직원에게 해 주고 싶었던 직무 오리엔테이션을 한다는 마음으로 집필하였다. 현장에서 얼굴을 마주하고 눈을 맞추며 지금까지 겪어 온 어려움과 서러움과 답답함 같은 감정을 재경험하면서 자신이 터득한 행정 일들을 이야기하듯 풀어내었다. 저자에 따라 '나'를 주어로 쓰신 분도 계시고, 연습문제를 풀어 가면서 행정의 의식화를 강조하신 분도 계시다. Q&A로 가려운 데를 긁어 주신 분도 계시다. 모두가 상담 현장의 실무자로서 경험에 기초하여 집필하였다.

이 책에서는 중등학교의 Wee센터, 대학의 학생생활상담센터, 청소년상담센터, 기업의 상담센터, 군대의 병영생활전문상담, 사설상담소에서 이루어지는 상담 바우처 사업, 피해자 상담을 관리하는 국가사업 대행 사업, 사설 개인상담실을 운영하면서 확보하는 대외 위탁업무, EAP, 치유농업을 매개로 하는 힐링센터, 마지막으로 상담자들을 길러 내는 대학원에서 행해지는 상담이론의 학습과 논문 쓰기 외의 일들을 다루고 있다. 각 기관의 목적과 사업들에 대해 간략하게 소개하고, 행정과 관련된 업무 체험을 기술하였다. 독자들은 이 책을 통해 행정 실무를 실감나게 경험하면서 배우길 기대한다. 더 추가하고 싶었던 기관들이 있는데 아쉽게도 이번에는 싣지 못했다. 추후 개정판에서 한국 상담심리의 블루오션으로 중독, 우울, 외상 문제들을 다루는 상담기관들의 행정을 추가하고자 한다.

마지막으로 이 책을 출간해 주신 김진환 사장님과 정성껏 편집해 주신 김현주 선생님께 감사의 마음을 전한다.

2022년 8월

저자 대표 금명자

차례

제1장

상담자의 행정 실무 역량 증진의 필요성

상담자가 행정에 뛰어날 필요는 없지만 각각의 상담기관이 성취하고자 하는 소기의 목적을 달성하기 위해 필요한 행정 행위를 이해하고 최소한의 역량을 갖추는 것은 꼭 필요하다.

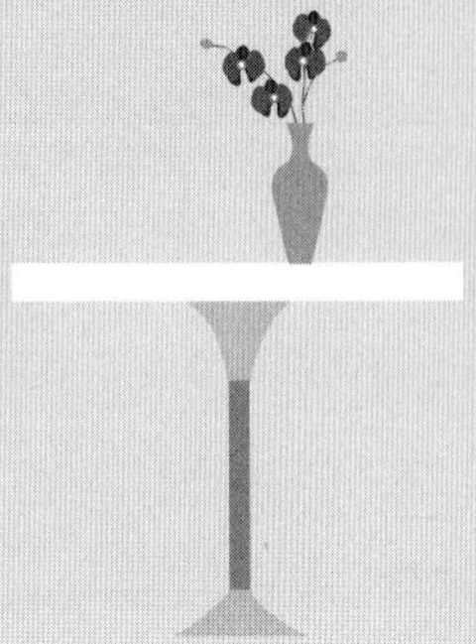

1. 한국 상담자의 다양한 역할 요구와 훈련의 한계

상담자에게는 상담자 외에도 교육자, 행정가의 역할이 요구되고 있다. 문제는 행정가로서의 역할 요구에 대해 상담자를 훈련시켜 배출하는 대학이나 자격증 검증 제도에서도 이를 체계적으로 관리하지 못하고 있다는 점이다. 이 장에서는 상담자에게 행정가로서의 역할 요구와 대학원의 교과과정과 자격증 시험에 행정과 관련된 내용 부족을 지적하여 행정 역량 증진의 필요성을 강조한다.

1) 상담자에 대한 다양한 역할 요구

상담은 '도움을 필요로 하는 내담자가 전문적 훈련을 받은 상담자와의 대화 상호작용을 통해 문제를 해결하고, 인간적 성장을 하는 과정'(이장호, 이동귀, 2014)이다. 이 상담의 정의는 상담자 1인에 의한 내담자 1인의 변화에 초점이 맞추어져 있다. 그러나 실제 상담은 특정 목적을 수행하기 위한 기관에서 진행되며, 기관에서는 상담 자체 외에도 상담을 잘 수행하기 위한 상담지원 활동과 교육, 자문 등 다양한 활동이 이루어진다. 다시 말해, 상담은 기관의 목적을 이루기 위한 방법 중 하나이며, 그 기관의 목적이 꼭 상담만을 통해서 성취되는 것은 아니다. 상담자는 상담은 물론이고 교육자, 자문가의 역할도 해야 하며 다양한 사업과 행사도 진행시켜야 하고, 기관 자체를 운영해야 하는 운영자의 역할도 해야 한다. 기관의 목적을 이루기 위한 모든 운영 행위가 행정이라고 할 수 있다. 다음에 상담자가 일하고 있는 공공기관의 상담센터와 사설 상담센터에서 상담자에게 상담역량 외에 운영행정가로서의 역량도 강화되어야 함을 점검해 본다.

2) 공공기관에서의 상담자 역할: 행정과 조정

상담자들의 전문적이고 학문적 역량을 증진시키고 관리하는 상담 관련 학회들은 상담자들을 위한 저마다의 윤리강령을 제시하고 있다. 윤리강령의 서문에는 각 학회와 상담자들이 활동하는 목적을 제시하고 있다. 예를 들어, 한국상담심리학회 윤리강령의 서문에 제시된 '인간의 존엄성과 가치를 존중하고 다양한 심리적 조력활동을 통해 개인이 자기를 실현하는 삶을 살도록 돕는다.'가 학회와 상담자의 활동 목적이고 '다양한 심리적 조력활동'이 상담자의 역할이다. 국내외 학자들(강진령 외, 2005a, 2005b; 금명자, 2007; Schmidt, 1999)에 의해 학교상담자의 역할은 상담, 자문, 교육, 행정(조정)으로 수렴된다. 황순길 등(2005)이 제시한 학교청소년상담사 모형에서는 상담활동, 교육활동, 행정/관리활동 및 기타활동으로 대분류되었고, 16개의 소분류 활동들이 제시되었다. 연구에 참여한 학교상담사들은 실제로 일선학교에서 3월부터 10월까지 8개월 동안 학교청소년상담사의 직무를 수행하면서 실제 수행한 작업들을 45분 단위로 나누어 기록하였다. 그 결과 상담활동은 32%, 행정/관리활동은 41%로 수행하였고, 교육활동은 16%, 기타활동은 10%였다(〈표 1-1〉 참조). 다시 말해, 상담자이지만 상담활동보다는 교육, 행정, 기타 활동을 2배 더 많이 하였다. 상담이나 교육활동은 일반적으로 상담자들에게 기대되는 활동이지만 행정활동과 기타활동은 그렇지 않은 활동이다. 행정활동에는 계획수립, 홍보활동, 평가업무, 행사개최들이 포함되었고, 계획수립이 52%로 반 이상을 차지하였다. 기타활동에는 서류작성, 업무협의, 교안작성, 상담준비들이 포함되었다. 서류작성과 교안작성, 업무협의 등은 행정활동에 포함시켜도 될 활동이다. 이를 통해 공공기관의 상담자에게 요구되는 역할은 상담자, 교육자, 행정가임을 알 수 있다.

3) 사설 상담센터의 행정

학교와 같은 공공기관에서는 이와 같은 행정활동이 있다는 것이 상식적으로 이해될 수 있겠지만 1인 개업상담실에서도 행정이 요구된다. 일찌감치 최윤경(2004)은 다양한 상담기관에서의 활동들을 비교하였는데, 개인상담소에서도 상담 행정이 상당 부분 차지하고 있었다. 특히 사설상담실의 경우에는 바우처사업이 중요한 재원이며, 이 바우처사업을 하기 위해서는 지원서를 작성하여 경쟁에서 선정되어야 하고, 진행 후에 제출해야 하는 예산 지출 정산과 보고서 작성 등은 상담 자체와는 상관이 없지만 그 양이 매우 많은 활동이다. 최근에 발표된 김지연과 류인찬(2019)의 개업상담자 초기 운영 경험에 관한 연구에서도 상담실 운영자로서의 경험에 서류제출, 인적 자원관리의 어려움이 포함되었다. 기업체 상담실도 역시 상담 외에 상

표 1-1 학교청소년상담사의 활동영역별 활동 시간 및 비율

전체 활동	상담활동	교육활동	행정/관리 활동	기타활동
비율	32.08	16.04	41.39	10.49
시간	3,674	1,837	4,741	1,202
행정 활동	계획수립	홍보활동	평가업무	행사개최
비율	52.27	13.60	17.30	16.83
시간	2,478	645	820	798

* 시간은 45분을 1시간으로 계산함.

담실을 구축하기, 홍보하기, 연계하기, 운영 평가하기 등이 중요한 업무이다(이지연, 김은석, 최아람, 장미수, 2021). 이렇듯 상담자는 내담자와 대면하여 상호작용하는 상담 외에도 프로그램 수행, 교육, 자문과 같은 내담자 대상 직접활동이나 이러한 직접활동을 원활하고 효과적으로 하기 위한 간접활동을 한다. 기관에 따라서는 이 간접활동에 투여하는 시간이 더 많다는 것이 상담자가 겪는 어려움 중 하나이다.

4) 상담자 교육과 훈련의 한계

우리나라 상담자 훈련모델은 과학자(scientist)와 실무자(practitioner)라는 두 가지 역량을 갖춘 상담자 육성모델인 Boulder 모델에 기초하고 있다. 과학자적 훈련은 주로 대학원에서 강의와 연구를 통해 이루어지고, 실무자 훈련은 다양한 상담센터에서 실제 내담자를 만나고 슈퍼비전을 받으면서 이루어진다. 문제는 이러한 강의, 연구, 실습들에 다양한 상담자 역할을 수행할 수 있도록 하는 내용이 없거나 부족하다는 것이다.

5) 대학원 교육과정의 한계

대학원에서 이루어지는 강의 내용에는 주로 학습, 발달, 사회, 성격, 연구, 심리학 등 다양한 심리학 지식, 다양한 심리치료이론, 심리평가에 대한 이해, 상담방법들이 있고, 상담센터에서는 접수면접, 심리검사 실시, 개인상담, 집단상담 등 비교적 고

유한 직접 상담활동들과 슈퍼비전으로 실습교육이 이루어진다. 대학원 내 다양한 전공이 있고, 공통필수과목, 전공필수, 전공선택 등 다양한 교과목이 있지만 상담자의 행정 역량을 키우는 교과목은 전무하다시피 하다.

6) 자격증 취득과정의 한계

각종 상담자격증 취득 과정은 심리치료이론, 연구방법론, 발달, 상담윤리 등의 지필시험과 사례에 대한 이해와 접근역량을 확인하는 면접시험으로 구성되어 있다. 자격증에 따라서는 연수나 수련과정을 요구하지만 이 역시 직접 상담 훈련에 대한 것들이다. 국가자격증 검정과정에도, 민간자격증 검정과정에도 상담 기관에서 필요로 하는 행정기능을 검증하지는 않는다. 다시 말해, 대학원 교과과정에도, 자격증 취득과정에도 상담 외의 행정이나 홍보와 같은 상담자의 다양한 역할 역량에 관한 교육이나 시험은 포함되어 있지 않다. 그래서 상담자는 이러한 행정 역량이 부족할 뿐 아니라 필요성에 대한 인식이나 동기도 부족하다.

2. 행정관리 이해와 상담 현장에 적용하기

앞 절에서도 상담자에게 요구되는 역량은 다양하지만 상담자를 육성하는 교육기관에서도, 상담자를 검정하는 자격시험에서도 행정에 필요한 역량을 가르치거나 검증하지 않는다는 점을 지적하였다. 그래서 상담자는 현장에서 일하기 전에는 상담 외의 역량에 관심을 가지기도 어렵고, 증진의 필요성도 느끼지 않는다. 그러다가 막상 취업이 되어 일선 상담 현장에 나가면 놀라고 스트레스 받고 힘들어하면서 상담자로서의 자질을 의심하기도 한다. 상담자가 행정에 뛰어날 필요는 없지만 각 상담기관이 성취하고자 하는 소기의 목적을 위해 필요한 행정 행위를 이해하고 최소한의 역량을 갖추는 것은 꼭 필요하다.

행정학의 입장에서도 다양한 이론이 있지만 이 책에서는 기관을 운영·관리하는 목적의 행정관리적 입장에서 다루는 개념들을 소개하고, 이를 상담현장에 적용하고자 한다. 행정관리적 입장에서의 행정은 이미 수립된 법이나 정책을 구체적으로 집행하고 관리하는 기술적 과정을 말한다. 여기에서는 행정의 가치판단적 기능을 배제하고 가치중립적인 기술적 과정을 강조한다. 법이나 정책을 구현한다는 점을 강조하는데, 각 법이나 정책은 목적을 가지고 있다. 다시 말해 행정이라는 것은 특정 목적을 이루기 위해, 누가, 어떻게 그 목적을 이루어 나가는가를 서류작업을 통해 관리하는 것을 말한다. 그래서 상담자는 상담기관에 취업을 하면 이 기관이 이루려는 목적과 목표는 무엇이고, 어떤 재화를 이용해서, 무엇을 하고 있는지, 취업한 나는 이 목적을 이루기 위해 어떤 일을 해야 하는지를 알고 이해하는 것이 필요하다. 이를 위해 행정이 추구하는 이념과 행정의 체계론적 접근방법에서 나오는 개념, 그리고 행정 과정을 간략하게 소개한다.

1) 행정에서 실현되는 가치

행정이라는 관리 과정이 존재하는 이유가 곧 행정이 추구하는 이념 혹은 가치이다. 그냥 주먹구구식으로 일을 하면 되는 것이 아니라 행정을 하는 이유는 합법적으로, 능률적 혹은 효율적으로, 민주적으로, 효과성 있게 일하기 위함이다. 이러한 가치들은 상담자들의 상담 과정에도 적용될 수 있는 것이지만 상담에서는 진실함과 진지함, 관계성 등이 강조되기 때문에 합법이나 효율, 효과라는 개념에 익숙하지 않다. 상담자는 행정 과정에도, 상담 과정에도 이러한 가치들을 적용할 수 있어야 하겠다. 행정 과정에서 추구되고 실현되는 가치들을 점검해 본다.

(1) 합법성

입법국가이며 자유민주주의 국가에서는 모든 행정이 법의 테두리 속에서 운영되고 법에 대한 존중을 전제로 해야 한다. 이를 합법성(legality)이라 한다. 상담센터의 설립이나 상담자의 선발과 사업의 시행도 법과 정책에 의한 것이지만 실제로 일하는 과정에서도 합법적으로 수행되어야 한다. 예를 들어, 내담자의 개인정보와 사적 정보가 「개인정보보호법」에 근거해서 보호되어야 하고, 「부정청탁 및 금품 등 수수의 금지에 대한 법률」도 적용된다. 또 상담센터에서 상담자들을 교육하기 위해 강사를 초빙하여 강사료를 지급할 때에도 정책이 정한 강사료를 주어야 한다. 아무리 훌륭한 강사라고 하더라도 혹은 센터의 대표가 아무리 많이 주고 싶더라도 정책이

인정하는 강사료 그 이상을 지급할 수는 없다.

(2) 효율성

효율이란 투입에 대한 산출의 비율을 말한다. 투입된 노력, 시간, 비용을 비추어 얻은 성과, 편익 등의 비율이다. 가장 좋기는 최소한의 투입을 하여 산출이 극대화되는 경제원칙을 따라야 하겠지만 자원은 언제나 한정적일 수밖에 없으므로 최대로 결과를 얻을 수 있는 대안을 구안하고 수행하는 것이 일을 하는 사람들에게 요구되는 태도이다. 예를 들어, 청소년상담센터의 상담자는 동일한 부모교육을 하더라도 강사료가 비싼 스타 강사를 초대하여 많은 사람을 대강당에 모아 놓고 정보를 일방적으로 전달하는 것이 좋을지, 소그룹으로 구성하여 몇 회기에 걸친 워크숍 형태의 부모교육을 하여 상호작용하면서 한 개인과 가정의 변화까지를 목적으로 계획해야 할지 고민한다. 기관이나 예산을 주는 곳에서는 몇 사람이 모였나가 중요하여 실적을 보고하라고 하지만 실제로 부모교육은 여러 번의 워크숍 교육으로 부모가 조금이라도 변화될 때 청소년 자녀에게까지 영향을 미치는 경우가 많기 때문에 상담자들은 소집단 부모교육을 선호한다. 목적과 목표를 어디에 두고 있느냐에 따라 효율성(efficiency)을 위한 방법이 달라짐을 알 수 있다.

(3) 민주성

행정에서는 민주성(democracy)이 실현되어야 한다. 민주적 행정을 한다는 것은 참여자를 위한 행정이어야 하고, 행정의 과정에 대상자가 참여할 수 있도록 한다는 것을 의미한다. 소위 말하는 국민을 위한, 국민에 의한, 국민의 행정을 한다는 것이다. 그러므로 행정으로 기관이나 사업을 관리할 때, 사람이 목적이어야 함을 생각해야 한다. 일을 하다 보면 사람보다는 일이 우선시되기도 하고, 기관이나 기관의 장이 목적으로 바뀔 때가 있다. 일하는 사람이 존중받아야 하고, 그 일의 대상이 결국 목적이 되어야 한다.

(4) 효과성

효과성(effectiveness)은 그 일이 목표를 얼마나 잘 이루었느냐를 의미한다. 재화를 투여하여 얻어진 결과가 얼마나 되는가와 관련한다. 누구나 효과성 높게 일하고 싶어 한다. 그러나 효과성만 염두에 두고 일을 하다 보면 앞에서 언급한 합법성, 민주성과 같은 가치들과 충돌하는 경우가 현실에서는 자주 있다. 효율성이 주어진 재화나 자산을 통해 얻어진 결과의 비율을 의미한다면, 효과성은 결과 달성도를 의미한다. 경우에 따라서는 효율성이 높은 행정이 효과성도 높일 수 있지만 꼭 그런 것만은 아니다. 성과와 결과를 위해 일도 하고, 상담도 하고, 행정도 하지만 행정이 추구하는 가치들이 서로 충돌하여 스트레스로 작용하기도 한다. 상담자는 이들 가치관에 대한 인식을 통해 자신들이 추구하고 있는 가치가 무엇인지, 어떤 가치를 보다 우선순위에 놓고 일해야 하는지 점검하는 태도와 시간이 필요하다. 상담은 효율성이 비교적 낮으며, 효과성이 바로 나타나는 행위가 아니다. 상담자가 효율성과 효과성을 추구하는 행정 행위에서 갈등하기 쉬운 것도 이러한 이유이다.

2) 체계론적 행정 과정의 구성요소

체계(system)란 일반적으로 복수의 구성요소 또는 변수가 어떤 관계, 예를 들면 상호의존성, 상호관련성, 상호작용성, 질서, 통일성 등과 같은 관계의 특성을 가지고 환경과 끊임없이 영향을 서로 주고받는 실체(entity) 내지 전체를 의미한다. 행정체계는 환경, 투입, 전환, 산출, 환류의 다섯 가지 요소로 진행된다. 다음에서는 이들 개념을 소개하고 상담기관에서의 활동에 적용해 본다.

(1) 환경

행정체계를 둘러싸고 있는 환경(envirnment)은 그 체계가 노출되어 있는 시간적·공간적 맥락에 따라 특정한 특성을 갖는다. 2022년에 대한민국에는 코로나라는 감염질병이 벌써 3년째 지속되어 '코로나 블루'라는 현상이 있다. 청소년이든 성인이든 자기 연령에 따라 코로나 블루는 다양한 증상으로 환경 속에서 사람들의 고통을 드러낸다. 이러한 환경에 상담센터 혹은 상담기관이 존재한다. 기관에 속한 상담자는 둘러싸고 있는 환경의 특성에 민감해야 하고, 요구를 읽을 수 있어야 한다. 요즈음 우리 사회는 중독의 문제, 우울 정서의 문제, PTSD로 드러나는 외상의 문제가 두드러진다.

(2) 투입

환경은 정책을 요구(demand)하고, 정책에 예산과 재량권의 자원(resources)이 투입(inputs)된다. 코로나 블루라는 환경은 이를 관리하는 정책을 요구한다. 코로나 블루에 의한 사람들의 피해를 줄일 수 있는 정책이 세워지고, 그에 따른 예산과 권력, 기능을 특정 기관이나 상담센터에 부여한다. 복지정책으로 기관에 특정한 조직이 만들어지고 예산이 투여된다. 학교 폭력이나 아동 폭력의 문제가 대두되는 환경에서는 법이 제정 혹은 개정되어 사회적 문제인 폭력을 다루려는 예산과 인력, 조직이 투입된다. 그러므로 상담자는 사회환경적 요구에 반응한 정책이나 법이 무엇인지, 정책과 법에 의해 투입된 인력, 조직, 예산 등의 내용들을 확인해야 한다.

(3) 전환

전환(conversion)이란 정책, 조직, 인력, 예산이 투입되어 실제로 사람들에게 어떤 서비스가 주어지는가와 같은 정책형성 과정을 말한다. 코로나 블루의 영향력을 최소화하기 위해 다양한 기관에서 다양한 일을 할 수 있는데, 이러한 다양한 것 중에 선택하는 과정을 말한다. 정책이 시행되는 구체적 방법에 대한 논의가 이루어지는 과정이다. 이 과정은 사람들의 선호와 가치가 서로 다르기 때문에 선택이 이루어지고, 보수적 방법과 혁신적 방법이 안정성과 개방성으로 갈등하기도 한다. 코로나 블루에 대한 방송을 많이 하여 경각심을 높일 것인지, 상담센터에 예산을 주어 상담을 받게 할 것인지를 결정하는 과정이다.

(4) 산출

산출(outputs)이란 전환과정을 통하여 결국 환경에 내보내지는 것, 다시 말해 각종 서비스를 의미한다. 지역사회 청소년상담지원센터에서 청소년들에게 코로나 블루 극복하는 프로그램을 시행하도록 할 수 있고, TV 광고를 통해 코로나 예방 방법을 알려 주기도 한다. 브로셔나 영상을 만들어 청소년들에게 교육을 할 수 있고, 이를 홍보하여 보다 많은 사람이 혜택을 받을 수 있게 한다. 영상을 제작하여 각 급 학교에 보급하는 프로그램, 코로나 블루 증상을 다루는 상담센터에 별도 조직을 설립하여 교육과 상담을 할 수 있다. 이 일을 수행하려면 사람을 선발해야 하고, 필요한 예산을 인건비, 프로그램 개발비 등에 사용하게 된다.

(5) 환류

환류(feedback)란 행정체계가 받아들인 투입에 대한 생겨난 산출이 환경에 미치는 영향을 의미한다. 투입이 제대로 산출되었는지, 이후에 다시 수정할 것은 없는지 등을 확인하는 과정이다. 보통 상담기관에서는 프로그램에 참여한 시민들의 실적, 효과 등을 평가하는 행위들이 포함된다.

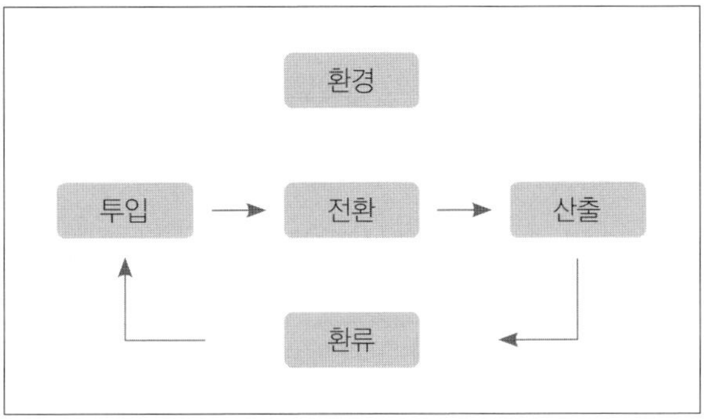

[그림 1-1] 체계론적 행정 과정의 요소

3) 행정 과정의 5단계

행정을 한다고 하면 상담자는 문서를 작성하고, 처리하는 일을 먼저 생각할 텐데 어떤 문서라도 다음의 다섯 가지 단계 중 하나를 수행하고 있다고 하겠다(김재기, 2006). 다시 말해 어떤 일을 할 때 거치는 과정들이다. 가장 간단하게는 사람과 돈(예산)이 있어야 일을 할 수 있는데, 이 사람과 예산을 관리하는 것이 행정 과정이라고 할 수 있다. 그러나 사람과 예산을 사용하기 위해서 더 필요한 것들이 있다면 계획, 조직, 평가들이다. 다시 정리하면 행정 과정은 정책이나 사업의 결정 및 기획, 기획에 따른 조직을 구성하는 조직 행정, 조직에 참여하는 사람들의 선발과 배치, 역할 부여, 보상 등의 인사 행정, 예산을 효율적으로 활용하기 위한 재무행정 그리고 마지막으로 이러한 행정들에 대한 평가와 변화를 다루는 평가행정 및 개혁 과정으로 구성되어 있다.

(1) 정책 결정 및 기획

특정 상담기관은 사회적 · 문화적 · 역사적 맥락의 환경에 속해 있다. 환경은 상담기관으로 하여금 일하게 하는데, 특정 목적을 가진 일들이 결정되고, 이 목적을 달성하기 위한 방법과 기본지침들이 선택되는 과정이 정책의 결정과 기획이라고 하겠다. 그러니까 이 단계에서는 목적을 확인하고 지침과 수단을 결정해야 한다. 특히 이 과정은 누가 이러한 결정에 참여하는지, 어떤 기준으로 결정하는지가 중요하다. 상담기관은 상담자들이 이러한 결정에 참여해야 지침과 수단의 선택에 상담적 전문성을 투여할 수 있을 것이다. 상담센터는 공공기관이든 사설기관이든 특정 목적을 가지고 설립된다. 상담센터 혹은 상담센터가 속해 있는 기관의 설립 목적이 있고, 특정 해에 추구하는 목적과 목표가 있고, 이를 위해 수행되는 사업에도 목적과 목표가 있다. 이 목적과 목표를 실행하기 위해 사업이 기획된다. 기획은 여러 대안 중에 목표, 예산, 절차 등을 선택하는 과정이다. 정책이 결정되는 과정에서 기획이 이루어지지만 이 둘은 분리하기 어려운 개념이다. 정책은 보다 가치적 측면이 강조된다면 기획은 중립적이고 수단적 합리성이 강조된다고 하겠다.

(2) 조직 행정

조직 행정이란 목적을 실현시키기 위해 결정된 정책과 기획들을 통해 일의 체계와 사람의 체계를 세우고 관리하는 과정을 말한다. 체계들은 일들을 나누어 하게 하고, 어떻게 협동하면서 일할 수 있는지를 보여 준다. 일반적으로 조직은 그 기관의 기능과 관련이 된다. 예를 들어, 대학의 상담센터가 상담, 연구, 수련의 기능을 가지고 있다면 상담부, 연구부, 수련부가 조직 체계화되고, 이 세 부서를 관리하는 사람인 소장과 각 부서에 부장을 배치하여 체계를 완성한다. 경우에 따라서 상담부를 1차적 예방을 하는 교육부와 2차 · 3차적 예방을 하는 상담부로 나눌 수 있다. 요즘처럼 대학이 학생들의 중도탈락률에 관심이 집중되어 있을 때에는 이 중도탈락을 예방, 관리하는 다양한 사업을 할 수 있는 사업부서를 신설할 수 있다. 상담기관이 해야 할 기능이 확대되어 규모가 커지게 되면 몇 개의 부서를 나누어 그 위에 국을 만들어 부서장 위에 국장을 두고 일의 나눔과 협력체계를 세워 합리적이고 효율성 있게 관리하게 한다.

- 다섯 가지의 조직 행정 원리
  - 위계(hierarchy)의 원리: 권한과 책임의 정도가 계층에 따라 달라진다.
  - 통솔범위(span of control)의 원리: 감독자가 효과적으로 통솔할 수 있는 수를 제한한다.
  - 명령통일(unity of command)의 원리: 오직 한 사람의 상관으로부터 명령을 받아야 한다.
  - 분업(division of work)의 원리: 업무를 종류와 성질별로 나누어 조직구성원에게 가능한 한 한 가지의 주된 업무를 분담시킨다.
  - 조정(coordination)의 원리: 조직의 목적을 달성하기 위하여 행동의 통일을 이루도록 결단적 노력을 질서정연하게 결합하고 배열한다.

(3) 인사행정

인사행정은 조직행정과 나누어 말하기 어려운 것이지만 세워진 조직에 어떤 역량을 가진 사람을 몇 명 배치하여 업무의 효율성과 효과성을 얻을 것인가와 관련된 행정이다. 우선 인적 자원의 동원과 배치가 이루어져야 하고, 인적 자원의 개발, 인적 자원의 활용, 인적 자원의 통제가 이루어진다. 동원과 배치에는 모집과 자격요건을 생각해야 하고, 개발에는 교육과 평가가, 활용에는 보수와 사기, 통제에는 윤리와 행동규범이 포함된다.

- 인적 자원의 동원과 배치

  인적 자원을 동원하고 배치하려면 목적에 적합한 인력을 확보하기 위한 모집이 이루어져야 한다. 모집이 성과가 있으려면 모집하는 직책에 대한 기대가 있어야 하고, 공고방법이 효과적이어야 한다. 상담자의 모집은 대체로 기관의 홈페이지에 공고문을 제시하기도 하고, 관련 학회의 게시판이나 카운피아 등에 공지한다. 상담자는 전문 분야이기 때문에 자격요건이 까다롭다. 보통은 교육요건, 자격증, 경력, 연령, 거주지 등을 제시한다. 특별히 상담과 같이 직접서비스 분야의 인력에는 정신질환이나 범죄, 장애에 따른 제한이 있을 수 있다.
- 인적 자원의 개발

  인적 자원의 개발은 교육훈련과 근무성적 평정으로 이루어진다. 어느 기관이

든지 선발한 인력에 대해서 그 기관의 업무에 맞추어 효과적으로 일할 수 있도록 다양한 교육을 한다. 또한 인력의 능률성과 생산성을 높이기 위해 근무를 평가한다.

- 인적 자원의 활용

인적 자원의 활용에는 보수와 사기가 포함된다. 상담자에게 있어 가장 큰 이슈가 되는 것이 보수와 사기의 문제이다. 상담자가 되려면 학부는 물론이고 대학원 교육을 요구하고 자격증 소지까지 요구하지만 보수는 학부 수준으로 정해지는 경우가 허다하다. 보수의 수준은 사기와 권력으로도 바로 연결이 된다. 상담자는 전문적 직군임에도 불구하고, 봉사로 시작된 직군이기 때문에 우리 사회에서 제대로 전문성을 보장받지 못하는 안타까움이 있다.

- 인적 자원의 통제

마지막으로 인적 자원의 통제는 윤리와 행동규범으로 이루어진다. 상담자에게는 특히 상담 윤리가 더욱 철저히 요구되는데, 서비스 대상의 매우 개인적인 사안들을 다루기 때문이다. 상담기관은 상담자의 권리와 의무, 내담자의 권리와 의무 등을 명시한 사전동의서를 마련하고, 교육하고, 시행한다.

(4) 재무 행정

기획한 일들을 시행하여 목적을 달성하려면 예산을 필요로 하고, 예산은 도구적 기능을 갖는다. 재무행정은 바로 이 예산의 동원, 배분의 관리를 말한다. 예산은 편성, 심의, 집행, 결산 및 회계검사의 4단계 과정으로 이루어진다. 또한 예산을 편성, 심의, 집행을 담당하는 예산 담당자들이 준수해야 할 규범을 예산 원칙이라고 하는데, 우선 이 예산의 원칙부터 살피고, 예산 과정을 간단하게 이해해 본다.

- 예산의 원칙
  - 예산 완전성의 원칙: 모든 수입과 지출은 계상되어야 한다.
  - 예산 단일의 원칙: 일 회계연도에 하나의 예산만이 있어야 된다.
  - 예산 공개의 원칙: 예산안의 편성, 의결된 예산, 결산 등이 모두 공개되어야 한다.
  - 예산 명료의 원칙: 관련된 사람이 모두 이해할 수 있도록 편성되어야 한다.

– 예산 사전의결의 원칙: 예산이 집행되기 전에 결정되어야 한다.
– 예산 엄밀의 원칙: 예산은 결산과 엄밀하게 일치되어야 한다.
– 예산 한정성의 원칙: 예산은 정해진 목적, 액수, 회계 년도 외의 이용을 금지해야 한다.
– 예산 통일의 원칙: 서로 다른 경로로 수입되었더라도 함께 섞어서 지출된다.

• 예산 과정

– 편성: 예산 사용 계획서를 구성하여 제출하는 절차로서 예산 편성 지침을 참고로 한다.
– 심의: 제출된 예산 사용 계획서를 검토하여 확정하는 절차이다.
– 집행: 수입과 지출을 실행하는 과정이다.
– 결산: 수입과 지출의 실적을 확정적 계수로 표시하는 절차이다.
– 회계검사: 재정적 활동이 기록된 장부와 기록들을 체계적으로 검사하는 행위이다.

• 예산의 종류

예산의 종류가 많고, 모두 국가예산에 대한 내용이기 때문에 일반 상담실에 적용하기 어려운 내용의 예산들이다. 그럼에도 불구하고 여기에 두 가지 이유로 소개하는데, 하나는 공공기관의 상담센터들은 국가예산을 사용하기 때문에 이용어들에 대해 알아 둘 필요가 있으며, 다른 이유는 이런 예산의 유형들을 작은 상담센터에서도 적용할 수 있기 때문이다. 추가경정예산이라든지 준예산의 사용 등은 공공의 작은 규모의 상담센터에서도 적용할 수 있다.

– 일반회계예산과 특별회계예산: 일반회계예산은 순수한 의미의 행정 서비스를 제공하는 데 사용되는 예산이라면, 특별회계예산은 정부가 특정사업을 운영하거나 특정자금을 보유하여 운영하는 경우에 설치되는 예산이다.
– 본예산, 수정예산, 추가경정예산: 본예산은 당초예산이라고도 불리며 최초로 편성되어 국회에서 심의, 의결한 예산을 말한다. 수정예산은 예산안이 국회에 제출된 후 심의를 거쳐 성립되기 이전에 부득이한 사유로 인하여 그 내용의 일부를 수정하고자 하는 경우 작성되는 예산을 의미한다. 추가경정예산은 국회를 통과하여 이미 성립된 예산이지만 변경을 해야 할 필요가 있을 때 편성되는 예산이다.

– 잠정예산, 가예산, 준예산: 잠정예산은 예산이 국회에서 확정되기 전에 일정 금액의 예산을 지출하도록 허용하는 제도의 예산이다. 가예산은 부득이한 사유로 인하여 예산이 의결되지 못한 때에는 1개월 이내의 가예산을 의결하는 예산을 말한다. 준예산은 새로운 회계연도가 개시될 때까지 예산이 국회에서 의결되지 못한 때에 정부가 국회에서 예산안이 의결될 때까지 전년도 예산에 준하여 경비를 지출할 수 있는 예산이다.

(5) 평가 행정과 개혁

평가 행정은 기획된 목표가 의도된 대로 시행되고 있는지 점검하고 조정하는 과정을 말한다. 이러한 평가는 주로 사업의 종료시점에 이루어지지만 시행되는 중간에도 이루어진다. 평가가 중간에 이루어질 때 사업이 통제되고 조정될 수 있기 때문이다. 이는 평가가 환류되기 때문에 가능하다.

3. 한국의 상담기관

상담기관은 법과 정책에 따라 세워진다. 「청소년복지지원법」에 의해 한국청소년상담복지개발원과 지역의 239개의 청소년상담지원센터가 설치되어 청소년상담 업무가 시행된다. 이처럼 상담기관은 특정 목적을 가진 법률에 의거해서 세워지기 때문에 각 기관의 상담자는 기초가 되는 법의 목적과 목표가 무엇인지 이해하는 것이 필요하다. 여기에서는 상담자가 일하고 있는 상담기관의 법적 근거를 확인하고, 혹은 법적 근거가 명시되어 있지 않을 때 시행되는 부처의 정책을 통해 각 기관의 목적을 살핀다. 〈표 1-2〉에 그 내용을 정리하였다. 이후의 각 장에서는 이들 기관의 법적 근거와 목적, 목표, 조직, 인사, 재정, 평가를 다루면서 상담자가 특히 무엇에 관심을 가지고 행정을 해야 할지 실무적 내용과 어려움, 해결적 접근방법을 다룬다.

표 1-2 상담기관별 법적 근거와 역할

대상		기관명 또는 직책명	법적 근거 및 관련부처	상담 기능 유형 및 내용
발달	아동	아동권리보장원	「아동복지법」 10조의 2	아동학대 예방 및 방지
		아동보호전문기관	「아동복지법」 45, 46조	피해아동 및 그 가족, 가해자를 위한 상담, 치료 및 교육
		아동복지시설 임상심리상담원	「아동복지법」 52조	아동복지시설 내 상담, 심리검사 실시 등
	청소년	전문상담교사	「초 · 중등교육법」 19의2	상담, 인성교육 등
		한국청소년상담복지개발원	「청소년복지지원법」 22조	청소년 상담, 복지 관련 연구, 시행, 연계, 관련전문가 연수 등
		청소년상담사	「청소년기본법」 22조	청소년상담 실행 인력
		지자체 청소년상담복지센터	「청소년복지지원법」 29조	지자체 수준에서 청소년상담, 복지 관련 업무 시행
		대학 학생생활상담센터	교육부	대학생 심리상담, 교육 등
	노인	노인복지시설	「노인복지법」 31조	다양한 노인복지에 따른 상담
		노인보호전문기관	「노인복지법」 39조의 5	노인학대 예방 및 피해 상담
문제	중독	도박문제관리센터	「사행산업통합감독위원회법」 제14조 제1항, 7항	예방 · 치유를 위한 상담 · 교육 · 홍보 및 프로그램의 개발 · 보급 등
		중독관리통합지원센터	「정신건강복지법」 15조 3	다양한 중독문제 관리 지원
	정신건강	정신건강복지센터	「정신건강복지법」 15조	만성 정신질환자의 상담과 지원
		국가트라우마센터	「정신건강복지법」 15조 2	재난 및 사건에 의해 피해를 입은 자를 대상으로 상담
		해바라기센터	여성가족부	성폭력 피해 상담 및 지원

		자살예방센터	「자살예방 및 생명 존중문화 조성을 위한 법률」 제13조	자살 예방 및 관리 지원
	진로, 취업	고용복지+센터	고용노동부	진로검사 및 진로취업상담
	범죄	범죄예방정책국	법무부	범죄예방, 치료, 보호 등
		교정심리치료센터	법무부	교도소 생활적응상담, 재범방지 상담 및 심리치료, 인성교육, 성폭력예방교육 등
		가정법원 조사원	법무부	가사, 소년 사건 재판을 위해 심리적 조사
대상	군인	병영생활전문상담관	국방부 훈령	병사, 간부들의 심리상담
	북한이탈주민	북한이탈주민상담사, 하나원, 하나센터	통일부	하나센터 북한이탈주민 심리상담
	다문화	이주민지원센터	행정안정부 및 관련부처	심리적응 지원
	가정	건강가정지원센터	「건강가정지원법」 35조	가족상담, 지원, 예방
	종교	각 교회, 성당, 사찰 상담실	종교기관 운영지침	성도 심리상담
	직장	각 회사의 상담실	회사 사칙	직원 심리상담 및 적응프로그램
		EAP(Employee Assistance Program)	사업체	회사 직원 심리상담 및 적응 프로그램 실시

요약

상담자의 역할은 다양하다. 전문 상담자는 물론이고 교육자, 행정가로서의 역할과 역량이 요구된다. 전문 상담자로서의 역량은 대학원의 교과과정을 통해, 자격증 취득과정의 검증을 통해 길러지지만 행정가로서의 역할은 도외시되고 길러지지도 검정되지도 않는다. 이 장에서는 각 상담현장별 행정 실무에 대한 워밍업으로서 행정의 가치, 행정체계와 행정 과정을 간략히 소개하며 이 개념들을 상담현장에 간단하게 적용하며 이해를 도왔고, 각 상담이 이루어지는 다양한 기관들의 법적 기초와 목적들을 열거해 보았다.

참고문헌

금명자(2007). 전문상담교사의 학교상담자 역할에 대한 기대와 예상의 차이. 한국상담심리학회지: 상담 및 심리치료, 19(4), 843-861.

김재기(2006). 행정학(3판). 경기: 법문사.

김지연, 류인찬(2021). 개업상담자의 초기 운영경험에 대한 탐색적 연구: 포커스 그룹 인터뷰를 중심으로. 학습자중심교과교육연구, 21(23), 993-1008.

이지연, 김은석, 최아람, 장미수(2021). 기업상담의 이론과 실제. 서울: 학지사.

최윤경(2004). 한국 상담자의 전문 업무에 관한 연구. 미래교육연구, 17(2), 147-173.

조남정(2019). 사설상담소의 현황과 발전방안. 지역사회연구, 27(4), 115-130.

황순길, 류진아, 이경아, 장진이, 정재우(2005). 학교청소년상담사 학교상담 활동 모형 연구. 청소년상담연구, 114, 한국청소년상담원.

제2장

초 · 중 · 고등학교 (Wee센터, Wee클래스)에서의 상담 행정

Wee센터의 상담은 Wee센터 전체 사업의 일부로서 여러 사업과 유기적으로 연동되면서 서비스 대상에게 복지와 안녕을 제공할 수 있다. 직업인으로서의 상담자는 조직의 목적에 부합하는 행정 실무 능력을 갖춤으로써 상담자의 전문성을 더 빛나게 할 수 있다.

1. Wee프로젝트의 이해

1) 법적 근거와 목적

Wee프로젝트는 '학교 · 교육청 · 지역사회가 연계하여 학생들의 건강하고 즐거운 학교생활을 지원하는 다중의 통합지원 서비스망'이다. 2008년 대통령 공약 사업으로 선정된 위기학생 지원 정책 사업으로서 「위(Wee) 프로젝트 사업 관리 · 운영에 관한 규정」(교육부 훈령 제329호)에 근거해서 추진되고 있다. 위(Wee)프로젝트 연구 · 지원센터에 따르면 전국적으로 Wee클래스 8,059개, Wee센터 206개, Wee스쿨 15개교가 운영되고 있으며(2021년 8월 기준) 시 · 도교육청 및 학교 재량에 따라 업무에 차이가 있을 수 있다.

Wee센터에서 진행되는 사업에는 「학교폭력예방 및 대책에 관한 법률」 제17조(가해학생에 대한 조치) 제1항 제7호 5에 의거한 학교폭력 가해학생 상담 및 교육이 있다. 학업중단숙려제는 「초 · 중등교육법」 제28조(학습부진아 등에 대한 교육) ⑥ · ⑦항, 「초 · 중등교육법 시행령」 제31조(학생의 징계 등) 제5항 제2호, 학교생활기록 작성 및 관리 지침(교육부 훈령 제393호) 제8조(출결상황), 「학교 밖 청소년 지원에 관한 법률」 제15조(지원센터에의 연계)에 근거해서 진행되는데, 학교의 장은 학업을 중단할 뜻이 있거나 가능성이 있다고 인정되는 학생에게는 전문상담기관의 상담이나 진로 탐색 프로그램 등을 안내하거나 제공하여 학업 중단에 대하여 숙려(熟慮)할 기회를 주

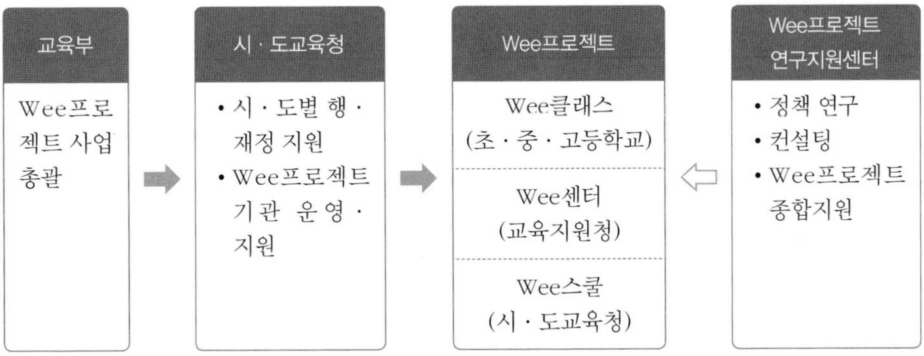

[그림 2-1] Wee프로젝트 추진체계

어야 한다. 또한 「교육기본법」 제27조, 「학교보건법」 제2조, 제7조 등에 근거해서 학생정서 · 행동특성검사 고위험군 학생 대상의 후속 상담 · 치유상담이 이루어진다.

Wee클래스는 Wee프로젝트의 1차 안전망으로 학교폭력, 학업중단 위기 등의 학교 부적응 및 일반 학생들을 대상으로 잠재적 위기학생의 학교생활 적응 조력을 목적으로 초 · 중 · 고등학교 내에 설치되어 있다. Wee센터는 2차 안전망으로 단위학교에서 선도 및 치유가 어려워 의뢰한 위기학생의 전문적인 진단 · 상담 · 치유를 위한 원스탑 서비스 지원을 목적으로 대부분 시 · 도 교육청 또는 교육지원청에 설치되어 있으며 지역에 따라 사설 센터에 위탁하는 형태로 운영되기도 한다. 또한 단기 기숙형 위탁기관으로서의 가정형 Wee센터나 병원형 Wee센터도 있다. Wee프로젝트 3차 안전망으로서 위기상황으로 중장기적인 치유와 교육이 필요한 고위험군 학생의 중장기 위탁교육을 실시하는 Wee스쿨이 운영되고 있다. 이 장에서는 저자가 소속되어 있는 Wee센터 중심으로 상담 실무자로서 경험한 상담 행정을 소개하고자 한다.

2) Wee센터의 운영체계

(1) Wee센터의 조직 및 인사

① Wee센터의 조직

Wee센터는 교육부를 통해 교육(지원)청에서 운영하는 공적 기관으로서 모든 서

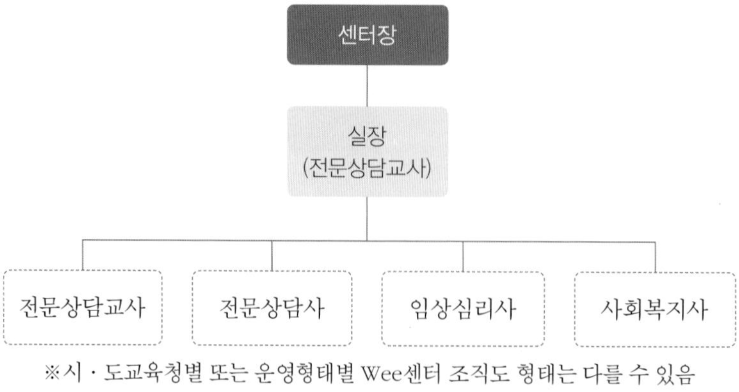

[그림 2-2] Wee센터 조직도

출처: 교육부, 충청북도교육청, 한국교육개발원(2021).

비스가 무료로 제공된다. 기관장은 교육지원청의 과장이 맡고 Wee센터 담당 장학사가 배정되어 있다. 지역청마다 사업부서의 명칭이 다를 수 있으며 저자가 속한 교육지원청의 경우에는 교육지원과 과장이 센터장을 맡고, 장학사 1인이 Wee센터 담당 장학사로 배치되어 있다. Wee센터 실무자들인 전문상담인력은 교육공무원 전문상담교사(들)과 교육공무직에 속하는 전문상담사, 임상심리사, 사회복지사로 구성되어 있으며 시 · 군 · 구의 규모에 따라 인력 수에 차이가 있다. 전문상담교사는 전문상담교사 자격을 취득하고 임용고사에 합격한 후 Wee센터나 Wee클래스에 배치되며, Wee센터의 경우에는 경력자 전문상담교사가 실장을 맡는다. Wee센터 소속의 전문상담교사는 전문상담순회교사라는 명칭으로 Wee클래스 전문상담교사와 구별하기도 하고 실제로 직무에 일부 차이가 있긴 하지만 일반적으로 전문상담교사로 통칭하고 있다. 대체로 전문상담교사들은 학교 Wee클래스 근무를 선호하는데, 방학이 있고 근무시간이 더 짧다는 것이 주요한 이유이다. Wee센터는 임상심리사와 사회복지사가 전문상담인력에 포함되어 '심리평가–상담–치유'라는 원스톱 서비스를 제공하는 반면, 학교 단위의 Wee클래스는 전문상담교사 1인이 전체 업무를 도맡아 하는 Wee센터의 축소판이라고 볼 수 있다.

대다수의 전문상담교사는 교원 임용고사에 합격하고 학교 또는 교육지원청에 발령받아 전문상담 업무를 수행하지만 심리학 또는 상담 관련 학과에서 교직 이수를 하거나 교육대학원에서 석사 과정을 이수하고 2급 전문상담교사 자격을 취득한 후 기간제교사로서 Wee클래스나 Wee센터에서 근무하기도 한다. 전문상담교사 제도는 학교폭력의 예방을 위하여 2005년도부터 도입되어 교육(지원)청에 전문상담교사가 배치되기 시작되었다. 2007년도부터 일선 학교에 배치되었으며 2012년에 학교폭력으로 인한 자살 등의 문제로 학교폭력 피해학생을 보호하고 가해학생을 선도 · 교육하기 위하여 학교에 전문상담교사의 배치가 확대되었다(나무위키, 2022). 그러나 국회 교육위원회 소속의 한 의원이 교육부로부터 제출받은 자료에 따르면 전체 초 · 중 · 고등학교 내에 전문상담교사가 배치되어 있는 학교는 32.3%, 특히 초등학교의 배치율은 중 · 고등학교에 비해 현저히 낮은 18.4%에 그치고 있어 전문상담교사 배치를 전면적으로 확대하기 위한 방안을 적극 검토해야 한다고 주장하고 있다(최만수, 2021).

전문상담사는 지역교육청별로 마련되어 있는 '교육공무직원 채용 및 관리 조례',

'교육공무직원 관리규정', '교육공무직원 인사운영 지침' 등에 근거해서 관리된다. Wee프로젝트가 시작된 이래로 임상심리사, 사회복지사와 함께 전문상담인력으로 채용된 이래로 현재는 교육공무직으로 분류된다. 일반적으로 전문상담사 채용 조건에서는 청소년상담사 2급 이상 또는 한국상담심리학회, 한국상담학회 2급 이상의 자격을 요구하며, Wee센터와 달리 Wee클래스에서 근무하는 전문상담사는 수업을 제외하고는 전문상담교사와 업무가 거의 유사하다. 안타깝게도 저자가 속한 지역에서는 전문상담사 신규채용을 하지 않는 추세이다. 배출되고 있는 전문상담교사가 늘어남에 따라 Wee클래스나 Wee센터의 전문상담사가 퇴사하거나 정년퇴직하면 공석에 전문상담교사를 채용하기 때문에 전문상담사는 육아휴직 등으로 인한 대체인력으로만 채용되므로 장기적으로 학교나 교육(지원)청 차원의 상담 업무에 관심이 있는 경우에는 전문상담교사 자격증을 취득하는 것이 유리할 것이다. 전문상담교사의 처우는 교과교사에 비해 승진의 기회가 드물고, 비교과교사 중에서도 교직수당이 적은 점 등을 이유로 개선의 필요성이 꾸준히 대두되고 있다.

Wee센터의 전문상담인력에 포함된 임상심리사나 사회복지사도 관련 공인 자격증을 취득한 전문가로서 채용되지만 저자가 속한 지역에서는 임상심리사와 사회복지사가 퇴사하거나 정년퇴직한 자리에 전문상담교사를 채용한 Wee센터가 생기기 시작했다. Wee센터의 전문성 차원에서 보자면 아쉬운 일이지만 상담전문교사의 역량 확장이 요구되면서도 그에 따른 행정업무도 증가할 가능성이 있어 보인다. 전문상담교사로 일하고자 할 때에는 자신이 속한 지역의 Wee센터 상황은 어떤지 확인이 필요한 대목이다.

② Wee센터의 인사

인사관리는 기관에서 목표로 하는 성과를 효율적으로 달성하기 위해 필요한 인력을 선발하고 교육하고 배치하며 근로와 관련된 제반 사항들을 관리하는 것을 총칭한다(김인규 외, 2021). 기관에 채용되었을 때 인사, 복무, 보수 규정을 숙지하는 일은 매우 중요하다. 저자의 경우도 그랬지만 다수의 상담자는 자신이 일하는 기관의 복무, 보수 규정보다는 내담자의 안녕과 상담자로서의 역량을 향상시키는 데 더 관심을 가지는 것 같다. 입사하고 초기에는 임금체계나 복리후생에 관심을 가지기보다는 상담을 잘하고자 더 높은 수준의 자격증 취득이나 전문성 향상을 위한 각종 연수에 더 몰두하기도 했다.

Wee프로젝트 전문상담인력 운영은「초·중등교육법」제19조의 2,「학교폭력예방 및 대책에 관한 법률」제14조,「위(Wee) 프로젝트 사업 관리운영에 관한 규정 교육부 훈령」제329호,「교육공무원법」제32조 제1항 제3호 등에 근거한다. Wee센터와 Wee클래스 소속 전문상담교사의 인사관리기준은 전국 17개 시·도 각 지역의 교육공무원 인사관리지침에 따르며 저자가 속한 지역은 한 학교에 근무할 수 있는 만기 5년, 지역 만기 8~10년과 같은 전보 규정 외에도 신규채용, 승진, 전직 등의 규정이 명시되어 있다. 참고로 교육 현장에서 중등 교사는 중학교와 고등학교 교사를 포함한다. Wee센터 전문상담교사들은 대체로 1년 근무 후에는 학교 Wee클래스로 이동하고 싶어 하는 경우가 다수이고 Wee센터에서 Wee클래스로 발령이 난 전문상담교사를 축하하는 분위기가 일반적이다. 물론 Wee클래스보다는 Wee센터 근무를 선호하는 전문상담교사가 전혀 없지는 않지만 10년 넘게 경험한 바로는 극히 소수에 불과한 것 같다. 인사이동이 있는 매년 2월이 지나고 3월부터 형성되는 신구 인력 간의 융화 여부가 한 해 사업 운영에 끼치는 영향이 지대하다.

기간제 전문상담교사 또는 전문상담사, 임상심리사, 사회복지사와 같은 신규인력을 채용할 때에는 채용공고, 채용심사, 최종 확정 후 계약의 순서로 진행된다. 채용공고 계획안이 내부 결재되면 교육지원청 홈페이지 관련 학회와 구직사이트에 게시된다. 채용심사는 1차 서류전형에서 선발된 합격자의 면접전형으로 최종 합격자가 확정된다. 전문상담교사는 자체의 인사이동 절차에 따라 Wee센터나 Wee클래스에 배치되는 반면에 기간제 교사나 전문상담사는 투명하고 공정한 절차에 의해 선발되어야 하므로 Wee센터의 실장은 채용공고문이 정확하게 작성되었는지부터 최종적으로 채용이 확정되어 근로계약서를 쓸 때까지 챙겨야 할 행정사항이 많다.

Wee센터의 업무 분장은 장학사나 센터장의 재량에 따라 좌우되기도 하지만 대체로 Wee센터 운영매뉴얼을 참고하여 지역의 사정에 따라 정한다. 전문상담교사가 배치되는 2월경에는 업무분장의 윤곽이 잡히고, 공석을 충원하고자 선발되는 인력들은 이미 업무가 정해져 있다. Wee클래스의 전문상담교사는 개학 전 업무분장 회의에서 다른 동료교사와 신경전을 벌이기도 한다. 한편, 학령인구 감소에 따른 공립학교 교원의 감축에도 불구하고 전문상담교사를 증원하는 내용의「지방교육행정기관 및 공립의 각급 학교에 두는 국가 공무원의 정원에 관한 규정」일부 개정안이

입법예고되었다(김병규, 2022). 전문상담교사는 비교과 교사로서 보건, 영양, 사서 교사에 비해 법정정원 대비 가장 낮은 수준인 것도 참고할 만하다.

공공기관에 속한 상담사로서 Wee센터나 Wee클래스 전문상담사는 전보 대상 직종인데 일반적으로 전보란 지방공무원이나 교육공무원이 동일한 직급이나 직위 내에서 근무기관이나 부서를 옮기는 것을 말한다. 교사들이 일정 기간이 지나면 새로운 임지로 발령 나듯이 교육지원청 소속의 교육공무직 직종 중에는 영양사, 조리원 등과 같이 전보 대상인 경우 저자가 속한 지역에서는 근무연한이 5년이 되면 정기 전보를 시행한다. 다시 말하면 Wee센터나 Wee클래스의 전문상담사는 다른 센터나 Wee클래스로 옮기는 관내 또는 관외 전보 대상이 된다. 이렇듯 전보도 인사의 일부로서 관리규정에 포함되어 있으므로 기관의 인사운영지침을 숙지하는 것은 아무리 강조해도 지나침이 없다.

(2) Wee센터 사업

Wee센터 사업은 재학 중인 초 · 중 · 고등학생이 주 대상이며 상담, 교육, 연계, 자문이 주된 사업이다. 더 세부적으로는 개인상담, 집단상담, 학업중단숙려제 상담, 학교폭력 가해, 피해학생 특별교육 및 상담, 학생정서 · 행동특성 검사 심층평가, 부모/교사 대상 교육, 전문상담인력 역량 강화 교육/연수 등이 포함된다. 연간 사업계획은 대체로 센터가 속한 지역의 특성과 소속 교육(지원)청의 교육방향에 맞춰 수립되는데, 사업계획의 목적과 목표는 1년 동안의 사업방향을 제시하고 전체 사업 방향에 맞춰 세부사업계획을 세운다. 센터 내 업무담당자가 각자 자신이 맡은 사업의 운영계획을 작성하고 업무담당자 간의 협의를 통해 검토 후 확정되면 각 학교에 공문과 책자로 연간운영계획을 발송한다. 공공상담기관에 소속되어 일하고 싶은 상담자라면 전체 사업목표를 이해하고, 자신이 수행하는 업무와 기관 운영의 연관성을 고려하여 기관 전체의 업무 틀 내에서 자신이 맡은 사업을 수행해야 한다.

저자가 속한 Wee센터는 경북 지역에서 두 번째로 인구가 많은 도시로 23개 시 · 군 · 구 Wee센터의 공통사업뿐만 아니라 특성화된 사업이 있다. 특히 경북의 타 지역들에 비해 학교와 학생 수가 상대적으로 많은 상황에서 인력 투입 대비 효율적인 사업 운영을 가장 고심하지 않을 수 없었다. 2008년 개소 당시에는 전문상담교사 1명과, 전문상담사 2명, 임상심리사1명, 사회복지사 1명이 약 100개의 학교, 5만 명이 넘는 학생을 감당해야 했기에 시행착오를 겪다가 고위험군 학생을 위주로 서비스를 제공하기 위해서 대상을 선별해서 의뢰받는 원칙을 세웠다. 원하면 누구나 의뢰할 수 있는 Wee센터를 기대하는 보호자나 교사에게는 불만이 있을 수도 있지만 한정된 인력이라는 현실적인 한계 속에서 고위험군 학생들에 집중하는 전략을 선택할 수밖에 없었다. 현재는 전문상담교사가 6명, 전문상담사 2명, 임상심리사 1명, 사회복지사 1명으로 구성되어 있어 초기에 비해 2배 이상 인력이 증가했고 무엇보다 102개의 초·중·고 학교 중 79개 학교에 전문상담교사와 전문상담사가 배치되는 등 Wee클래스를 중심으로 학교 차원에서 개입할 수 있는 역량도 Wee프로젝트 초기에 비하면 커졌다고 볼 수 있다.

표 2-1 Wee센터 연간 운영계획 예시

영역	세부 운영 내용
기획 및 평가	전년도 사업평가 연간운영계획 수립 세부 운영계획 수립 서비스 이용 평가 조사
상담	Wee센터 내방상담 학교 순회상담 학업중단 숙려제* 학생정서·행동특성검사** 심층평가 추수 상담
학교폭력 가해 및 피해 학생 교육 및 상담	학교폭력 가해학생 특별교육 및 상담 학교폭력 피해학생 상담
심리검사 및 전문의 면담	심리검사 및 평가 전문의 특별면담***
복지 연계	지역사회 기관 연계 및 멘토링
Wee클래스 지원	Wee클래스 및 상담 업무담당자 연수/슈퍼비전 Wee클래스 협의체 운영/컨설팅
교육/연수	부모교육 교원 상담역량 강화 연수

특색사업	상담관 운영(도서 및 상담용구 대여)
홍보	길거리 및 학교 방문 홍보 활동, 언론 보도자료 등

*학업중단숙려제: 학업중단 위기 학생에게 일정한 기간 동안 숙려 기회를 부여하고 다양한 체험 및 상담 등을 지원하여 신중한 고민 없이 이루어지는 학업중단을 예방하고 학교 적응력 증진을 도모하는 제도로서 학교 · 교육청 · 지역사회가 연계한 체계적인 진로지도로 인적자원 유실을 최소화하려는 목적으로 운영된다. 의무는 아니고 선택사항이지만 미동의하는 경우에는 미신청 동의서를 받아 학교에서 보관하게 되어 있다. 숙려기간은 연간 최대 7주 이내로 주 단위로 2회 이상 참석하면 숙려기간은 출석인정을 받을 수 있다. 지역에 따라 운영지침에 차이가 있을 수 있으나 학업중단 의사를 밝히거나 학업중단 위기에 처해 있다고 판단되는 학생, 미인정결석 연속 7일 이상 또는 연간 누적 30일 이상인 학생이 학업중단숙려제 대상이다(서울시교육청, 21년 학업중단숙려제 운영 기준).

**학생 정서 · 행동특성검사: 초등학교 1 · 4학년, 중학교 1학년, 고등학교 1학년을 대상으로 학생의 정서행동상의 문제를 조기에 발견하여 전문적인 도움을 주기 위해 매년 실시하는 검사이다. 관심군으로 분류되면 학교담당자(전문상담교사, 전문상담사, 보건교사 등)이 개별 면담을 실시하며, 학부모와 함께 학생의 학교생활과 마음건강에 대해 상의한다. 전문기관의 추가검사가 필요하다고 판단된 학생은 학부모님의 동의하에 Wee센터 및 정신건강복지센터로 연계되어 심층평가 후 치유를 위한 추가적인 상담이 지원된다. 의학적인 도움이 필요할 경우 전문 병 · 의원으로 연계되기도 한다(2022년 학생정서 · 행동특성검사 동영상 교사용 설명자료).

***전문의 특별면담은 병원형 Wee센터가 아닌 Wee센터에서 정신건강의학과 전문의를 센터로 초빙하여 심리적인 어려움을 겪고 있는 학생을 면담하고 동반한 보호자나 학교 담당자에게 의학적인 소견을 제공하는 대면 상담 서비스이며, 위(Wee)닥터라는 원격 화상 자문 서비스는 비대면 상담으로 제공된다.

(3) Wee센터의 재정 및 평가

① Wee센터의 재정

Wee센터의 예산 편성은 지방자치단체 교육비특별회계 예산편성 운영에 관한 규칙에 근거한 시 · 도교육청별 '교육비특별회계 예산편성기준'을 토대로 하며 매년 하반기에 내년 예산을 수립한다. 예산은 연간운영계획과 편성된 예산안에 의거해서 집행된다. 연말에는 운영된 예산에 대한 결산이 이루어지고 부득이한 경우가 아니면 예산을 전액 집행하도록 한다. 사업 중간에 예산을 추경하기도 하며 예산 집행의 모든 과정과 절차, 서류, 집행금액 등이 매년 실시되는 교육청 대상의 감사 대상에 포함된다.

Wee센터 예산은 교육지원청의 전체 예산의 일부이며, Wee센터의 실장이 당해 연도 사업계획서와 세입 · 세출 예산서를 기안해서 관리자들의 결재를 받는다. Wee센터의 예산은 학생상담활동 사업에 포함되어 있다. 운영계획대로 예산을 지출하는 예산 집행은 각 사업 담당자가 자신이 맡은 사업에 정해진 항목에서 지출하는데, 예를 들어 인건비라는 지출항목이 있으면 다른 지출항목을 넘나들며 사용되는 것은 금지된다. 동일한 목 안에서 예산을 조정하는 것은 협의 후 가능하다.

연간운영계획 안에 있는 사업으로서 예산을 지출하여 진행할 때의 기본 절차는 다음과 같다. 대체로 [그림 2-3]과 같은 순서로 진행되지만 실제 업무 진행 과정에서 약간의 순서 변경은 있을 수 있다. 예를 들어, 보도자료 배포는 행사 전에 미리 작성해 두었다가 행사를 마치자마자 내부 결재를 받고 보도자료 담당자에게 제출하기도 한다. 예산 집행이 필요치 않은 경우에는 일부 절차가 생략되며 저자가 경험한 행정 실무 사례도 다음 절차에 따라 기술된다.

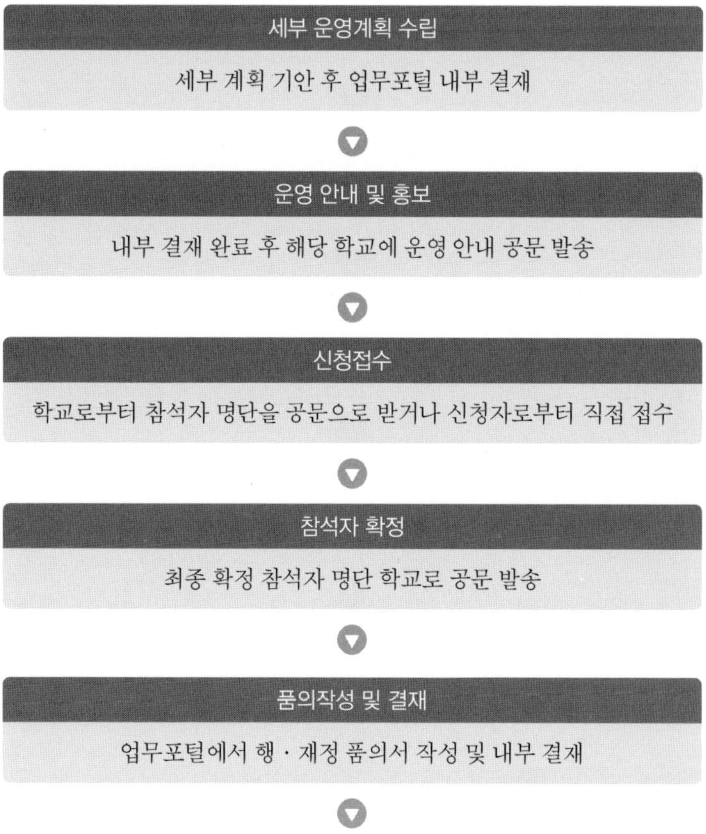

비용 결재

물품 및 간식 비용 결재

▼

행사 진행

행사 진행

▼

평가회

평가 관련 간담회

▼

행사 후 지출 관련 품의 작성 및 결재

강사 또는 위촉 인력의 수당, 식사비용 품의 내부 결재

▼

지출관련 서류 제출

각종 영수증, 강사 등록부 등을 지출결의 담당자에게 제출

▼

행사 관련 서류 보관

자료집, 참석자 및 강사 등록부 등을 편철하여 문서 보관

▼

결과 보고

사업 결과보고서 작성 및 내부 결재

▼

보도자료 배포

보도자료 작성 및 내부결재 후 언론사에 배포

[그림 2-3] 세부사업 및 예산 집행 절차 예시

② Wee센터의 평가

평가는 사업의 운영에 있어 계획, 실행, 산출 및 성과에 이르는 전 과정이 적절히 진행되었는지 살펴보고, 이를 바탕으로 목적을 달성하는 데 필요한 인적 · 물적 · 체제적 자원이 원활하게 지원되었는지 확인하는 과정이다(김인규 외, 2021). 센터 내 자체 평가를 위해 만족도 조사, 참가자의 활동지 작성내용, 소감 등과 같은 활동 결과물이나 참석자 수, 참석 태도 등을 포함한 프로그램 운영결과를 종합하여 평가 내용을 작성하고 내년 사업에 반영할 사항을 제언한다. 또한 교육부와 시 · 도교육청으로부터 평가를 받을 때 Wee센터와 Wee클래스에서는 다양한 근거 자료를 제출하는데, 사업 기획, 상담 관리, 홍보 등의 정성 평가와 상담 및 심리검사, 학생 및 학부모 교육, 교사 자문, 대외 연계 등의 실적 정량 평가 항목으로 구성된 기준에 따라 최우수, 우수 등의 등급을 부여받지만 Wee프로젝트가 정착되면서는 평가 항목이 간소화되는 추세이다.

사업뿐만 아니라 인력들도 평가를 받는데, 교육공무직인 전문상담사는 1년에 2회 근무성적 평정을 받는다. 정해진 양식에 자신의 업무 추진 실적을 기입하고 직무수행태도 중에 무단결근, 민원 야기, 직무명령 불이행, 품위손상 등 평점 감점 사항에 체크하고 실장, 장학사, 센터장이 직무지식, 업무능력, 성실성 등의 평가요소에 배점을 해서 평정등급을 매긴다. 저자가 속한 지역에서는 이 평가 결과가 향후 전보 시에 점수로 반영된다. Wee센터와 Wee클래스 전문상담교사는 사서교사, 영양교사, 보건교사를 비롯한 비교과 교사로서 다면평가 기준안에 따라 근무성적을 받고 그 성적에 따라 성과상여금을 받는다.

(4) Wee센터의 행정 실무

① 전문상담교사

전문상담교사는 학교 급(초 · 중 · 고등학교) 및 배치 기관 특성(교육청, Wee센터, 특성화 학교, 특수학교 등)에 따라 상이한 업무를 배정받으며 여전히 많은 혼돈과 갈등을 겪고 있다(전성은, 강영신, 2021). 저자가 속한 교육지원청의 경우, Wee센터를 담당하는 센터장이나 장학사가 Wee센터 업무 외에도 관장하는 업무가 매우 방대하기 때문에 실장을 맡는 전문상담교사가 Wee센터 사업을 실제 총괄하고 장학사나

센터장은 보고를 받고 결재하는 것이 현실이다. 또한 실장을 맡는 전문상담교사는 각 학교로부터의 문의에 전화 응대하는 시간이 하루 업무 중에 많은 부분을 할애할 뿐만 아니라 관리자에게 보고하고 결재를 받기 위해 교육지원청을 수시로 방문하기도 한다.

실장을 맡는 전문상담교사의 주 업무 중에는 전년도 사업 평가를 반영한 연간운영계획에 맞춰 센터 사업이 운영되는지를 관리 감독하는 일, 인력 관리, 예산 기획 및 집행이 포함된다. Wee센터 전문상담교사들은 순회상담이나 학업중단숙려제 상담과 같은 상담 외에 Wee클래스를 지원하는 업무, 즉 연수 및 슈퍼비전, 협의회 기획 및 진행, 컨설팅 업무를 맡는다. 이 외에도 상담기록 및 관리, 상담 실적 보고를

표 2-2 Wee센터 전문상담교사 업무

구분	직무 내용	세부 직무
기획 및 관리	기획관리	연간 사업 기획 및 관리
		예산 기획 및 집행
	운영관리	기안 및 결재
		각종 회의 주재
	상담관리	상담 진행 관리
		상담 실적 보고
		상담 기록 관리
위(Wee)클래스 지원	상담역량 강화 지원	전문 상담교사 및 전문상담사 연수 및 슈퍼비전 지원 교사 및 학부모 교육 연수 지원
	학교 상담 지원	전문상담교사 미배치교 상담 지원 위(Wee) 클래스 컨설팅
	학교 위기 사례 상담	자살위험, 학교폭력 위기 사례 자문 및 개입 긴급 사례 등 고위험군 학생 및 학부모 상담 지원
상담수행 및 사례 관리	상담수행	개인상담 업무
		집단상담 업무
	상담사례 관리	상담사례회의 주재 및 사례 배정
대외연계	외부기관 연계	지역 협의회 및 자문회의 주관
		외부기관의 자문에 응대

출처: 교육부, 충청북도교육청, 한국교육개발원(2021).

맡는다.

종종 전문상담교사가 상담과 무관한 업무를 처리하느라 정작 상담 업무에 전념하지 못하고 있다는 신문기사나 뉴스를 접하기도 한다. 행정업무의 양과 강도가 전문상담교사로서의 정체성을 훼손하는 정도라면 재고해 봐야겠지만 전문상담교사를 양성하는 교육과 자격증 취득 과정에 행정 업무 역량에 관한 내용이 포함되어 있다면 교육 현장에서 전문상담교사의 직무와 관련한 심리적 소진을 줄일 수 있을 것이다.

② 전문상담사

교육지원청 소속 기관으로서 사업을 운영하는 Wee센터의 행정 업무는 교육행정포털 시스템(이하 업무포털)에서, 상담 관련 정보와 상담기록 입력 및 관리는 주로 Wee상담시스템을 통해 이루어진다. 지역에 따라 차이가 있겠지만 전문상담사의 행정 실무에는 학교에서 보내온 공문을 업무포털로 접수하고, 내담자 정보와 상담기록을 상담시스템에 입력, 종결 시 종결보고서 작성 및 학교 발송, 사례(배정) 회의, 각종 프로그램 진행, 외부 강사나 파트타임 상담사 운영과 관련한 행정업무 등이 있다.

내부 결재를 맡을 문서를 'K-에듀파인(이하 에듀파인)'의 문서관리 탭에서 기안하면 결재라인에 포함되어 있는 관리자들, 예를 들어 Wee센터 실장-담당 장학사-센터장의 결재를 받은 후에 문서에 포함된 사업을 실행할 수 있다. 내부 결재는 사업을 운영하면서 보고해야 될 내용이나 연간운영계획에 포함되어 있는 사업을 실제로 수행할 때 세부사업계획을 결재받는 경우를 포함한다. 예를 들어, 저자가 주기적으로 내부 결재 받는 업무로는 사례회의록이 있으며, 내부 결재 후 해당 학교에 발송하는 공문에는 주로 상담 종결보고서가 있다.

Wee센터는 초·중·고등학교로부터 상담, 교육, 프로그램 참여를 의뢰하는 공문을 접수해야 하는 기관이므로 각 학교에서 보내오는 공문을 교육지원청의 담당자가 Wee센터 업무 담당자가 접수할 수 있도록 지정해 준다. 저자의 경우에는 주로 상담의뢰서를 접수하는데, 문서의 제목, 문서번호, 발신부서(학교), 접수자(교육지원청 담당자), 담당자(저자), 수신일시, 접수일시를 목록으로 확인 가능하며 학교에서 보내온 공문에는 공문 제목, 관련 근거 공문, 공문 내용과 함께 관련 붙임 파일이 포함되어 있다. 교육지원청의 담당자는 학교에서 보내온 공문들을 학교폭력 특별교육 담당자, 학업중단숙려제 상담 등 각 업무의 담당자들에게 배정해 주면 비로소 그 때부터 담당자들은 자신의 행정업무를 포함한 공식적인 업무 절차를 시작한다. 저자가 속한 Wee센터는 모든 서비스가 학교를 통해 공문으로 신청되는 시스템이어서 일선 학교의 교사들을 포함해 학부모들에게도 대체로 Wee센터 상담은 학교 공문을 통해서 신청할 수 있다고 인식되어 있지만, 가끔 학교에 알리지 않고 상담을 신청하고자 하는 보호자들의 문의 전화를 받기도 한다. 어쨌든 시스템 절차를 따르지 않는 예외적인 경우는 있을 수 없다. 뿐만 아니라 학교의 공문의뢰를 통해 진행한 서비스 종결 시에 학교에 종결 관련 공문을 발송한다. 저자가 맡고 있는 상담 관련 문서에는 상담종결보고서가 대표적인데 학생의 인적사항, 종결소견, 종결 후 개입 방향 제안 등으로 구성된다.

상담기록 및 관리는 전문상담교사나 전문상담사의 상담 업무이면서도 행정 업무와 맞물려 있는 핵심적인 업무에 속한다. Wee센터나 Wee클래스 각각의 상담시스템을 이용해서 상담내용을 입력하고 관리한다. 학교로부터 상담 의뢰를 받을 때 의뢰서뿐만 아니라 개인정보 수집·이용 동의서를 받아 시스템에 학생의 인적 사항 등 기본 정보를 입력한 후 배정된 상담사가 해당 학생의 상담내용을 입력하고 관리할 수 있도록 되어 있다. 상담시스템을 통해 상담 방법, 상담 대상, 상담 일자와 시간, 상담내용, 상담의견, 상담계획 등을 기록할 수 있으며 상담 종결 후에는 상담기록지가 포함되어 있는 상담파일 형태로 10년 보존 후 파기한다. 보호자나 학생이 재판이나 병역 판정 검사 등의 사유로 상담 기록이나 상담 확인서를 요청하는 경우가 있는데 센터장의 결재까지 받아서 공적인 문서로 제공한다. 개인정보는 본인 혹은 보호자의 요청 시 상담 후 즉시 파기할 수 있으며 상담기록도 삭제를 원할 경우 인쇄된 개인 파일과 시스템에서 완전히 삭제한다.

이 외에도 업무에 자주 사용하는 행정 시스템으로는 복무와 관련된 결재를 받는 나이스 시스템을 통해 연가, 조퇴, 지각, 외출, 병가, 병조퇴, 각종 휴가, 초과근무 등의 복무 관련 결재를 미리 받아야 한다. 기본적인 결재라인에 포함되는 관리자들이 출장 등으로 자리를 비울 때는 대결자의 결재를 받는다.

표 2-3 Wee센터 전문상담사 업무

구분	직무 내용	세부 직무
상담수행 및 사례 관리	상담수행	개인상담 업무
		집단상담 업무
		예방교육
	상담관리	상담 실적 보고
		상담 기록 관리
위(Wee)클래스 지원	학교 위기 사례 상담	긴급 사례, 고위험군 학생 및 학부모 상담 지원
프로그램 개발 및 운영	프로그램 개발	프로그램 요구 조사
		프로그램 제작
	프로그램 운영	세부 프로그램 기획 및 운영
		프로그램 운영 실무(홍보, 모집, 준비사항 조달 등)
	프로그램 진행	프로그램 진행
	프로그램 성과 평가	프로그램의 성과 달성 여부 평가

출처: 교육부, 충청북도교육청, 한국교육개발원(2021).

2. 상담자로서 경험한 행정 실무

1) 행정 실무 실제 사례

(1) 추후 전화상담

Wee센터에서 진행한 서비스 대상자들에게 다음 해 2월, 개학 직전에 전화상담을 통해 상담 종결 후 학교 등교를 잘했는지, 위기에 노출되어 있지는 않은지, 상담의 효과가 지속되고 있다고 생각하는지를 전화상담하는 사업을 수년째 해 왔다. 상담 종결 직후에 서비스 이용 평가 조사를 하지만 종결 후 일정 시간이 지난 후 추수상담 차원으로 진행한다. [그림 3-3]의 흐름을 참고하면 된다. 연간운영계획에 포함되어 있는 추후 전화상담을 운영하기 위해 관련된 업무 담당자들과의 회의를 통해 서비스 대상자들의 전화번호 목록 수합 기한을 정하고, 전화상담에 사용할 질문지 검토 등을 한다. 전화상담을 진행할 인력을 확정 짓고 예상되는 예산을 포함하여 회

표 2-4 추후 전화상담 세부 운영계획 예시

일정	세부 내용
2021. 02. 17.	-전화상담 서비스 운영회의
2021. 02. 18. 14:00~18:00	-전화상담 인력 오리엔테이션 -전화상담(상담 ○○명, 특별교육 ○○명, 학업중단숙려제 ○○명) -상담시스템 입력 -데이터 코딩
2021. 02. 20. 10:00~18:00	-전화상담(상담 ○○명, 특별교육 ○○명, 학업중단숙려제 ○○명) -상담시스템 입력 -데이터 코딩
중략	
2021. 02. 27. 13:00~18:00	-전화상담(학업중단숙려제 ○○명, 미통화자 재연락) -상담시스템 입력 -데이터 코딩 -통계 및 결과 작업 -평가간담회
2021. 02. 28.	-결과보고서 작성 -보도자료 배포

의 결과를 바탕으로 세운 세부계획을 내부 결재 받는다. 업무포털에서 품의를 작성해서 결재받는데, 인건비 품의는 실제로 소요된 수당 금액만큼 전화상담이 다 끝난 후에 해야 하므로 품의 작성은 종종 두 번 이상 하게 된다. 전화상담 인력들의 간식비나 식비 등을 결재하고 전화상담 서비스를 완료한 후에 전화상담 인력, 관련 사업 담당자들이 모여 평가 관련 간담회를 한다. 이 외에도 언론사에 보도자료를 보내고 지출 관련 서류들을 청 담당자에게 제출 후 행사 관련 서류를 편철해 놓고 결과보고서는 내부 결재 받는다. 이 사업의 경우에는 센터 예산 축소로 인해 전화상담 인력이 진행하는 대신 문자나 카카오톡으로 설문지 링크를 보내서 응답하는 형식으로 진행할 예정이다. 응답률이 낮아질 것을 예상할 수 있지만 소요예산을 최소화할 수 있는 대안으로 사업 방식을 바꾼 예라고 볼 수 있다.

(2) 연계 담당자와의 협업

저자의 업무 차원에서 예산 지출은 없지만 행정업무가 수반되는 연계 관련 업무를 소개하면 센터 내의 연계 담당자인 사회복지사뿐만 아니라 임상심리사나 사례와 관련된 업무 담당자들이 모여 사례회의를 하고 연계를 확정한다. 사례회의 후에는 사례회의록을 작성하여 내부 결재를 받는다. 연계담당자에게 기관연계 의뢰서를 작성해서 주면 연계담당자가 내부 결재를 맡을 때 첨부하는 서류로 사용한다. 기관연계 대상자가 되는지 해당 가정의 소득수준을 확인할 수 있도록 필요한 서류를 보호자에게 요청해서 메일 등으로 받는다. 만일 소득수준이 기관에서 정한 수준보다 높은 경우일지라도 연계 가능한 방법을 협의할 수 있다. 한부모 가정의 보호자가 아동학대 행위자인 경우처럼 소득수준을 증빙할 수 있는 서류를 보호자에게 받지 못하는 경우에도 연계할 수 있는 방안을 마련한다. 연계 담당자가 해당 학생의 연계가 확정되거나 서비스가 종결되었을 때 종결보고서를 학교에 발송한다. 내부 결재와 동시에 학교로도 공문이 발송되도록 에듀파인 행정업무 시스템이 되어 있다. 연계서비스, 즉 상담이나 병원치료가 종결되면 연계담당자는 연계기관에 지급할 비용을 품의 기안해서 결재를 받은 후 해당 상담센터나 병원으로 비용이 지출된다.

상담이 의뢰되자마자 연계해야 하는 사례로는 병원치료가 선행될 필요가 있다고 판단되는 사례, 보호자와 학생을 찾아가는 방문 상담이 가능한 기관을 연계해야 하는 경우 등이 포함된다. 상담을 진행하는 과정에 연계해야 하는 사례들로는 아동학대, 가정폭력 피해를 인지했을 때 아동보호전문기관 또는 (학교) 경찰에 신고하는 사례, 상담 과정에서 병원치료의 필요성이 대두되는 경우, 임상심리사의 심리평가를 거쳐 병원을 연계하는 사례, 병원치료를 거부하는 보호자를 위해 센터 내로 초빙되는 전문의 면담을 하기도 한다. 이 경우에 전문의 면담을 위한 신청양식을 작성해서 담당자에게 제출한다. 상담 종결 후에 연계하는 사례로는 중장기적인 상담이 필요하지만 센터에서의 상담 연장이 불가능한 경우에는 외부 상담기관을 연계하거나 바우처 서비스를 안내하기도 한다.

2) 행정 실무를 통한 성장

행정을 기관의 목적을 위해 인력과 예산을 관리하는 일련의 과정이라고 보았을 때 저자는 업무와 관련된 인력을 관리하는 일에 더 가치를 두고 유능감을 느꼈다. 예산 관리는 품의하는 절차가 복잡하고 상담만큼 자주 하는 업무가 아니어서 할 때마다 어렵게 느껴지기는 했지만 센터 내에 능숙한 직원의 도움을 받기도 했다. 근무한 지 10여 년이 지난 시점에서도 예산 집행을 위해 행 · 재정 품의서 작성 및 결재를 받는 업무에는 여전히 유능감을 느끼지 못한다. 이는 자주 있거나 정기적인 업무가 아닌데다가 저자에게는 에듀파인이라는 품의서 작성 시스템의 사용 방법이 복잡하고 어렵기 때문이다. 그렇더라도 재정 품의 결재가 났을 때에는 상담자로서 성취감을 느끼고 무엇보다 예산 관리 능력과 예산에 관한 이해가 없이는 반쪽짜리 행정에 불과하다는 것을 꽤 긴 시간이 흐른 후에 깨달았다.

기관에 취업하고 초창기에는 직업인으로서의 상담자 개념이 낯설어 직무에 대한 시야가 편협했는데 당시에는 상담 초심자로서 상담 역량을 키워 나가면서 상담을 수행해야 했기에 행정을 업무의 일부로 받아들이기보다는 부차적인 것으로, 더 나아가 상담자들에게 부과하기보다는 별도의 행정 인력을 배치해 주어야 기관이 원활하게 돌아갈 거라고 내심 생각하기도 했다. 그리고 같이 근무했던 상담사 중에는 내가 이런 행정 일을 하려고 센터에 들어왔나 하면서 불평하는 경우도 있었지만 그런 태도는 조직에 속해서 일하는 상담사로서 동료에게뿐만 아니라 스스로에게도 별로 도움이 되지 않는다. 나의 경우에는 부족한 역량임을 인정하고 행정 능력을 기르려고 노력하였고 때로는 능숙한 동료의 도움을 요청해서라도 협업하는 것이 더 현명하다고 생각한다.

전문상담교사나 전문상담사는 승진의 기회가 없다는 점에서 업무가 심화, 확장되기보다는 반복되는 측면이 강하다. 그렇더라도 Wee센터라는 하나의 조직이 유기적으로 운영되기 위해 요구되는 행정 업무의 강도는 높은 편이며 특히 실장을 맡는 전문상담교사의 상담 외 업무 양과 강도가 압도적이어서 전문상담교사로서의 정체성에 혼란을 겪고 병을 얻기도 하고, 휴직을 하기도 한다. 저자는 상담사로서 10여 년 넘게 근무하면서 운이 좋게도 상담 업무를 주로 담당할 수 있었다. 만일 행정이나 행사 운영 업무가 상담 업무보다 더 큰 비중을 차지한다면, 또는 행정 실무가 상담 업무를 압도한다면 이 자리를 계속 유지하기 힘들었을 것이다. 공문서 작성 등의 행정 업무에 시달리다 보면 상담자로서의 정체성에 혼란을 느낄 것이므로 자신이 일하기 원하는 조직의 특성에 맞는 업무 수행 능력이 있는지 자신의 흥미와 적성을 고려하여 지원해야 할 것이다.

행정 실무의 예시로 든 추후 전화상담 서비스를 진행하면서 실수한 해가 있었다.

감사 지적 사항이었는데 전화상담 인력들을 고용할 때 근로계약서를 작성하지 않은 것이 지적되었다. 물론 서비스의 실무자이지 근로계약서 체결을 직접 담당하는 위치는 아니었지만 사업에 투입되는 인력은 단기간 근로자일지라도 반드시 투명한 선발과정을 거쳐 근로계약서를 작성해야 한다는 것을 알게 되었다. 그 후로는 기관에서 연초에 사전에 위촉한 상담인력들을 투입하여 서비스를 진행하였다.

공공기관의 위계 내에서 업무를 하면서 직면할 수 있는 하나의 예가 있다. 저자가 근무하는 지역 내에는 아동전문의가 있는 정신건강의학과가 없어서 가까운 타 지역 병원을 연계기관으로 추가하자고 제안한 적이 있다. 관리자는 지역의 자원을 활용하는 것이 더 우선적이므로 타 지역의 병원은 보호자가 자부담으로 이용하도록 해야 한다고 하여 결국 연계기관 추가가 무산되었다. 이처럼 취지는 맞더라도 관리자의 신념에 따라 실무자의 제안이 수용되지 않을 때가 있다. 전보 대상 직종이 되기 전이라 10년 넘게 근무해 온 조직이지만 대부분의 관리자들이 사업 운영에 있어서 실무자들의 계획과 결정을 수용해 온 분위기여서 전문가로서의 자부심을 느끼기도 한다. 그러나 한편으로는 격무에 시달리는 관리자들이 구체적인 사업 운영 계획에 세심하게 신경 쓸 여력이 없는 게 현실이어서 사업 운영에 제동이 걸릴 때에는 관리자가 세부 사업에 관심이 있나 보다 하고 긍정적으로 받아들이면서 아쉬운 마음을 위로하기도 했다.

공공기관이든가 사설기관에서 근무하든 간에 자신의 임금체계, 복리후생 제도에 대해 관심을 갖는 것도 중요하다. Wee센터에 들어와서 5년 정도는 내가 받는 임금체계에 전혀 관심을 갖지 않고 상담에만 매진했다. 그러다 매년 계약서를 갱신할 필요가 없는 무기계약직이 되었고 내가 받는 급여가 타 업종에 비해 전문성 대비 불합리한 수준이라는 것을 깨닫고 처우개선을 위한 목소리를 내기 시작했다. 수년간의 단체협상 끝에 근속수당, 가족수당, 급식비, 특수업무수당이란 것도 받게 되었다. Wee센터 예산에서 인건비가 차지하는 비중이 큰 편인데 인력들이 자신의 가치를 임금으로 인정받는 것이 자존감과 사기와 직결될 수 있다는 것과 직업인으로서의 상담자가 자신의 임금과 복리후생을 챙기는 것이 결코 속물적이거나 부끄러워할 일이 아니다. 특히 공공기관에서 상담을 시작하는 경우에는 초기에 인사운영지침이나 관리규정을 챙겨 보기를 권한다. 자신에게 적용될 인사, 채용, 근무성적평가, 휴직, 퇴직, 복무, 휴일/휴가, 임금 등에 관한 규정을 알고 상담하는 사람과 상담만 열심히 하겠다는 사람 중에 나는 어떤 상담자가 될 것인지를 선택해야 한다. 채용될 때 자신이 서명한 근로계약서를 꼼꼼히 읽어 봐야 하는 것은 말할 것도 없다.

뿐만 아니라 인사와 관련해서는 Wee프로젝트에 속한 전문상담사가 전보 직종이 되었는데, 채용될 때에는 전보 대상이 아니었기 때문에 전혀 알지 못했던 사항이다. 학교에 종사하는 영양사, 조리사/조리원처럼 결국 전문상담사도 전보 직종에 포함되었는데 근무 만기가 몇 년인지, 전보 순위는 어떤 기준으로 결정되는지, 가점 계산 기준 등이 나와 있는 전보관리규정을 알면 자신이 이 기관에 얼마나 근무할 수 있을 것인지를 가늠할 수 있고, 만약 자녀가 있는 상담사라면 전보할 즈음에 자녀들이 다닐 학교도 미리 염두에 두어야 할 것이다.

시간이 갈수록 상담은 기관의 목적을 달성하기 위한 방법 중 일부라는 것을 깨닫게 된다. 연초에 연간운영계획서를 각 학교에 공문으로 보내는 일, 상담 업무 담당자들의 협의회나 연수를 통해 서로 소통하는 것, 상담기록 관리 등이 상담 서비스와 유기적으로 연결된다는 것이 자명하다. 또한 상담을 안정적으로 수행할 수 있으려면 상담 용구나 간식 구비와 같이 다른 업무 담당자들의 행정 지원과 협조가 필수적이다. 이렇게 자신이 다른 직원들과 연결되어 있다고 느끼지 못하는 사람은 고립되어 일하고 있는 상담자일 가능성이 크다.

마지막으로, 공공기관의 상담자로 근무하면서 원칙과 융통성 사이에서 적절한 경계를 유지하는 것이 중요하다는 생각이 든다. 어떤 사람은 임의로 사업을 수행하려 해서 조직의 전체적인 운영 방향에서 벗어나는 상황을 연출하기도 한다. 내담자 중심의 서비스, 또는 창의적인 아이디어의 적용 자체가 잘못된 것이라기보다는 수립된 연간운영계획에 기반한 서비스의 운영 절차나 예산 집행 안에서 이루어져야 한다. 기관의 운영지침, 업무 관련 규정에서 벗어난 직무 수행은 결국 기관의 목적을 훼손할 뿐만 아니라 결국 업무 담당자로서 책임을 면치 못하기 때문이다. 내담자의 복지를 우선하겠다는 선한 의도를 가지고 융통성을 발휘하려다가 원칙을 무너뜨리지는 않는지 끊임없이 돌아봐야 하는 것이 조직에 속한 상담자의 자세라는 것을 잊지 말아야 한다.

요약

이 장에서는 위기 학생의 전문적인 진단·상담·치유를 위한 원스톱 서비스 지원이라는 Wee센터의 목적에 부합하는 상담 행정을 조직 및 인사·재정·평가 측면에서 정리하였고 이에 따른 행정 실무와 실제 사례를 통해 상담자로서 성장해 온 과정들을 담았다. 상담은 전체 사업의 일부로서 기관의 여러 사업들과 유기적으로 연동되면서 서비스 대상들에게 복지와 안녕을 제공한다는 원리를 터득할 수 있었다. Wee센터와 같은 공공기관에서 근무하기 위해서는 직업인으로서의 상담자라는 인식이 자리 잡아야 상담자로서의 전문성이라는 기본 토대 위에서 조직의 목적에 부합한 상담 행정을 이해하고 실천함으로써 내담자와 상담자 자신의 안녕과 행복을 더욱 증진시킬 수 있다.

참고문헌

교육부, 충청북도교육청, 한국교육개발원(2021). 위(Wee)센터 운영가이드.

교육부, 학생정신건강지원센터(2022). 2022 학생 정서·행동특성검사 및 관리 매뉴얼.

김소아(2020). **전문상담교사 양성 과정 개선 방안 연구**. 서울: 한국교육개발원.

김인규, 김동일, 김소아, 노성덕, 손재환, 유현실, 이호준(2021). **상담 행정과 정책**. 서울: 사회평론아카데미.

서울특별시교육청(2021). 21학년도 학업중단 숙려제 운영계획.

연합뉴스(2022. 2. 6.). "공립학교 초중등 교원 1천 89명 감축… 전문상담교사는 대폭 증원".

전성은, 강영신(2021). 전문상담교사의 역할정체성 혼란과 역할갈등이 소진 및 직무 만족에 미치는 영향: 직무의미창조의 조절된 매개효과. **한국심리학회지: 학교, 18**(2), 221-247.

한국경제신문(2021. 10. 1.). "코로나 때문에 힘들지?"… 학생심리상담 급증.

웹페이지 자료

위(Wee) 프로젝트, 우리가 희망이다(https://www.wee.go.kr/home/main/main.do).

전문상담교사. 검색일: 5월 8일, 2022년, 출처 나무위키(https://namu.wiki/전문상담교사)

동영상 자료

[교사용]2022년 학생정서·행동특성검사 동영상 설명자료(https://www.youtube.com/watch?v=ozBaOJD2_9Y), 2022년 5월 8일 접속

제3장

대학 상담센터에서의 상담 행정

대학 상담센터는 상담과 관련된 활동, 학생생활지도와 관련된 연구지 발간 및 관련 활동, 학생생활과 관련된 전문적 교육사업, 센터 사업을 지원할 수 있는 상담자 양성, 학생생활 적응 및 위기 관리를 위한 전문적 사업을 한다. 최근에는 대학의 평가에서 상담과 진로의 영역이 강화되어 상담센터와 직원들이 대학 평가를 받기 위한 보고서 집필진으로 참여하여 대학의 중요한 기관으로서의 역할을 담당한다.

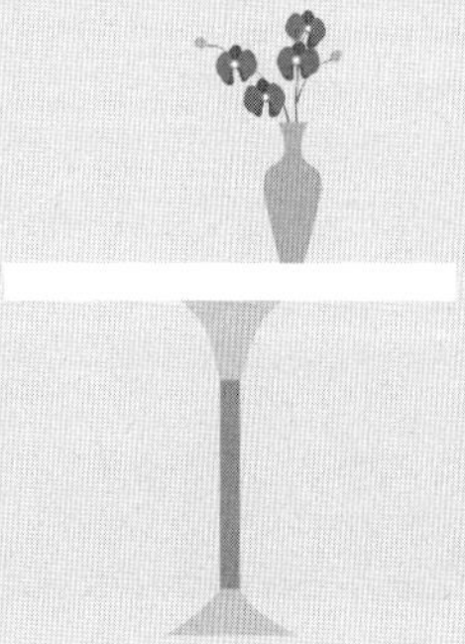

1. 대학 상담센터

1) 대학생과 대학 상담센터

대학생은 부모와 교수 지도 아래 살아 왔던 삶에서 자유에 대한 책임을 함께 부여받는 삶으로 이동하게 되면서 이전보다 더 많은 자율성, 책임감, 독립성을 요구받으며 다양한 스트레스에 노출된다(임은미, 김인규, 강지현, 김지현, 2020). 이에 대학마다 학생들의 스트레스를 감소하고 정신건강을 증진시키기 위해 상담센터를 설치하여 운영하고 있다. 또한 한국 대학생의 경우 전공을 선택하는 과정에서 본인의 흥미나 적성에 대한 충분한 탐색을 거치지 못한 채 대학에 진학하는 경향을 보임으로써 대학 입학 후 더 큰 혼란을 경험할 가능성이 크다(이숙정, 유지현, 2008). 이런 특성에 따라 대학생이 겪는 심리사회적 위기는 학교생활, 가정문제 그리고 미래에 대한 고민까지 전 영역에 걸쳐 나타난다. 전겸구, 김교헌, 이준석(2000)은 대학생이 스트레스를 경험하는 영역에 대해 학업 문제, 이성 관계, 친구 관계, 가족관계, 교수와의 관계, 경제문제, 장래문제, 가치관 문제 총 8개 요인으로 보고하였다. 또 다른 연구에서는 대학생 스트레스가 우울 등의 정신적 건강문제를 야기하며(이은희, 2004), 심리적 안녕감에 영향을 주는 것으로 밝히고 있다(김나미, 김신섭, 2013). 따라서 각 대학은 대학생의 발달적 특성과 생활 스트레스에 대해 학내 상담센터를 설치 · 운영하여 심리적 안정과 건강한 대학생활을 위한 지식과 기술을 제공하고, 개인의 삶을 책임지는 성숙한 사회인으로 성장해 나가도록 돕고 있다.

2) 대학 상담센터 운영 목적

대학 상담센터는 각 대학의 교육 목적을 달성하기 위해 생활지도와 상담 및 상담 관련 교육, 연구 활동을 하는 기관으로, 학생들로 하여금 대학생활 적응과 자기 성장을 통해 창조적이고 보람된 대학생활을 영위하도록 한다. 즉, 상담 전문가와의 심리검사 및 상담을 통해 학생들이 대학생활에서 경험하는 심리적 어려움, 적응 및 진로 선택을 잘 해결하도록 도우며, 다양한 프로그램(심리 교육 및 워크숍, 멘토링 프로그램, 집단상담 프로그램 등)을 시행하여 자기 이해와 개발을 돕는 곳으로 학부생, 대학원생, 교직원 모두 이용이 가능하다.

3) 대학 상담센터 운영 규정

대학 상담센터는 법적 근거를 가지고 있지 않지만 각 대학마다 설치 · 운영규정을 두고 센터를 운영하고 있으며, 운영규정은 크게 총칙, 조직, 재정 부분으로 나누어져 있다.

(1) 총칙

총칙에는 주로 센터의 운영목적, 명칭, 사업, 평가 등에 대한 내용을 다룬다. 상담센터 명칭은 학교마다 조금씩 다르지만, 대부분 학생 상담센터라는 명칭을 쓰며, 최근 들어 진로 · 심리상담센터로 명칭을 변경하는 대학이 늘고 있다.

(2) 조직

조직에는 조직구성과 각 구성원의 역할, 업무분담, 자격을 규정하며, 운영위원회 및 자문위원회 구성과 소집 및 의결, 임기에 관한 내용을 다룬다.

(3) 재정

재정에는 센터 운영, 프로그램 관련 회계, 연구비, 상담료 등을 정하고 있다. 그 외에 관계부서와의 연계 사업 등으로 재정을 확보하여 프로그램을 운영하기도 한다.

4) 대학 상담센터 역할

이재창(2005)은 대학 상담센터의 대표적인 역할을 세 가지로 제시하고 있으며, 구체적인 내용을 살펴보면, 첫째, 적응, 진로 및 학업 고민, 우울 및 불안과 같은 정서적 어려움 등을 포함하는 심리적인 문제에 대한 상담이나 심리치료를 제공해야 한다. 둘째, 학생들이 목표를 실현할 수 있도록 조력하는 예방적 역할을 수행해야 한다. 셋째, 대학 내 구성원의 자문 역할을 통해 학생들의 심리적 건강과 성장 및 발달을 가져올 수 있는 촉진자로서 기능해야 한다고 밝히고 있다.

5) 대학 상담센터 조직 구성 및 조직도

(1) 조직 구성

대학 상담센터는 대학 내 학생처나 진로취업처, 학생·취업지원부 산하 기관으로 되어 있으며, 총장 혹은 부총장 직속 부서인 경우도 있다. 조직구성을 살펴보면, 학생 상담센터장(소장), 운영위원회, 자문위원회, 상담교수, 전임상담원 또는 연구원, 수련상담원(인턴, 레지던트, 실습생), 객원상담원(외래상담원)으로 구성하여 운영되고 있다. 센터 내 행정직원의 역할에 따라 세부적으로 상담서비스, 교육연구, 위기상담, 역량개발부로 구성되는 경우가 많다. 조직도를 통해 알 수 있듯이 대학 상담센터가 학생들의 심리정서적인 부분에 대한 심리검사 서비스, 개인상담 및 집단상담 서비스에만 국한되는 것이 아니라 중독예방교육, 멘토링 프로그램 같은 적응지원, 대인관계 등의 역량개발, 중도탈락 예방을 위한 학업상담, 학생실태조사 등 학생들의 대학적응을 위한 다양한 사업을 하고 있다.

(2) 구성원의 역할

① 센터장

센터장은 대학 전임교원이 총장의 임명으로 임기 동안 보직을 수행하게 되며, 센터를 대표하고, 운영에 관한 전반적인 업무를 총괄하고 책임진다.

② 상담교수

상담교수는 상담관련 자격과 학위를 갖춘 자로 공개모집을 통해 총장의 임명을 받으며, 수련생관리 및 상담센터 행정업무 총괄을 맡는다.

③ 전임상담사

전임상담사 혹은 전임연구원은 상담센터 자체사업 추진과 행정 실무를 맡게 되며, 한국상담심리학회 상담심리사 2급, 한국상담학회 전문상담사 2급, 청소년상담사 2급 이상이나 이에 준하는 자격을 갖춘 전문가로 채용기준에 따라 임용된다.

④ 객원상담사

상담사의 자격을 갖춘 자로 센터에서 임명하거나 공개 모집하는 경우가 있으며, 심리검사, 개인상담, 집단프로그램의 업무를 담당하며 학교마다 채용기준과 고용형태, 상담료 책정이 상이하게 적용된다. 객원상담원은 석사 학위 이상 소지자로서 상담관련 자격증 2급 또는 1급을 요구하며, 수련상담사에 비해 좀 더 어려운 사례를 담당한다.

⑤ 수련상담사

수련상담사는 학회 상담사 자격을 갖추기 위해 수련과정에 참여하고 있는 실습생을 말하며, 일주일에 하루, 이틀 정도 지정 요일에 근무하는 형태로 진행된다. 인턴-레지던트, 인턴 1년차 · 2년차, 실습수련생-인턴-레지던트로 구성되기도 한다. 레지던트는 실습상담 과정 수료자이거나 이와 동등한 자격을 가진 자로서 상담관련 석사 학위 이상 소지자, 인턴은 실습상담 과정 수료자이거나 이와 동등한 자격을 가진 자로서 상담 관련 석사과정 졸업예정자나 졸업자 자격을 요구하는 경우가 많다.

(3) 대학 상담센터 운영위원회

대학 상담센터는 대학 내 구성원을 중심으로 운영위원회를 두고 있는데, 상담센터 사업, 프로그램 계획과 운영, 예산, 운영 결과, 센터 규정의 제정, 개정 및 폐지에 관한 사항, 기타 센터 운영에 대한 필요한 사항을 심의한다. 운영위원회는 학기 말에 보통 개최되며, 분기별 개최하는 경우도 있다.

(4) 대학 상담센터 자문위원회

대학은 외부 상담전문가로 구성된 자문위원회를 두고, 상담센터 운영에 대한 체계적인 자문을 구하고자 정신과 전문의, 상담심리전문가, 임상심리전문가, 지역 정신건강 센터장 등으로 구성하여 상담에 대한 체계적인 전문 자문을 제공받게 된다. 운영위원회 또는 자문위원회는 보통 10인 이내로 구성한다.

(5) 대학 상담센터 조직도

대학 상담센터 조직도는 대학마다 특성을 가지고 있으며, 일반대학의 경우 상담교수를 임용하고, 학생 수에 따라 상담 영역별 전문상담사를 여러 명 고용하여 운영하고 있으며, 전문대학의 경우 대부분 센터장과 1명의 전문상담사로 구성되고, 일부 대학에서 행정직원을 따로 두는 경우도 있다. 대학마다 상황은 다르겠지만 법정교육인, 폭력예방교육, 인터넷중독예방 교육을 상담센터에서 전담하는 경우가 있어 전문상담사의 업무량이 과중한 경우도 종종 발생하며, 성고충상담실을 겸하는 경우, 업무분장과 역할에 대해 타부서와 논란이 발생하기도 한다. 본문에서는 일반대학과 전문대학 조직도에 대한 예시를 들어 대학 상담센터 조직도에 대한 이해를 돕고자 한다.

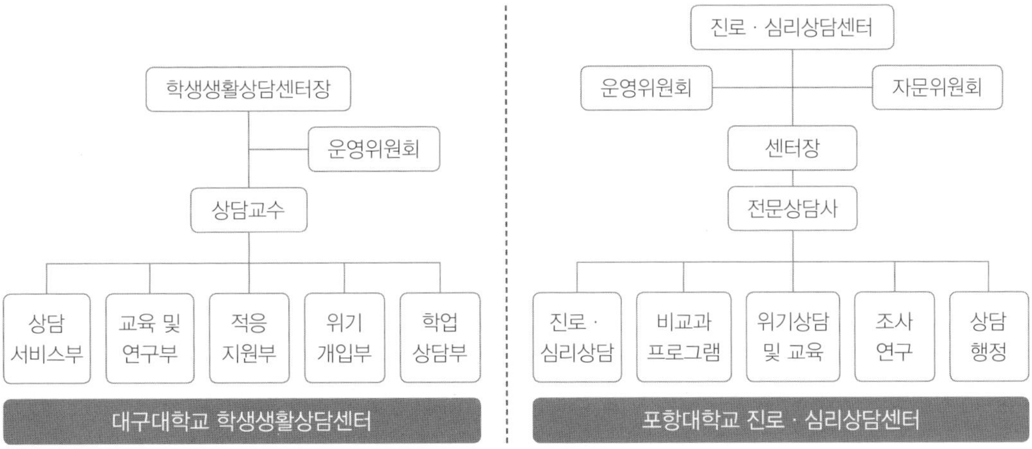

[그림 3-1] 대학 상담센터 조직도

6) 대학 상담센터 시설

(1) 대학 상담센터 위치 및 환경

대학 상담센터는 학생들의 접근성이 높은 곳에 위치하는 것이 좋으며, 개인상담실, 집단상담실, 심리검사실, 접수면접실, 행정실(사무실), 자료실 등으로 구성된다. 상담 수요를 충족할 수 있을 정도의 상담실이 확보되어야 하며, 모든 상담실은 비밀보장을 위한 방음벽 설치가 필요하다. 또한 상담센터의 분위기는 편안하고 포근한 것이 좋다. 상담센터는 다른 부서 또는 시설과 독립적인 공간으로 확보되어야 한다. 또한 진로취업처나 보건소와 동일한 건물 안에 있으면 도움이 될 수 있다. 자해한 학생이 보건소에 치료를 하러 왔다가 상담센터를 추천받아 오는 경우가 있으며, 취업 상담을 받다가 진로상담을 위해 센터에 오기도 한다.

(2) 접수면접실

접수면접실은 내담자들이 처음 상담자와 마주앉아 자신의 어려움을 이야기하고 도움을 요청하는 곳으로 좀 더 편안한 분위기를 만드는 것이 좋다. 내담자가 상담센터를 처음 방문할 때 안내 데스크에 인턴 등 너무 많은 사람이 있으면 부담을 느낄 수 있으므로 유의할 필요가 있다.

(3) 개인상담실

개인상담실은 방음이 잘 되는 곳으로 센터 안에 혹은 근접한 곳에 위치하며, 둥근 테이블에 등받이가 있는 푹신한 의자를 배치하고, 상담자와 내담자 모두 볼 수 있는 시계, 부드러운 티슈를 준비해 두며, 안락하고 편안한 분위기를 갖추도록 한다.

(4) 심리검사실

심리검사는 검사 종류에 따라 소요시간이 다르며, 다양한 검사가 이루어지는 경우 한 번 내방으로 부족할 수 있으므로 내담자와 충분한 사전 약속과 설명 후 검사가 진행되도록 한다. 심리검사실은 주로 개인상담실을 이용하며, 필요시 따로 두기도 한다. 환경은 개인상담실과 유사하며, 검사지를 방 안에 배치하면 심리적 부담감을 줄 수 있으므로, 심리검사지 보관은 센터 내 정해진 곳에 하는 것이 좋다.

(5) 집단상담실

집단상담실은 가변성 높은 의자와 테이블을 준비하여 프로그램 특성에 맞게 용이하게 배치하고, 바닥은 마루나 장판을 깔아 집단 참여자들이 자유롭게 앉을 수 있도록 하며, 신발장은 집단상담실 배치 공간에 따라 안이나 밖에 배치하고, 실내화를 미리 준비해 둔다.

접수면접실	개인상담실	집단상담실	

[그림 3-2] 접수면접실, 개인상담실, 집단상담실

2. 대학 상담센터 주요 업무

대학 상담센터는 상담과 관련된 활동, 학생생활지도와 관련된 연구지 발간 및 관련 활동, 학생생활과 관련된 전문적 교육사업, 센터 사업을 지원할 수 있는 상담자 양성, 학생생활 적응 및 위기 관리를 위한 전문적 사업을 한다.

1) 개인상담 서비스

(1) 운영목적

대학 상담센터는 대학생활 중 경험할 수 있는 심리적 어려움을 호소하는 재학생들에게 자신을 이해하고 내면의 잠재력 발견 및 성장을 통해 원만한 대인관계를 맺고 대학생활에 잘 적응할 수 있도록 돕고자 개인상담 서비스를 제공한다.

(2) 내용

개인 상담은 성격, 학업, 적성, 진로, 정서, 대인관계, 가족문제 등 학생의 상황에 따라 다양하게 접근한다. 학생 상담센터에서는 전문상담자와 1:1 만남을 통하여 심리적 어려움과 학습, 진로, 대인관계, 정서적 어려움에 대한 이야기를 나누고 도움을 받는 프로그램이다. 보통 주 1회(50분), 10~15회기 진행한다.

(3) 개인상담 신청 및 진행 절차

개인상담을 원하는 학생은 직접 상담센터를 방문하거나 홈페이지에서 온라인으로 신청한다. 상담절차를 살펴보면, 먼저 접수면접을 실시하고, 사례회의에서 사례의 심각성 및 위기 정도에 대해 평가 후, 상담자를 배정하여 상담을 진행한다. 최근 대면상담뿐 아니라 전화상담, 이메일상담, 온라인상담, 화상상담 등 비대면 상담이 활성화되고 있다. 상담센터에 직접 오는 것을 꺼리는 경우, 지리적 여건상 학교에 자주 오는 것이 어려운 경우, 몸이 불편한 경우, 또는 대인불안이 아주 높은 경우, 비대면 상담이 유용할 수 있다.

[그림 3-3] 대학 상담센터의 개인상담 신청 및 진행 절차

(4) 필요한 서식

개인상담에 필요한 서식은 개인상담신청서, 개인정보 수집 활용 동의서, 상담동의서, 자살금지서약서, 슈퍼비전 동의서, 개인상담 사전 설문지, 개인상담 사후 설문지, 개인상담 회기 기록지 등이 있다(부록 참조).

2) 집단상담

(1) 운영목적

대학 상담센터에서는 다양한 심리적 문제를 가진 학생들이 함께 모여 자신의 문제를 다른 관점으로 이해하고 타인을 수용하며 자기 성장을 도모할 수 있는 집단상담 프로그램을 운영하고 있다. 비슷한 관심을 가지고 있는 학생들이 모여 집단 리더의 진행에 따라 상호교류를 통하여 서로의 성장을 돕는다.

(2) 내용

프로그램 주제로는 진로탐색, 시간관리, 발표불안, 대인관계 증진, 학업증진, 자기이해, 자기성장, 스트레스 관리, 자기주장 훈련, 학습동기강화, 의사소통능력 향상 등 다양한 주제로 운영한다. 프로그램 주제를 선택할 때는 학생 실태조사 및 만족도 조사 등으로 수집된 학생들의 요구를 적극 반영한 주제 선정이 필요하다. 보통 10명 내외로 구성되며 주제 프로그램에 따라 3~8회기 이내로 진행된다. 통상적으로 1학기, 여름방학, 2학기, 겨울방학, 총 4회 정도 진행된다. 집단상담 명칭을 정할 때에는 학생들에게 친근감과 인지도 향상을 위한 집단상담 명칭(봄: 마음봄, 여름: 마음소나기, 가을: 마음소풍, 겨울: 마음붕어빵)과, 프로그램 명칭(자기주장: 위풍당당, 긍정심리: 긍정공장 공장장 등)을 고민하는 것이 필요하다.

(3) 모집 및 진행 절차

집단상담 홍보를 위해서는 홈페이지, 학생 커뮤니티, 포스터, 현수막 등을 활용할 수 있다. 학생들은 직접 방문 또는 홈페이지를 통해 집단상담 프로그램을 신청하고 집단원이 모집되면 집단 리더는 참가 신청한 학생들의 참여 동기, 집단에 적절한 집단원인지 스크리닝 작업을 한 후 집단구성을 완료하고 집단프로그램을 진행한다. 대학 상담센터에서 집단프로그램은 특정 주제와 목표를 달성하기 위한 구체적인 활동이 구조화되어 있는 구조화 집단, 집단상담이 시작될 때의 참여자들로만 끝까지 운영되는 폐쇄집단으로 주로 운영된다.

[그림 3-4] 대학 상담센터의 집단상담 진행 절차

(4) 필요한 서식

집단상담 프로그램 진행에 필요한 서식은 집단상담 신청서, 집단상담 사전 설문지, 집단상담 사후 설문지, 집단상담 서약서(구조화 서식), 집단상담 수료증 등이 있으며 명찰, 출석부, 활동지, 활동도구 등의 준비물이 필요하다.

(5) 집단상담 프로그램 소개

- 집단명: 유일무이한 내 편!
- 목적: 자존감 향상
- 목표: 합리정서행동치료(REBT)에 기초하여 비합리적 신념에 기인한 부정적 자기진술의 빈도를 줄이고, 긍정적 자기진술의 빈도를 늘려 자아존중감의 향상을 돕는다. 더불어 강점을 활용한 자기 이해와 집단활동을 통한 수용의 경험을 통해 전반적인 자기 가치감을 높인다.

표 3-1 대학 상담센터의 집단상담 프로그램 구성(예)

회기	소주제	활동내용
1	집단 구조화, 관계 형성	〈안녕하세요!〉 -집단소개 및 구조화 -별칭 짓기 -자기소개 (활동지 1)
2	목표 설정	〈그래서 자존감이 뭐야?〉 -자아존중감의 정의 (유인물) -내 안의 자존감 (활동지 2)
3	자기 인식	〈나는 어떤 사람?〉 -내 자존감의 방해요소 찾기 (활동지 3) -비합리적 신념의 발견 (유인물, 활동지 4)
4	자기 수용 타인 수용	〈그럼에도 나는 괜찮은 사람〉 -ABCDE 모델을 활용한 자기 논박 연습 (활동지 5) -자기표현 훈련 -나비의자 기법
5	강점 인식 및 활용	〈내 안의 강점 발견〉 -CST 성격강점검사 해석 -성격강점 활용 방안(활동지 6) -성공 경험 나누기와 칭찬 샤워
6	마무리	〈유일무이한 내 편에게〉 -나에게 편지쓰기 -나는 고민 해결사 -미해결 과제에 대한 소감 나누기

3) 심리검사 서비스

(1) 운영목적

개인의 성격, 흥미, 능력, 태도 등과 같은 심리적 속성 및 현재 상태를 전문 심리검사를 통해 진단하고 평가함으로써 학생의 객관적인 자기이해를 확장시키고, 내적자원 및 잠재력을 발견할 수 있도록 지원한다.

(2) 내용

① 내용

대학 상담센터에서 실시하는 개인 심리검사는 자기이해를 돕기 위한 성격검사, 인성 및 정서 검사, 학습검사, 진로적성검사 영역 등이 있고 1:1 맞춤형 해석상담 또는 집단 해석상담이 이루어지고 있다. 또한 대학생활 적응력과 중도탈락 경향성을 진단하고 개입하는 것을 목적으로 신입생 또는 재학생 전체를 대상으로 심리검사를 진행한다. 학교자체에서 개발하여 진행하는 곳이 있으며, MBTI나 정신상태검사 같은 표준화된 심리검사를 사용하는 대학도 있다.

② 심리검사 실시

대부분의 검사는 온라인으로 실시 가능하다(MBTI, MLST, Holland, CST, NEO, MMPI-2 등). 심리검사 실시는 검사의 유형에 따라 대략 30~90분 정도의 시간이 소요된다. 집단 심리검사가 가능한 검사는 성격검사, 학습 및 진로·적성와 관련된 검사들이다. 좀 더 깊이 있는 내면의 진단을 위한 검사인 MMPI-2, HTP 같은 검사는 집단 심리검사로는 적당하지 않다.

③ 심리검사 해석 상담

심리검사 해석 상담은 종류에 따라 다르지만 통상 50분 정도 소요된다. 심리검사는 1:1 원칙이지만 신청자가 많은 경우 집단 해석상담으로 진행하는 경우도 있다. 집단 해석상담을 진행할 경우, 개인별 맞춤 해석상담이 어렵다는 한계가 있고, 개인별 유형이나 개인적 정보를 드러내는 것을 불편해할 수 있다. 비대면으로 집단 해석

상담을 진행할 경우, 참여자들이 안정적인 공간에서 마이크와 화면을 켜고 참가할 수 있도록 미리 안내하는 것이 필요하다. 또한 검사를 신청하게 된 동기, 자기소개 시간 등을 통해 참여자들의 자발성과 집중도를 높이는 것이 필요하다. 해석상담 이후 내담자의 요구 및 상담의 필요성 발견, 평가결과 위기 징후 발견 등에 따라 개인상담으로 연계하여 지속적인 심리지원을 할 수 있도록 한다.

(3) 심리검사 신청 및 진행 절차

심리검사를 원하는 학생들은 홈페이지나 직접내방을 통해 신청할 수 있고, 면접상담 진행 후 학생 개인별 맞춤형 검사 실시 후 전문적인 개별 해석을 진행한다. 최근 온라인으로 실시하는 검사가 많기 때문에 심리검사 신청이 접수되면 온라인 검사 코드를 발송하고, 학생들이 온라인으로 심리검사를 실시하게 된다. 대학 상담센터에서 진행하는 검사종류로는 성격검사(MBTI, NEO−PI−R, CST), 기질검사(TCI), 진로・적성 검사(Holland 등), 학습검사(MLST, U & I 등), 지능검사(K−WAIS), 진단검사(MMPI− II , PAI, 로르샤흐, TCI, TAT, SCT, HTP 등), 종합심리검사(Full battery) 등이 있다. 심리검사는 인싸이트, 어세스타, 마음사랑 등을 통해 구입 가능하다.

학생들이 상담센터를 오는 것이 쉽지 않고, 꺼려하는 학생들이 있기 때문에 찾아가는 심리검사 서비스를 통해 단과대학 별로 찾아가서 간단하게 진행할 수 있는 심리검사를 진행하고 전문적인 해석이 필요한 검사는 센터에 내방하여 실시할 수 있도록 안내한다.

〈심리검사 신청 방법〉

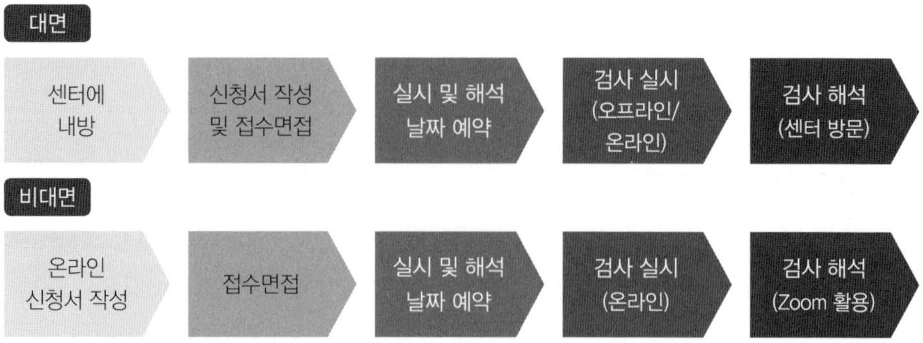

[그림 3-5] 대학 상담센터의 심리검사 진행 절차

(4) 전체 대상 심리검사

신입생 및 재학생들에게 검사 실시를 통해 학생들을 상담하기 전 학교생활 적응 어려움 정도를 미리 진단하고 기초자료로 활용한다. 검사 실시 결과를 바탕으로 고위험군을 선별하여 지도교수에게 검사결과지를 발송하여 담당교수가 학생과 면담 후 상담센터에서 심층상담을 의뢰한다. 또한 대학생활 적응력과 중도탈락경향성을 진단하는 것을 목적으로 대학적응력검사를 실시하여 대학 적응 및 학업지속경향성, 중도탈락 경향성의 위험 수준 분석을 통한 학생지도 자료로 활용하는 학교들도 있다. 최근에는 학교 자체 진단도구를 개발하여 학교자체 시스템에 탑재하여 심리검사 진행하는 경우가 늘고 있다. 어떤 학교에서는 MBTI, 직업적성검사를 실시하여 학생들의 자기이해와 진로에 도움을 주기도 한다.

4) 조사 및 연구사업(신입생, 재학생 실태조사)

(1) 운영목적

학생들의 대학생활 실태와 중도탈락 원인 탐색 및 대책 마련을 위한 조사를 실시하여 효과적인 교육지원계획을 수립하고 적절한 학사운영과 학교 발전을 위한 기초자료를 제공한다. 또한 신입생 · 재학생의 실태와 요구사항을 정확히 파악하여 신입생 유치 전략과 학생복지 지원 정책 수립 및 상담서비스 제공을 위한 기초자료로 활용된다. 실태조사에 사용되는 설문은 각 부서에서 필요한 내용을 요청하고 취합해서 설문문항을 구성하거나 학생 상담센터와 교수학습개발센터, 교육평가센터와 공동으로 개발할 수 있다.

(2) 신입생 실태조사

① 실태조사 흐름

우선 각 부서별 신입생 실태조사에서 다루고 싶은 내용에 대한 요구조사가 필요하다. 공문을 통해 각 부서에서 요구하는 설문내용이 있는지 요청하고 설문문항을 만든다. 주로 2월에 각 부서에 신입생 실태조사 문항 점검 추가 문항 제출 요청을 하고, 3~4월에 신입생 실태조사 실시와 관련하여 단대별 협조 공문을 발송하여 온

[그림 3-6] 실태조사 진행 절차

라인 설문을 실시한다. 온라인으로 설문조사를 하면 데이터를 따로 코딩할 필요 없이 분석할 수 있다. 5~6월에는 데이터를 분석하고, 분석 결과에 대한 해석과 보고서를 작성한다. 7월에 신입생 실태조사 보고서를 제출하고, 각 부서와 단과대학에 결과보고서를 공문으로 보낸다.

② 실태조사 내용

신입생 실태조사 설문지에 들어가는 내용은 신입생의 인구 통계학적 특성, 경제적 여건, 대학입학 및 선택과정, 입시 홍보, 대학이미지 및 개선점, 본교에 대한 만족도, 대학생활, 학생생활 및 건강, 상담에 대한 요구 등이다.

③ 활용

학생들의 요구 및 정신건강 상태를 파악하고 이를 통해 프로그램 기획, 개발에 활용할 수 있으며, 나아가 효과적인 학생이해와 생활지도를 위한 기초자료를 제공하고, 신입생의 학교생활 적응에 있어서 구체적인 어려움 및 부적응 요인을 분석한 후 유의미한 결과를 학과 및 지도교수, 관련 행정부서와 공유함으로써 체계적이고 효과적인 학생지원에 도움을 줄 수 있다. 또한 학과 및 행정부서, 도서관 등에 배부하여 학교 차원의 학생관련 제도나 정책수립에 앞서 교육 수요자인 학생들의 실태 및 요구를 파악하고 연구, 분석 자료 환류를 통해 교육경영 및 정책수립에 활용할 수 있는 근거자료를 지속적으로 구축해 나갈 수 있다.

(3) 재학생 실태조사

① 재학생 실태조사 흐름

학교마다 진행하는 시기는 차이가 있겠지만 신입생 실태조사가 주로 상반기에 진행되기 때문에 재학생 실태조사는 하반기에 주로 이루어진다. 하반기에 이루어진다고 가정하고 진행 흐름을 보면 9월에 재학생 실태조사 문항 점검 추가 문항 제출 요청을 하고, 10~11월에 단대별 협조 공문발송과 온라인 설문지를 실시하며 12~1월에 자료 분석, 조사결과 해석 및 보고서를 작성하여 2월에 재학생 실태조사 보고서를 제출한다.

② 재학생 실태조사 내용

인구통계학적 특성, 재학 만족도 및 학교 개선점, 대학 생활정보, 학과 및 전공에 대한 만족도, 휴학, 편입, 자퇴, 상담에 대한 요구, 대학생활 적응 등으로 구성된다. 실시방법과 절차는 신입생 실태조사와 비슷한 흐름으로 진행된다.

6) 대학 적응 프로그램

(1) 또래상담 프로그램

① 운영 목적

재학생들이 대학생활에서 겪는 학업이나 대인관계의 어려움 등 대학생활 적응에 어려움을 겪는 학생들의 학교 적응력을 향상시키기 위한 프로그램이다.

② 운영 및 활동 내용

학교생활에 적응을 잘 하고 있는 멘토와 학교생활에 적응이 필요한 멘티를 1:1로 연결하여 교내 시설 안내 및 사용, 대학생활 어려움 탐색, 대학생활의 노하우 전수, 다양한 대인관계 경험 등 대학생활 전반에 대해 관리, 점검하여 학업중도탈락을 예방하고 학교적응력을 높이고자 하는 프로그램이다. 대학 생활 적응에 어려움을 보이는 학생들과 또래상담자 교육을 받은 학생들 간의 멘토링 활동으로 친밀감을 형성하여 학생 간 공감과 소통 문화 형성 및 소속감을 고취할 수 있다.

주로 신입생 지원시스템으로 운영되기도 한다. 대학에 진학한 신입생들은 변화에 따른 다양한 어려움을 겪게 되는데 신입생들의 학교 적응을 지원하기 위해 동일 학과 선후배 간 1:1 매칭을 통해 멘토링 프로그램을 운영한다. 또한 신입생 대상뿐만 아니라 학교 적응 어려움에 직면해 있거나 심리정서적 어려움이 있는 멘티를 발굴하여 또래상담자들이 학교생활을 잘할 수 있도록 돕고 상담센터 접근성이 떨어지거나 학교에 잘 나오지 않는 학생들을 발굴하여 도움을 주는 것이다. 멘토링 활동은 학습, 대학생활 적응, 대인관계, 성격, 진로고민 등 다양한 내용으로 진행된다.

③ 행정 운영 절차

또래상담자 프로그램 계획공문이 완료되면 프로그램에 대한 홍보가 우선 진행된다. 현수막, 학교 커뮤니티를 통해 프로그램 홍보가 이루어지고, 홍보게시물을 통해 신청이 접수되면 또래상담자를 모집하고 선발한다. 또래상담자에 대한 전화면접 또는 대면 면접을 통해 신청하게 된 동기, 또래상담자 경력, 또래 상담자로서의 태도 등을 파악하고 선발한다. 선발 과정 이후 발대식을 통해 또래상담자 프로그램 시작을 선포한다. 이후 5주 정도의 또래상담자 교육이 진행되고 또래상담자 활동이 본격적으로 진행된다. 또래상담자 활동에서 어려움이 있으면 슈퍼비전을 통해 또래상담자 활동에 대해 점검하고 도움을 준다. 모든 활동이 끝나면 프로그램 활동 평가를 진행하고 우수사례를 발굴하여 자료집을 제작한다.

[그림 3-7] 또래상담자 프로그램 진행 절차

④ 또래상담자 교육

또래상담자 교육은 친한 친구 되기, 대화하는 친구 되기, 도움 주는 대화하기, 또래상담자 기본자세 및 상담 전략으로 구성된다. 또래상담자 교육을 받은 학생들이 주변에 도움이 필요한 재학생, 편입및 전과생 등 학교생활 부적응 학생을 발굴하여 대학생활에 적응할 수 있도록 도움을 준다. 고위험군 학생이 발굴될 경우 상담센터로 연계하여 개인상담을 진행할 수 있도록 한다.

표 3-2 또래상담자 프로그램

	내용	목적 및 활동
1주차	• 프로그램 오리엔테이션 • 친해지기 활동(조별 혹은 개별) • Part 1. 또래상담이란?	–프로그램 이해 –신뢰감, 친밀감 형성
2주차	• Part 2. 친한 친구 되기 친구에게 다가가기	–친구의 의미 생각 –다가가는 방법
3주차	• Part 3. 대화하는 친구 되기, 대화 잘 이끌어가기	–경청하기 –공감하기 –어기역차 익히기
4주차	• Part 4. 도움 주는 친구 되기 도움 주는 대화 배우기	–원무지계 –연습을 통한 자신감 상승
5주차	• Part 5. 또래상담활동 마무리 및 평가	– 프로그램 평가 –모범사례 공유

⑤ 효과

참가한 멘토들은 리더십과 관계능력 향상, 이타성 증가, 자신에 대한 긍지나 사회적인 책임감 향상, 목표의식 향상의 효과를 볼 수 있다. 참가한 멘티들은 학교 출석률 증가, 학교 적응에 도움, 대인관계 기술 습득, 자존감 또는 유능감 향상, 미래 및 진로에 대한 목표 설정의 효과를 볼 수 있다.

(2) 학습멘토링 프로그램

① 운영 목적

대학생활 중에 경험하는 어려움 중, 특히 학업에 어려움을 겪는 저학점 및 학사경고 학생들의 학업능력 향상과 학교적응력을 향상시키기 위한 프로그램이다.

② 운영 및 활동 내용

동일한 학과에서 성적이 우수한 멘토와 학업에 도움이 필요한 멘티를 1:1로 연결하여 수강과목 학습관리, 시험 및 과제 관리, 시간관리, 출결 등 대학생활 전반에 대해 관리 · 점검하여 학업중도탈락을 예방하고자 하는 프로그램이다. 주요활동으로는 기초학력 미달자에 대한 수학, 영어, 과학 등 기초학습 지원, 시간관리, 출결, 과제 및 시험 등 대학생활 전반에 대한 점검·관리를 한다. 멘토는 주로 학과장이 추천한 성적이 우수한 재학생으로 하고 멘티는 학과장이 추천한 저학점 학생, 학사경고자가 된다. 참가한 멘토들은 리더십과 관계능력 향상, 이타성 증가, 자신에 대한 긍지나 사회적인 책임감 향상, 목표의식 향상의 효과를 볼 수 있다. 참가한 멘티들은 학교 출석률 증가, 학교 적응에 도움, 대인관계 기술 습득, 자존감 또는 유능감 향상, 미래 및 진로에 대한 목표 설정의 효과를 볼 수 있다.

③ 행정 운영 절차

진행 절차는 우선 홈페이지 등을 통해 학습멘토링 프로그램 참가자를 모집한다. 그 후 간단한 면접을 실시하고, 학습멘토링 프로그램 오리엔테이션을 실시한다. 이후 멘토 교육이 진행되고 본격적인 멘토링 활동이 시작된다. 활동이 끝나면 멘토링 활동에 대한 활동보고서를 작성하고, 모범사례를 발굴한다.

[그림 3-8] 학습멘토링 프로그램 진행 절차

7) 소수학생지원 프로그램

소수학생지원 프로그램에는 장애학생, 유학생, 편입생, 편입생, 전과생 등 소수학생 대상 케어프로그램이 있다.

(1) 운영목적

대학 상담센터에서는 학교 부적응의 위험에 노출된 소수학생들에 대한 관심을 가지고 있다. 주로 대학의 편입생, 전과생, 만학도, 유학생, 장애학생 등 취약 계층의 학생들이다. 소수학생의 중도이탈자의 수를 감소시키고 학생들과 교수들의 요구를 반영하여 원활한 학교적응 프로그램을 진행한다. 이러한 프로그램을 통해 소수학생의 자아존중감과 학교생활 및 학업에 대한 동기부여를 도모한다. 또한 자기 이해 및 전공역량강화를 위한 프로그램, 장애학생, 유학생들의 특수성을 고려한 프로그램 지원을 통해 학생, 교수, 직원이 소통함으로써 다양성을 존중하는 공동체 역량을 강화할 수 있다.

(2) 운영 및 활동 내용

프로그램을 구성하는 데 있어 가장 중요한 과정은 대상자의 요구를 파악하는 것이며, 이를 프로그램 개발 과정에 반영하는 것이다. 그렇게 할 때 프로그램의 효과와 참여자의 만족도를 증가시킬 수 있다. 소수학생 지원 프로그램은 집단상담 프로그램이나 교육 프로그램이 진행될 수 있다. 진로, 학습, 대인관계, 심리·정서 지원의 내용으로 진행된다. 유학생 적응 지원 프로그램은 외국인 유학생의 심리사회적 측면, 학업·문화 측면에서 지원하며, 장애학생 지원 프로그램은 원활한 대인관계를 형성하고, 적극적으로 진로준비를 할 수 있도록 돕는 프로그램으로 주로 구성된다.

(3) 행정절차

프로그램을 시작하기 전에 먼저 학생들에게 필요한 도움이 무엇인지, 어떤 프로그램이 원하는지 사전 요구조사를 진행한다. 대체로 학생들은 주로 진로와 취업문제에 대한 요구가 높으며, 학교적응, 대인관계에 대한 요구가 있다. 소수학생 대상 프로그램 경우는 대상자가 특정되어 있으므로, 대상자 명단을 확보는 하는 것이 중요하다. 명단을 확보하기 위해서는 관련부서의 협조가 관건이다. 학교 교무학사부(학생지원부)에 공문을 통해 장애학생, 유학생 등의 명단을 요청하고, 학생 명단이 확보되면 학생들에게 문자알림을 통해 프로그램을 안내한다. 장애학생지원센터와 국제교류처(국제처) 부서에 협조 공문을 통해 장애학생, 유학생들에게 프로그램을 안내하도록 요청한다. 프로그램 진행 절차는 프로그램 신청서가 접수, 맞춤형 프로그램 진행, 프로그램 평가로 이루어진다.

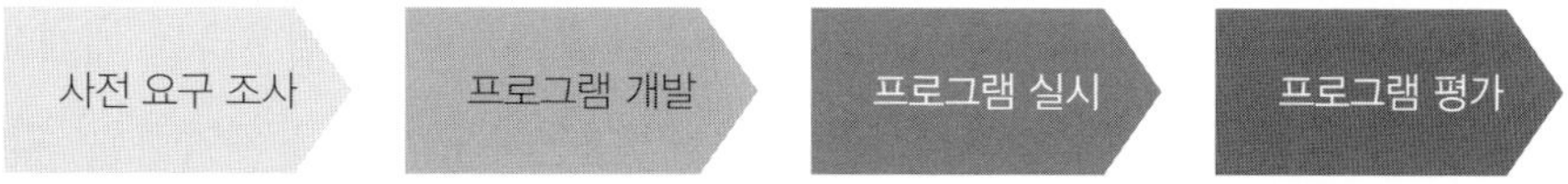

[그림 3-9] 소수학생 지원 프로그램 진행 절차

8) 위기개입을 위한 맞춤형 상담 프로그램(위기 돌봄 프로그램)

(1) 운영목적

대학생은 대학에 진학함과 동시에 청소년기에서 성인기로 접어들게 되면서 갑작스럽게 자신에게 닥친 문제를 스스로 해결하고 책임져야 하는 상황에 직면하게 되는데(이혜선, 김성연, 박일, 강여정, 이지영, 권정혜, 2012) 이러한 변화는 대학생에게 심리적인 어려움을 줄 수 있다. 그리고 과도한 경쟁사회, 물질만능주의 등과 같은 사회적 분위기는 대학생의 스트레스를 가중하고 있으며(조계화, 이현지, 2013), 이로 인해 대학생의 심리적 문제가 심각해지고 있다. 자살, 자해 행동 등 위기 사례와 극심한 정신질환을 호소하는 학생도 늘어가고 있는 추세이다(이영은, 차영은, 민경화, 2013). 특히 코로나 19로 대학생과 같은 20 · 30대의 자살률이 증가하였고(통계청, 2021) 이로 인해 대학 내 적극적인 위기 개입과 전문 상담 서비스에 대한 필요성이 요구된다.

(2) 위기대응 매뉴얼

위기대응 매뉴얼은 대학생의 심리적 위기 상황에 대응할 때 학생 상담센터의 구성원이 진행할 절차에 대해 설명하고, 교내에서 구성원들에게 위기 상황 발생 시 대처 방안에 대해 안내한다. 재학생의 심리적 위기 상황에 효율적으로 대응하기 위한 교내 위기대응 시스템을 구축하고 위기상담 및 사후관리를 통해 교내 캠퍼스 안전망 구축이 필요하다. 위기개입 프로그램으로 위기대응 시스템 구축 및 위기상담, 자살 예방교육, 자살 예방 캠페인 등이 있다.

(3) 프로그램 행정절차

① 괜찮니 우체통 캠페인

지금 대학에서는 〈괜찮니? 우체통〉 캠페인을 진행하고 있는 학교가 많다. 이는 한국생명존중희망재단에서 진행하는 자살예방 프로그램이며, 엽서라는 매개체로 괜찮니? 안부를 전하는 캠페인이다. 센터에서는 엽서와 우체통을 제작한다. 각 단과별로 협조요청을 통해 우체통에 모인 엽서를 단과대학으로 보내 주면 학과사무실로 전달하는 방식으로 진행이 된다. 물론 학생들에게도 개별적으로 알림을 주어 엽서를 찾아갈 수 있도록 한다.

② 자살예방교육 행정절차

지역 정신건강복지센터와 연계하여 진행되는 프로그램으로 생명사랑 지킴이를 양성하는 과정이다. 지역정신건강복지센터에 협조요청을 하면 자살예방 교육팀에서 강사를 보내 주거나 함께 프로그램을 진행할 수 있다. 강의를 수강한 학생은 생명지킴이로 위촉된다. 대학 상담센터는 지역정신건강복지센터와 업무협약을 맺는 것이 필요하다.

9) 학업 중도 탈락 예방 프로그램(학사경고자 학업 상담 프로그램)

(1) 운영목적

대학생의 학교 부적응과 학업실패로 인한 학사경고를 받게 되는 학생들이 학업에 대한 자존감을 회복하고 학업의 어려움을 해결함으로써 학교생활에 적응하고 학업에 대한 자신감을 회복하도록 돕는 프로그램이다. 학생의 기초학력 향상과 학습 습관 개선을 통해 학사경고 극복 및 누적 학사경고 예방을 위한 맞춤형 학사경고자 학업상담 지원사업이다.

(2) 운영 및 활동 내용

학사경고를 받은 학생 및 학습에 어려움을 겪는 학생을 대상으로 학습동기강화 및 중도탈락 예방을 위하여 학기 중 맞춤형 지도(지도교수 상담, 개인상담, 심리검사)

표 3-3 학사경고자 학업상담 진행 절차

학업상담 프로그램 진행 과정	
1차 상담 (평가 및 간략개입)	2차 상담 (문제 원인 이해)
• 학업상담 신청서 작성 • 학업상담 설문지 작성 • 학습유형검사, 학습전략검사 실시	• 학사경고 이유 탐색 및 해결방안 모색 • 학업 계획 작성 • 미래 목표 설계 • 학습멘토링 프로그램 연계

및 숙박형 캠프, 집단상담, 개인상담 등의 프로그램을 진행한다. 학생들의 참여를 독려하기 위해 프로그램에 참여한 학생들에게는 3학점 추가 혜택을 주거나, 마일리지 부여해 주는 혜택을 주는 경우가 많다.

(3) 행정절차

한학기가 끝나고 방학에 학생들의 성적이 나오면 학사경고를 받은 대상자가 확인이 된다. 또한 학교에서는 학생에게 개별적으로 학사경고 통보문을 보낸다. 학생상담센터는 교무학사부에 공문을 보내어 학사경고를 받은 학생의 명단을 확보한다. 명단이 오면 학생들에게 전화를 걸어 전화상담을 진행하거나 대면상담 또는 집단상담, 집단특강, 집단캠프를 진행할 수 있다. 학사경고 학업상담에 참여한 학생에게는 다음 학기 3학점을 더 신청할 수 있는 기회를 제공하거나 성적이 오른 학생에게 장학금을 지급하는 등의 참여를 독려할 수 있는 혜택을 마련하는 것이 좋다. 학사경고 학업상담은 대학 상담센터에서 진행하는 곳도 있지만 교수학습개발센터에서 시간관리, 학습전략 등의 상담을 받도록 하는 곳도 많다.

3. 대학 상담센터 행정절차

기관과 조직은 업무를 처리하기 위한 행정절차를 가지고, 체계에 따라 각 부서가 움직여 나간다. 대학 상담센터 또한 대학 내 조직기구로 편성되어 있으며, 일정한 행정절차에 따라 프로그램을 계획, 진행, 평가, 개선, 반영하게 된다. 행정은 크게 프로그램 운영, 평가, 예산, 통계 업무로 나누어지며, 각각의 행정절차를 가진다.

본 장에서는 기본적으로 대학 내 상담센터에서 이루어지는 행정절차에 대해 간략하게 살펴봄으로써 대학 상담센터 행정에 대한 이해를 돕고자 한다.

1) 대학 상담센터 연간운영계획서

대학 상담센터는 연간운영계획서를 수립하여 1년 동안 이루어지는 모든 업무를 사전에 계획하게 되는데, 반드시 운영위원회를 거쳐야 한다. 이러한 연간운영계획은 학생들의 수요조사, 만족도 조사, 각종 심리검사, 프로그램 운영결과에 따른 개선사항, 운영위원회, 자문위원회 의견 등을 수렴하여 계획한다. 연간운영계획서에는 예산수립과 함께 전체 프로그램에 대한 전반적인 내용을 담는다. 연간운영계획서는 운영위원회 의결에 따라 수정, 확정되면 센터 업무에 반영된다.

2) 대학 상담센터 연간운영결과보고서

행정 실무 담당자는 한 해 센터 운영에 대한 연간운영결과보고서를 작성하고 운영위원회를 개최하여 프로그램, 예산 집행, 통계 등에 대한 결과보고 및 개선사항을 도출한다. 자문위원회가 구성되어 있는 센터의 경우 외부 전문 자문위원회를 통해 프로그램 질 향상과 센터 운영에 대한 전반적인 자문을 받게 된다. 이러한 행정절차는 다음 해 센터 운영계획을 수립하고, 운영하는 데 반영되어 업무진행의 핵심을 이룬다.

3) 대학 상담센터 프로그램 행정절차

대학 상담센터 프로그램은 심리검사, 개인상담, 집단상담, 예방교육, 캠페인, 홍보 등 센터 내 이루어지는 대부분의 업무를 말한다. 프로그램은 반드시 행정절차를 가지게 되는데, 행정 실무자는 프로그램 실시 전, 프로그램 운영계획서를 수립하고, 내부공문을 작성하여 센터가 속해 있는 결재 라인에 따라 제출 안건에 대한 승인을 받는다. 이후 프로그램을 진행하고, 프로그램 진행 후에는 프로그램 운영결과보고서를 작성하여 프로그램 결과, 예산, 만족도, 사전·사후 검사결과, 개선사항에 대한 내용을 내부공문으로 보고한다.

4) 대학 상담센터와 타부서와의 연계에 필요한 행정

프로그램 진행 시 타부서와 연계가 필요한 경우 사전에 부서장들이 서로 만나 프로그램에 대한 조율 후 내부공문 혹은 협조문으로 공식적인 협조를 구하고 연계하게 된다. 상담센터는 각 학과와 연계가 잘 이루어질 때, 내담자 발굴과 프로그램 대

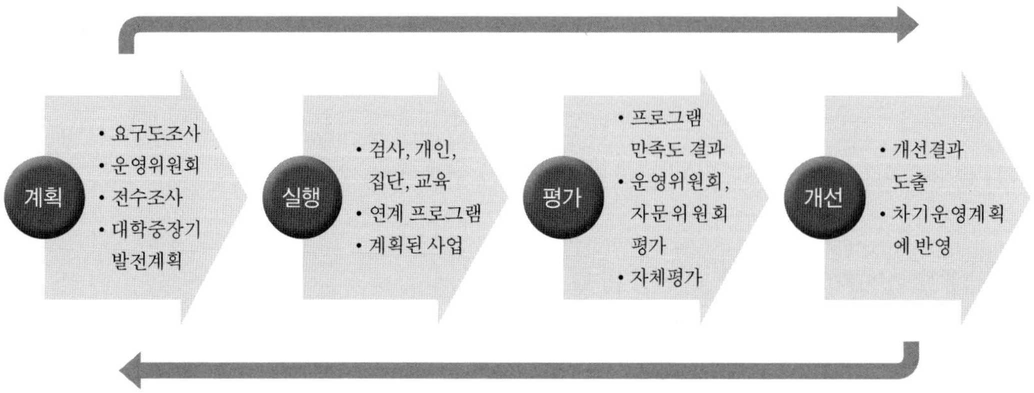

[그림 3-10] 대학 상담센터 행정절차

상자 찾기가 용이하며, 학과 자체 행사로 심리검사나 상담프로그램을 연계하는 경우도 있어 학과와 긴밀한 관계를 유지해야 한다. 따라서 프로그램의 목적과 성격에 대한 사전 회의를 통해 서로 충분한 이해를 가지고 조율하는 절차가 반드시 필요하다.

4. 대학 상담센터와 대학평가

대학은 교육기관으로서 평가를 받게 되는데 크게 기관평가 인증과 대학기본역량 진단 평가로 나눌 수 있으며, 대학 상담센터는 진로 · 심리상담지원에 대한 주요 평가대상이 된다. 이 장에서는 대학평가에 따른 대학 상담센터 평가 부분을 다루고자 한다.

1) 기관평가

고등교육기관 평가인증 인정기관인 한국대학평가원은 고등교육의 질을 보증하기 위해 「고등교육법」 제11조의2, 「교육 관련기관의 정보공개에 관한 특례법」 및 동법 시행령, 고등교육기관의 평가 · 인증 등에 관한 규정의 법적 근거로 2008년 기관평가를 도입하였다. 5년 주기로 대학별 신청에 의해 평가되며, 교육, 연구, 사회봉사 평가범위에 대한 5개 평가영역과 30개 평가준거를 정량과 정성으로 평가한다.

대학 상담센터는 진로 · 심리상담 지원 부분에 해당되며, 평가원이 제시하고 있는 기준을 기본으로 그 이상의 프로그램을 진행하여 평가기준을 맞추고 있다.

2) 대학기본역량진단

대학기본역량진단은 대학교육의 질적 수준과 경쟁력을 강화하고, 교육여건 개선을 목적으로 실시된다. 해당 법적 근거는 「고등교육법」 제7조, 「한국장학재단 설립 등에 관한 법률 시행령」 제11조의21의5, 「국가장학사업 운영규정」 제11조, 제15조이며, 각 대학은 자율대학으로 선정될 경우 재정지원을 받게 되므로 평가기준에 따른 역량 있는 학생지원을 하고자 노력한다. 2021년 진행된 대학기본역량진단에서 일반대학의 경우 13개 지표 100점 만점에 진로 및 심리상담 지원은 4점이 배정되었고, 전문대학의 경우 14개 지표 100점 만점에 3점을 배점받았다. 배점이 많지 않지만 정성평가에 해당되는 내용으로 간과할 수 없는 영역이다. 3주기 평가를 지나오면서 대부분 대학은 선정기준을 맞추고자 전문상담사를 배치하여 학생상담지원을 체계적으로 운영하고 있다. 아직 재정 지원, 인력확보와 처우개선, 센터에 대한 대학인식 증진, 업무와 역할의 명확성 등 해결해야 할 과제가 많이 남아 있지만 어느 정도 안정되게 정착해 가고 있다.

표 3-4 대학기관평가인증과 대학기본역량진단 비교

구분	대학기관평가인증	대학기본역량진단
평가목적	대학교육의 질 개선 및 책무성 제고	재정지원 및 제한대학선정, 정원감축
평가주체	대학평가인증위원회	대학구조개혁위원회
평가범위	교육, 연구, 사회봉사	교육
평가방법	정량, 정성, 절대평가	정량, 정성, 상대평가

3) 대학평가에 따른 학생 상담센터 업무의 한계

대학평가는 어느 한 부서에 업무가 집중되기보다는 대학 전체가 각 지표에 맞게 교육과 학생지원을 개선하기 위해 움직여야 한다. 하지만 현실은 각 지표에 해당되는 부서가 평가를 주도할 뿐 아니라 과도한 책임을 지우기도 한다. 또한 평가를 위한 업무를 진행하다 보면 주객이 전도되어 진로심리지원의 핵심 목표인 성공적인 진로와 건강한 대학생활을 위한 심리지원보다 평가를 위한 업무에 치중하여 대학 상담센터의 본연의 목적이 희석될 수 있다. 뿐만 아니라 상담사들의 업무 또한 과중되어 전문상담사들이 상담 시간보다 행정에 몰두해야 하고, 행정을 처음 접하는 많은 상담사들이 회의와 소진으로 1년 계약기간을 채우기 어렵고, 이직률 또한 높은 편이다. 따라서 대학 상담센터 업무가 평가와 완전히 떨어질 수는 없지만 평가위주의 업무보다는 목적에 맞는 사업을 펼쳐 나갈 필요가 있다.

5. 수련기관으로서 역할

1) 운영목적

대학 상담센터에서는 상담전문인력의 양성을 위하여 상담전문가 교육과정(상담수련과정)을 운영하고 있다. 학기 초에 대학원 재학생(상담 관련 학과)을 대상으로 인턴 상담원을 모집, 선발하여 관리하고 있다.

2) 자격요건

자격조건으로 실습상담원은 상담관련 분야 석사재학 3학기 이상, 인턴상담원은 실습 상담수료자이거나 이와 동등한 자격을 가진 자로서 상담 및 임상심리 석사과정 졸업예정자 및 졸업자이며, 레지던트 상담원은 인턴과정 수료자이거나 이와 동등한 자격을 가진 자로서 상담 및 임상심리 석사학위 이상 소지자이다. 관련분야 1년 이상 경력자, 객원(외래)상담원은 레지던트 과정 수료자이거나 상담 및 임상심리 분야의 박사과정 이상인 자, 또는 관련 분야 3년 이상 경력자로 구성된다.

3) 교육과정

인턴, 레지던트 상담원의 수련 시간은 주당 20시간 이상이며 수련일은 평일 3일(개인 근무일 2일 선택, 전체교육 1일, 사례슈퍼비전 참석 1일)이며, 공통 교육과정은 기본 상담교육 및 오리엔테이션, 심리검사(MMPI, SCT, TCI, MBTI, Holland, CST, STRONG, HTP/KFD) 워크숍, 상담 및 심리평가 집단 슈퍼비전, 심화교육 워크숍, 세미나(접수면접/첫 상담/종결 강의 및 실습, 집단상담, 상담이론 특강)가 있다. 행정실습으로 상담 예약현황 확인, 심리검사 코딩, 내담자 안내, 전화 업무 등이 있다.

4) 사례콘퍼런스

또한 상담자의 전문적 역량을 강화시키기 위하여 사례 콘퍼런스를 실시하고 있는데 이는 재학생들에게 보다 나은 상담서비스를 제공하고 상담원들에게는 자격증 취득의 기회가 되고 있다. 콘퍼런스에는 한국상담심리학회, 한국상담학회의 1급자격증을 지닌 주슈퍼바이저와 부슈퍼바이저를 모시고 내담자 동의가 이루어진 사례를 슈퍼바이저가 발표하고 그 사례에 대한 토의가 이루어진다.

6. 대학 상담센터 행정의 한계

2020년 2월 교육부 · 여성가족부 · 보건복지부(이하 교육부)가 발표한 '대학생 마음건강 지원 방안'에 따르면 전국 286교 중 280교(98%)가 학생 상담센터를 운영 중이며, 학내 전문상담 인력 1인이 담당하는 평균 재학생 수는 1,150명으로, 최소 1명에서 최대 30명까지 학교별로 편차가 크다. 국립대학교는 상담인력이 평균 8명, 그중 전일제 상담인력은 3명(약 40%)이다. 사립대학교의 경우, 학교당 상담인력이 평균 4.6명이고 그중 전일제 상담사는 1명(약 33%)인 실정이다. 전일제 상담인력 부족은 상담의 체계성 및 안정성을 저하할 우려가 있다. 한편, 286교 중 224교(78%)가 연간 운영비 1억 원 이하로 운영되고, 157교(55%)가 연간 운영비 5천만 원 이하로 운영되고 있다. 대부분 상담센터가 적은 비용으로 운영되고 있어 전담 상담원 역시

1년 계약직이 많으며 특히 정규직 인력 부족은 학생 상담센터의 업무 연속성과 전문성 확보를 어렵게 하고 있다. 대학생의 정신건강을 위해 학생 상담센터의 체계성 구축과 전임 상담사의 충원 등의 개선책이 요구된다. 특히 신학기에는 상담신청이 늘어나는 실정에 반해 상담인력 부족과 공간부족으로 인해 대기시간이 한 달 여에 이르고 있으며 이에 대한 개선이 필요한 시점이다.

요약

대학 상담센터는 대학생들의 심리정서적인 부분에 대한 심리검사 서비스, 개인상담 및 집단상담 서비스에만 국한되는 것이 아니라 중독예방교육, 멘토링 프로그램 같은 적응지원, 대인관계 등의 역량개발, 중도탈락 예방을 위한 학업상담, 학생실태조사 등 학생들의 대학적응을 위한 다양한 사업을 하고 있다. 이러한 사업은 반드시 행정절차를 가지게 된다. 행정절차에는 내부공문을 통해 계획서를 결재 승인받고, 이후 프로그램 결과, 예산, 만족도를 실시하여 평가와 개선사항에 대한 내용을 공문으로 보고한다. 또한 타부서와 연계가 중요하다. 더욱이 대학은 기관평가와 대학기본 역량진단 평가 대상이므로 이에 대한 작업이 만만치 않다. 그러므로 대학 상담센터의 직원은 상담 이론과 실제에 대한 전문성을 갖추는 것은 물론이거니와 행정 실무자로서의 자세를 견지하는 것이 중요하다.

참고문헌

김나미, 김신섭(2013). 대학생 생활 스트레스가 심리적 안녕감에 미치는 영향: 사회적 지지와 회복 탄력성의 매개효과. **한국상담학회 상담학연구**, 14(2), 1125-1144.

이숙정, 유지현(2008). 대학생의 학업 및 진로 스트레스와 대학생활적응의 관계에 대한 자기효능감의 매개효과. **교육심리연구**, 22(3), 589-607.

이영은, 차영은, 민경화(2013). 대학상담소 접수면접 체제에 대한 개선방안 연구. **인간이해**, 34(2), 1-19.

이은희(2004). 대학생들이 경험하는 생활스트레스와 우울; 공변량 구조모형을 통한 대처방식의 조절효과 검증. **한국심리학회: 건강**, 9(1), 25-52.

이혜선, 김성연, 박일, 강여정, 이지영, 권정혜(2012). 대학생의 자살관련 생각과 행동의 원인 및 자살을 선택하지 않은 이유. 한국심리학회지: 상담 및 심리치료, 24, 703-728.
임은미, 김인규, 강지현, 김지현(2020). 대학생의 개인상담 성과 및 성과 요인에 대한 합의적 질적연구. 한국상담학회, 21(1), 1-22.
조계화, 이현지(2013). 대학생이 인식하는 자살의 원인과 대책에 관한 내용분석. 한국사회복지교육, 22, 105-133.
전겸구, 김교헌, 이준석(2000). 개정판 대학생용 생활 스트레스 척도 개발 연구. 한국심리학회지 건강, 5(2), 316-335.
통계청(2021). 사망원인통계.

부록

개 인 상 담 기 록 지

이름		연령/성별	
소속		상담일자	
상담장소		소요시간	
상담목적		상담회기	

상담태도

상담내용

성과 및 향후 계획

상담자:　　　　　(서명)

〈부록〉

상 담 동 의 서

1. 귀하의 인적사항 및 상담내용에 대하여 비밀을 보장합니다. 단, 내담자와의 사전 협의 하에 개인상담내용을 공개할 수 있으며, **다음의 내용에 해당되는 경우는 제외**됩니다.

상담자 윤리규정에 의거하여 위 사람을 상담하면서 ① 자살의 의도를 나타내거나
② 타인을 죽이거나 해치려는 의도를 나타낼 때 ③ 법원에서 요청할 때 및
④ 기타 신고의무에 해당하는 정보를 알게 될 경우
동의 없이 제3자에게 상담내용 일부를 공개할 수 있다.

□ 동의합니다. □ 동의하지 않습니다.

2. **녹음 동의서**

상담내용 중 필요한 부분을 다시 이야기할 수 있도록 녹음을 하고자 하며 상담자가 제대로 대응했는지 확인하여 상담의 질을 높이고자 합니다. 상담 중 녹음하는 부분에 대하여 동의하십니까?

3. **심리평가 동의서**

상담 진행 시, 심리평가를 실시할 수 있으며 이와 관련한 개인정보 이용 및 활용에 동의하십니까?

본인 (성명:)는(은) 위의 내용에 대한 설명을 듣고, 이해했으며 동의합니다.	
년 월 일	내담자: ____________ (서명) 상담자: ____________ (서명)

〈부록〉

슈퍼비전(공개사례발표) 동의서

본인 (성명:)는(은) ○○대학교 학생생활상담센터에서 진행되는 개인상담・심리검사 슈퍼비전(공개사례발표)에 동의하며 상담의 긍정적 성과를 위해서 상담자를 믿고 적극적으로 협조할 것을 약속합니다.

슈퍼비전이란?

상담사나 슈퍼바이저가 좀 더 숙련되고 경험이 풍부한 상위 슈퍼바이저들로부터 그들의 지혜와 전문성을 전수받고 상담심리치료 능력을 증진시키는 것을 말합니다(Gilbert & Evans, 2005). 즉, 상담자의 상담 수행능력을 올리기 위해 상담자들이 내담자에게 제공하는 서비스를 평가하고 감독하는 등의 교육적인 활동을 말합니다(Bernard & Goodyear, 2004).

1. ○○대학교 학생생활상담센터가 효과적인 상담진행을 위하여 전문가에게 상담・검사 자문, 슈퍼비전을 받는 것에 대하여

□ 동의합니다. □ 동의하지 않습니다.

2. 슈퍼비전(공개사례발표) 진행 시 귀하의 인적사항 및 상담내용에 대하여 비밀을 보장합니다.

비밀보장 사항

가. 인적사항 및 개인정보
(이름, 학과, 학번, 휴대전화 번호, 메일 등 개인을 알 수 있는 정보들)

슈퍼비전 사항

가. 상담 진행 현황
나. 상담 회기별 내용
다. 심리검사 결과

슈퍼비전 참여자

가. 개인 슈퍼비전의 경우: 슈퍼바이저와 상담자(발표자) 1:1로 진행
나. 공개사례발표의 경우: 주슈퍼바이저, 부슈퍼바이저, 상담자(발표자), 학생생활상담센터 상담 수련생 및 외래상담원

3. 슈퍼비전(공개사례발표) 시 사례 보고서가 유출되지 않도록 엄격하게 관리・감독하고 있으며, 슈퍼비전(공개사례발표)이 종료된 후, 사례 보고서 및 상담 녹음파일은 즉시 파기됩니다.

위 내용을 상세하게 확인하였으며, 상담 슈퍼비전의 규정에 동의합니다.	
년 월 일	내담자: ____________ (서명) 상담자: ____________ (서명)

〈부록〉

개인정보 수집 · 활용 동의서

학생생활상담센터에서는 원활한 상담 및 프로그램을 진행하기 위해 아래와 같은 개인정보를 수집합니다. 수집한 개인정보는 해당 프로그램 이외의 다른 어떤 목적으로도 사용하지 않습니다.

1. 개인정보 수집 · 이용 목적

–상담 및 심리검사 등 학생생활상담센터 프로그램 신청을 위한 개인정보 탐색

2. 개인정보 수집항목

–일반정보 수집항목: 성명, 학번, 생년월일, 성별, 연락처, 이메일, 주소, 주거형태, 상담(심리검사) 경험 유무, 가족관계

–민감정보 수집항목: 종교, 약물복용 여부

3. 개인정보의 보유 및 이용 기간

–개인정보 파일명: 상담 및 심리검사

–정보 수집 후 3년간 보유하고 이후 파기

4. 개인정보 수집 동의 거부 시 불이익 내용

–개인정보 수집 동의를 거부하실 수 있습니다. 다만, 동의하지 않을 경우 학생생활상담센터 프로그램에 참여할 수 없습니다.

귀하는 개인정보 수집 및 활용에 동의하십니까?

동의함(　　), 동의하지 않음(　　)

귀하는 민감정보 수집 및 활용에 동의하십니까?

동의함(　　), 동의하지 않음(　　)

20　　년　　월　　일

성명:　　　　　(서명)

〈부록〉

교수명:

과목명:

상담 및 심리검사 신청서

신청일: 년 월 일 ※ 상담시작일: 년 월 일( )요일 ( )시 상담자

성명		년 월 일(세)	남 여	종교	
소속 학번	단과대학 과 학년			휴대폰	
	학번			이메일	
주소			주거형태	자가, 친척집, 하숙, 자취, 기숙사	
장애	없음, 지체, 청각, 시각, 뇌병변, 기타 ( )				
찾아온 경로	스스로, 교수추천, 친구/선배추천, 수업과제, 홍보물, 기타( )				
찾아온 목적	□ 심리검사	MBTI, 성격강점검사(CST), 직업적성검사(Holland), 학습전략검사(MLST), 기타( )			
	□ 개인상담	성격, 진로, 대인관계, 학교(과)적응, 정서, 학업, 중독, 가족, 기타( )			

1. 귀하가 상담하고 싶은 관심분야나 문제는 무엇입니까?

2. 상담(심리검사)이나 정신치료를 받은 경험이 있습니까?

   ① 예(언제: 어디서: 무엇을: 얼마 동안:) ② 아니요

3. 현재 복용 중인 약물이 있습니까?

   ① 예 (무엇:) ② 아니요

4. 가족관계(본인을 포함하여)에 대해서 적어 주십시오.

관계	연령	학력	직업	성격	친밀도					동거 여부
					매우 낮음				매우 높음	
					①	②	③	④	⑤	
					①	②	③	④	⑤	
					①	②	③	④	⑤	
					①	②	③	④	⑤	
					①	②	③	④	⑤	
					①	②	③	④	⑤	

5. 지난 2주간 본인이 강하게 느꼈거나, 느끼고 있는 감정과 경험에 ○를 해 주세요.

우울	불안	공포	서러움	슬픔
분노	열등감	수치심	억울함	비굴함
의기소침	자살생각	자살시도	기타 ( )	

6. 개인상담 신청자는 상담가능 시간을 모두 기입해 주세요. (9~17시 이내)

7. 접수면접자 소견 (개인상담 접수면접자: ____________, 심리검사 접수면접자: ____________)

〈부록〉

자살금지서약서

개인상담이 진행되는 동안 적극적으로 참여할 것이며, 아래 사항을 명심하여 지킬 것을 서약합니다.

－아 래－

1. 나 (____________)는 절대로 자살하지 않을 것이며, 자해나 자살을 시도하지도 않을 것을 서약합니다.

2. 나는 자살하고 싶은 생각이 들면 반드시 (____________)에게 먼저 말할 것을 서약합니다. 만일 이 사람들을 만날 수 없다면 아래로 전화하거나 주위 사람들에게 도움을 청하겠습니다.

■ 학생 상담센터	■ 생명의 전화 1588-9191
■ 24시간 정신건강상담전화 1577-0199	■ 보건복지콜센터 희망의 전화 129

3. 나는 충분한 휴식과 수면을 취하고 잘 먹을 것을 서약합니다.

4. 나는 자살할 수 있는 모든 도구를 없앨 것을 서약합니다.

5. 나는 조금이라도 기분이 이상하면 반드시 (____________)에게 전화를 걸거나 어떠한 수단을 써서라도 알리겠습니다. 이 사실을 알리기 전에는 절대로 아무런 행동을 하지 않을 것을 서약합니다.

. . .

서약인: ____________________________ (인)

〈부록〉

접수면접자 소견 (접수면접자:) 내담자:

내방경위	
행동관찰	
주호소 문제	
현재 상황	-
스트레스 원	-
전반적인 기능	-
변화에 대한 동기	-
내담자 자원	-
특이사항	-

〈부록〉

상담확인서

제2-1호

<table>
<tr><td rowspan="2">인적
사항</td><td>학과</td><td></td><td>학번</td><td colspan="2"></td></tr>
<tr><td>이름</td><td colspan="4"></td></tr>
<tr><td rowspan="2">상담</td><td>상담 기간</td><td colspan="4"></td></tr>
<tr><td>상담 사유</td><td colspan="4"></td></tr>
<tr><td colspan="2">용도</td><td></td><td>취급자</td><td colspan="2">(인)</td></tr>
</table>

위의 사람은 본 ○○대학교 학생 상담센터에서
위와 같이 상담받았음을 증명합니다.

2○**. ○○. ○○.

○○대학교 학생 상담센터소장

〈부록〉

[ ] 계획[안]

1. 추진배경 및 목적

 가.

 나.

2. 전년도 자체평가 결과 반영 계획

평가 결과(전년도)	개선 계획(당해년도)
–	–

3. 프로그램 내용

순번	세부 프로그램	주요 내용
1		가. 추진일정 나. 추진내용 다. 기대효과
:	:	:

4. 예산 집행 계획(안)

순번	세부 프로그램	산출근거	금액(원)
1			
		소계	
2			
		소계	
		합계	

5. 기대효과

 가.

구분	기대효과	개선효과		
		세부내용	전년도	당해연도

[현재치 산출근거 및 산출식]

〈부록〉

[202*학년도] 운영 결과 보고서

1. 추진배경 및 목적

가.

나.

2. 추진(평가) 결과

가. 프로그램 기대효과 달성 현황

-달성실적

기대효과(지표명)	현재치(전년도 달성실적)	해당년도 목표치	해당년도 달성실적	목표대비 실적(%)

-산출근거

구분	주요내용
산출근거	
산출식	
결과값	

나. 프로그램 추진(평가) 결과

세부 프로그램 명	주요내용
결과값	

3. 평가결과 개선사항 및 조치계획

가. 프로그램 개선실적(당해연도)

평가 결과	개선 실적
-	-

나. 프로그램 개선계획(차기년도)

평가 결과	개선 계획
-	-

4. 예산 집행 결과

가. 집행계획 대비 실적(총괄)

세부 프로그램	세부내역	예산액	집행액	집행잔액	집행률
총계					

나. 집행계획 대비 실적(세부)

〈부록〉

집단상담 신청서

■ 신청일: 20○○년 월 일

성명		생년월일			성별	
소속	과 학년		학번		연락처	
주소			주거형태	자가 자취 기숙사	종교	
방문경로	자진 ( ) 교수추천 ( ) 안내문 ( ) 친구 · 선배 ( ) 수업과제 ( )					
참여집단	집단명: 집단 (1~2 집단 중 자신이 참여할 집단의 번호를 기록해 주세요)					

1. 집단상담 프로그램을 신청한 이유(동기)는 무엇입니까?

2. 신청한 집단상담 프로그램에서 기대하는 것은 무엇입니까?

3. 이전 집단상담, 심리검사, 정신치료를 받은 경험이 있습니까? 예 ( ) 아니요 ( )

■ 언제: ■ 어디에서: ■ 무엇을: ■ 얼마 동안:

4. 이번 집단 프로그램에 대해 어느 정도 기대하십니까? (0부터 해당부분까지 빗금을 쳐 주세요)

0 10 20 30 40 50 60 70 80 90 100

5. 현재 개설된 집단 프로그램 외에 어떤 프로그램이 개설되었으면 좋겠다고 생각하십니까?

*접수면접자:

제4장

청소년상담복지센터의 상담 행정

청소년상담복지센터 실무자는 청소년 상담 서비스를 제공하는 전문 직업인으로서 업무수행에 따른 행정적 과정을 이해하고 실천할 수 있어야 한다. 이를 위해 먼저 기관의 기능과 역할을 제대로 이해할 수 있어야 한다. 업무를 수행하기 위한 지침이 매년 초에 제공되고 있다. 가장 기본적으로는 센터 운영에 필수적인 지침의 내용을 숙지하는 것이며, 법인 및 위탁기관 등 운영 주체의 기관 운영의 방향과 전략, 행정 흐름을 파악하는 것이다. 또한 각 지역의 조례 및 청소년 관련 정책과 지역 내 사업 등에 관심을 가져야 할 것이다.

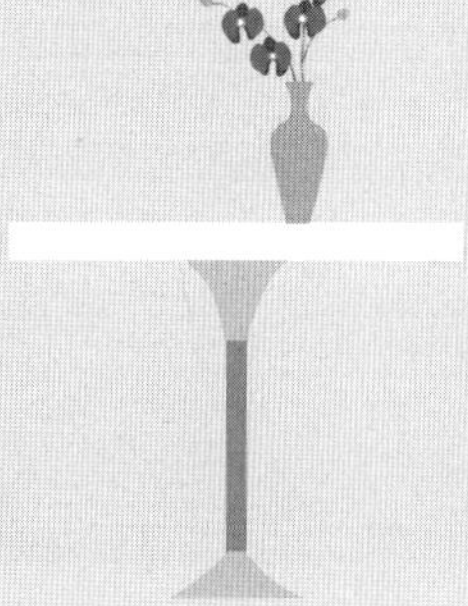

1. 청소년상담복지센터 운영의 실제

1) 설치 근거와 기능

청소년상담복지센터는 청소년상담, 긴급구조, 자립, 의료지원 등 통합지원 서비스를 제공하는 전문기관으로 「청소년복지지원법」 제29조(청소년상담복지센터) 및 제42조의2(청소년복지지원기관 등의 위탁운영)에 근거해 설치되었다. 전국 240개 청소년상담복지센터에서는 청소년들의 건강한 성장 및 복지증진을 위한 다양한 업무를 수행하고 있다. 「청소년복지지원법 시행령」 제14조에 따르면 기관의 기능을 다음과 같이 명시하고 있다.

(1) 청소년상담복지센터의 기능

- 청소년과 부모에 대한 상담과 복지 지원
- 상담 및 복지프로그램의 개발과 운영
- 상담자원봉사자와 지도자 교육과 연수
- 청소년상담, 긴급구조를 위한 전화 운영
- 청소년폭력 및 학대로 피해를 입은 청소년의 긴급구조와 법률 및 의료지원, 일시보호
- 청소년 자립능력 향상을 위한 자활 및 재활지원
- 그 밖에 청소년상담 및 복지지원 등을 위해 필요하다고 인정하는 사업

이 외에도 청소년상담복지센터에서는 청소년 진로와 인성 함양을 위한 사업, 후기 청소년 지원, 정책사업, 지역 특성을 반영한 특성화 사업, 공모사업 등 다양한 사업을 운영한다.

2) 운영 형태와 시설 구조

기관 운영의 유형은 지방자치단체 운영, 법인 운영, 위탁운영 등 총 세 가지 운영 형태로 나뉜다. 이는「청소년복지지원법」제29조에 근거하고 있다. 청소년상담복지센터의 시설의 구조와 설비는「청소년복지지원법 시행령」제14조에 제시된 바에 따라 운영된다. 그 내용은 〈표 4-1〉과 같다. 이 외에도 종사자 및 이용자의 안전을 위해 필요한 시설과 설비 등을 갖출 것과 종사자의 건강증진 및 소진 방지를 위해 휴게 공간을 마련할 것을 노력하도록 권고하고 있다.

(1) 청소년상담복지센터 운영 형태

- 지방자치단체 운영: 시 · 도 및 시 · 군 · 구 조례/규칙 등 자체 규정을 마련하여 지방자치단체장이 운영
- 법인 설립, 운영: 지방자치단체의 장이 별도 법인으로 설립하여 운영
- 위탁 운영: 지방자치단체 장이 청소년 단체에 위탁 운영하며, 센터 종사자는 수탁단체 업무를 수행하거나 그와 관련된 직을 겸직할 수 없음

(2) 청소년상담복지센터 시설의 구조 및 설비

표 4-1 시설 구조 및 설비

구분		내용
규모	시 · 도	연면적 400제곱미터 이상의 독립된 공간
	시 · 군 · 구	연면적 200제곱미터 이상의 독립된 공간
사무실	공통	1개 이상
상담대기실	공통	1개 이상(도서 등을 열람할 수 있는 시설 설치)
집단상담 및 심리검사실	공통	1개 이상(집단상담실, 심리검사실 공동 사용 가능)
전화 등 상담실	공통	1개 이상 (전화상담실과 그 밖의 정보통신망을 통한 상담실의 공동 사용 가능)
위생시설	공통	종사자 수 및 이용자 수에 적합한 화장실, 세면장

사업실	공통	수행하는 사업의 수와 같은 수의 분리된 공간
교육실	공통	청소년 및 보호자 등을 교육할 교육실 1개 이상
개인상담실	시 · 도	5개 이상 원활한 상담과 개인비밀 보호를 위해 분리된 공간 또는 방음 장치
	시 · 군 · 구	3개 이상 원활한 상담과 개인비밀 보호를 위해 분리된 공간 또는 방음 장치
일시보호소	시 · 도	남성용, 여성용 각각 별도로 1개 이상 숙소, 세면장, 취사시설, 사무실 및 상담실 등 각 1개 이상 전화, 소방장비 등 비치

3) 인력 구성 및 채용 기준

「청소년복지지원법 시행령」에 따르면 시 · 도 센터는 14명 이상의 직원, 시 · 군 · 구 센터는 5명 이상의 직원으로 운영하게 되어 있으며, 시 · 도 센터는 반드시 3명 이상의 청소년상담사를, 시 · 군 · 구 센터는 1명 이상의 청소년상담사를 두어야 한다.

(1) 청소년상담복지센터 채용 기준

청소년상담복지센터 종사자는 공개채용의 원칙에 의거하여 선발되며, 공개채용 공고를 하였으나 지원자가 없는 경우 지방자치단체 또는 위탁단체의 자체 인사위원회 심의를 통해 채용이 가능하다. 또한 센터에 인사위원회를 구성하게 하여 종사자의 채용을 객관적이며 타당하게 운영하게 하고 있다. 센터 실무 업무 수행직원(팀원)의 선발기준은 운영지침에 근거하며, 시 · 도 센터와 시 · 군 · 구 센터에 따라 내용이 다소 상이하다.

표 4-2 팀원 선발기준

시 · 도 센터	1) 상담복지분야 석사학위 이상의 학위를 취득한 사람으로서 청소년상담복지 관련 업무를 수행할 수 있다고 시 · 도지사가 인정하는 사람 2) 다음의 요건을 모두 갖춘 사람 가) 상담복지분야 4년제 대학을 졸업하거나 이와 같은 수준 이상의 학력이 있다고 다른 법령에서 인정받은 사람 나) 청소년상담복지 관련 실무 경력이 1년 이상인 사람 3) 다음의 요건을 모두 갖춘 사람 가) 4년제 대학을 졸업하거나 이와 같은 수준의 이상의 학력이 있다고 다른 법령에서 인정받은 사람 나) 청소년상담복지 관련 실무 경력이 3년 이상인 사람 4) 청소년상담사 2급 이상인 사람 5) 다음의 요건을 모두 갖춘 사람 가) 청소년상담사 3급, 청소년지도사2급 또는 사회복지사 2급 이상인 사람 나) 청소년상담복지 관련 실무 경력이 2년 이상인 사람
시 · 군 · 구 센터	1) 상담복지 분야 석사학위 이상의 학위를 취득한 사람으로서 청소년상담복지 관련 업무를 수행할 수 있다고 시장, 군수, 구청장이 인정하는 사람 2) 다음의 요건을 모두 갖춘 사람 가) 상담복지분야 4년제 대학을 졸업하거나 이와 같은 수준 이상의 학력이 있다고 다른 법령에서 인정받은 사람 나) 청소년상담복지 관련 실무 경력이 6개월 이상인 사람 3) 다음의 요건을 모두 갖춘 사람 가) 상담복지분야 전문대학을 졸업하거나 이와 같은 수준 이상의 학력이 있다고 다른 법령에서 인정받은 사람 나) 청소년상담복지 관련 실무 경력이 3년 이상인 사람 4) 다음의 요건을 모두 갖춘 사람 가) 4년제 대학을 졸업하거나 이와 같은 수준 이상의 학력이 있다고 다른 법령에서 인정받은 사람 나) 청소년상담복지 관련 실무 경력이 2년 이상인 사람 5) 청소년상담사 2급 이상인 사람 6) 다음의 요건을 모두 갖춘 사람 가) 청소년상담사 3급, 청소년지도사 2급 또는 사회복지사 2급 이상인 사람 나) 청소년상담복지 관련 실무 경력이 1년 이상인 사람

* 상담복지분야란 상담학, 교육학, 심리학, 사회복지(사업)학, 청소년(지도)학 및 상담복지와 관련하여 시 · 도지사, 시장, 군수, 구청장이 인정하는 분야를 말한다.
* 청소년상담복지 관련 실무란 다음 각 목의 어느 하나에 해당하는 경우를 말한다.
  가. 청소년 관련 기관, 단체에서 청소년을 대상으로 상담복지에 관한 업무를 상근으로 수행한 경우
  나. 중앙행정기관, 지방자치단체의 청소년 관련 부서에서 청소년 정책 관련 업무를 상근 수행한 경우

(2) 종사자의 법정 의무교육 종류와 법적 근거

청소년상담복지센터에 근무하는 종사자라면 매년 필수적으로 이수해야 하는 법정 의무교육과 종사자 대상 직무교육이 있다.

- 안전관리 교육 훈련(「소방시설법」 제22조 제3항)
- 성폭력 예방교육(「성폭력방지법」 제5조)
- 성희롱 예방교육(「양성평등기본법」 제31조)
- 성매매 예방교육(「성매매피해자 보호법」 제5조)
- 가정폭력 예방교육(「가정폭력방지법」 제4조의3)
- 아동학대 신고의무자교육(「아동복지법」 제26조)
- 장애인인식개선 교육(「장애인고용촉진 및 직업재활법」 제5조의2)
- 긴급복지신고의무자 교육(「긴급복지지원법」 제7조)
- 개인정보보호 관련 교육(「개인정보보호법」 제28조)
- 청소년권리에 관한 교육(「청소년기본법」 제8조의2)

종사자 의무교육은 법정 교육으로 매년 실시되는 직무연수와 별도의 교육으로 이수해야 한다. 원칙적으로 센터에 소속된 모든 종사자는 연간 15시간 이상의 업무 관련 교육을 받도록 되어 있다. 또한 자격증을 소지한 종사자는 관련 법령에 따라 보수교육을 받아야 한다. 청소년상담사 자격증의 경우 「청소년기본법」 제24조2에 의거하여 매년 8시간 이상 자격보수교육을 실시하도록 규정하고 있다.

4) 청소년안전망

청소년상담복지센터에서는 지역 내 청소년안전망(지역사회청소년통합지원체계)을 구축하여 학업중단, 가출, 인터넷 중독 등 위기청소년에 대한 맞춤형 서비스를 제공하는 핵심 역할을 맡고 있다. 청소년안전망은 위기를 경험하는 청소년들을 발견하여 청소년들이 처한 상황에 적합한 서비스를 제공한다.

청소년안전망은 「청소년복지지원법」 제9조 및 제10조에 근거하여 운영되며 다음과 같은 업무를 수행하도록 규정하고 있다.

- 위기청소년 조기발견과 보호 및 지원을 위한 활동지원
- 상담전화 등의 설치와 운영
- 청소년에 대한 상담, 긴급구조, 보호, 의료지원, 학업지원, 자립지원 등의 서비스 제공 및 상담복지 사례관리
- 청소년복지심의위원회 운영 지원, 실무위원회 운영, 필수연계기관 상호 연계 및 1388청소년지원단 등 민간기관 협력 촉진 조치 등의 업무를 수행한다.

(1) 청소년안전망 운영체계 흐름도

(2) 청소년안전망 구성 및 역할

청소년안전망은 크게 필수연계기관과 1388청소년지원단으로 구분할 수 있다. 필수연계기관은 위기상황에 처한 청소년을 발견 · 지원 · 보호하기 위한 청소년 안전망의 필수적인 구성이 되는 공공기관을 의미한다. 이는 「청소년복지지원법 시행령」 제4조에 근거하고 있으며, 지역별 연계 대상 기관은 자치단체가 자율적으로 구성할 수 있다.

필수연계기관에 포함되는 기관은 지방자치단체, 청소년상담복지센터, 청소년복지시설 및 지원시설, 시 · 도교육청 및 교육지원청, 각급학교, 지방경찰청 및 경찰서, 지방고용노동청 및 지청(고용복지플러스센터 포함), 공공의료기관 및 보건소, 청소년비행예방센터(꿈키움 센터), 학교 밖 청소년 지원센터, 보호관찰소 및 보호관찰지소이다.

「청소년복지지원법」 제10조에 따라 지방자치단체의 장은 청소년복지심의위원회를 구성하고, 반기별 최소 1회 이상 청소년복지심의위원회를 개최해야 한다. 또한 위기청소년의 조기 발견 및 통합 서비스 제공을 위한 연계 활성화를 위해 상담복지센터에 20명 내외의 위원으로 구성된 실무자급 위원회를 운영해야 한다.

청소년 안전망 (지역사회 청소년 통합지원 체계)

단계	구분	내용
발견		• 상담채널: 청소년상담1388(전화 · 모바일 · 사이버상담) • 찾아가는 거리상담(아웃리치), 청소년쉼터, 청소년자립지원관, 청소년회복지원시설, 경찰서, 학교, 보건소 등
↓		
개입		• 긴급구조 및 일시보호 • 심리검사, 사례판정회의를 통한 필요서비스 도출 • 전문상담사 또는 청소년동반자 개입
↓		
통합서비스 제공 (*사례관리에 적합한 사업으로 연계하여 진행)	가출	• 의식주 지원: 청소년쉼터 • 가정 · 사회복귀 및 자립지원: 청소년자립지원관 등
	학교 밖 청소년 지원	• 학업복귀, 직업체험: 학교 밖 청소년 지원센터 • 학업중단숙려제 운영
	인터넷 · 스마트폰 과의존	• 인터넷 · 스마트폰 치유캠프 운영 • 인터넷 · 스마트폰 과의존 상담 전담인력 배치
	학교폭력	• 또래상담 프로그램 운영
	경제적 지원	• 학비, 생활비 등 청소년 특별지원
↓		
사후관리		• 대면상담, 전화 · 화상 · 문자 · SNS 등 비대면(매체)상담 및 필요시 복지지원 서비스 연계

【연계 및 지역자원】

① (필수연계기관) 학교, 교육청, 노동관서, 국공립 의료기관, 보건소, 청소년쉼터, 청소년지원시설 등

② (1388청소년지원단) 위기 청소년을 조기 발견하고 원활히 보호하기 위한 자발적 참여조직

③ (학교지원단) 학교에서의 청소년상담복지센터 상담 의뢰 활성화

[그림 4-1] 청소년안전망 운영체계

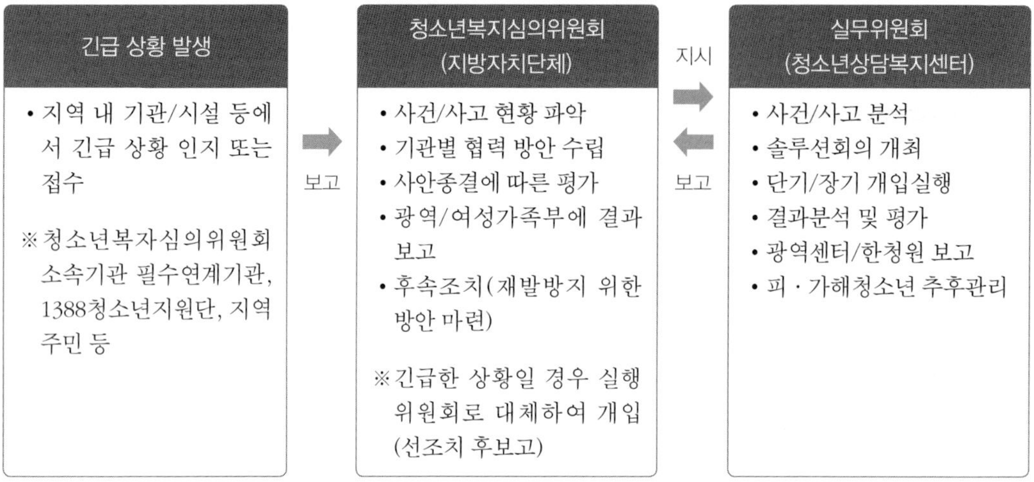

[그림 4-2] 지역사회 내 긴급상황 발생 시 대응체계

1388청소년지원단은 청소년안전망의 일부분으로 위기청소년을 발견하고, 위험에 노출된 청소년을 지원하는 역할을 수행하기 위해 자발적으로 참여하는 민간 조직이다. 하부지원단은 발견, 구조지원단(운수업체, PC방, 편의점 등), 의료와 법률지원단(병원, 의사 개인, 약국, 변호사 등), 복지지원단(복지관, 아동복지시설, 자립지원관 등), 상담 및 멘토지원단(학부모, 또래, 대학생 등)으로 구분된다.

5) 청소년동반자 프로그램 운영

청소년상담복지센터는 「청소년복지지원법」 제12조에 따라 위기청소년의 삶의 현장을 직접 찾아가 심리적 · 정서적 지지를 제공하는 역할을 담당한다. 필수연계기관 등 지역사회 내 기관과 유기적 협력을 통해 위기청소년 발견, 상담, 보호, 긴급지원 등 적극적인 대응하는 것을 주요 방향으로 하고 있다. 청소년동반자는 청소년상담복지센터 실무자와 별도의 채용기준으로 선발된다.

(1) 청소년동반자 주요 서비스 내용

• 위기청소년 문제유형 및 개별 특성을 고려하여 자원을 연계한 후 지속적이며

일관된 서비스 제공

- 대상청소년이 서비스를 받아들일 수 있도록 관계를 형성하고 심리적 안정을 제고할 수 있는 청소년동반자와 연결하여 프로그램 연계
- 청소년동반자 프로그램이 청소년안전망 내에서 유기적으로 연계되도록 운영

2. 청소년상담복지센터 실무 수행에 따른 행정

1) 청소년상담복지센터 실무

청소년상담복지센터의 실무는 청소년 상담을 비롯하여 사업, 예산, 인사, 기타 센터 운영에 필요한 모든 사항에 대한 관리의 내용을 모두 포함한다. 대부분의 업무 수행은 그 과정에서 실무와 관련된 행정 서류가 발생하며, 각 센터의 업무 매뉴얼에 근거하여 처리된다.

(1) 예산

청소년상담복지센터의 주요 재원은 국가 및 지방자치단체의 보조금이며, 운영 형태에 따라 수익금과 기타 보조금, 외부 재원 등이 발생할 수 있다. 예산 및 사업의 계획은 회계연도가 시작되기 전에 미리 기획하며, 해당 부처에 제출 후 심사 과정을 거쳐 보조금을 교부받는다. 보조금 집행은 관련 법과 규정, 절차에 맞게 운용하는 것을 원칙으로 삼는다.

기관 예산의 구성은 크게 인건비와 사업비, 운영비로 나누어 볼 수 있다. 모든 예산은 각 항목에 따라 수입과 지출의 과정을 구체적으로 기재하며, 계획에 따라 집행해야 한다. 부득이하게 예산 항목을 변경해야 할 경우, 정해진 변경 절차를 거쳐 집행토록 한다. 예산의 계획, 집행, 정산, 결산 등 모든 과정은 투명한 집행 여부를 확인하기 위해 특정 기간 또는 정해진 기간에 의무적으로 감사를 받는다.

(2) 인사

인사는 신규직원 채용 과정을 비롯해 기존 직원의 복무 관리 전반을 포함하는 업

무다. 전국의 청소년상담복지센터 직원 채용은 공개채용을 원칙으로 하며, 대부분 1차 서류심사 및 2차 면접전형의 과정으로 이루어진다. 채용 또한 예산업무와 마찬가지로 계획서의 작성, 채용공고와 심사, 범죄경력조회, 결과 보고 등과 같은 행정 절차가 발생한다.

청소년상담복지센터의 직원은 주 5일, 오전 9시부터 오후 6시까지 상근하여 근무하는 것을 원칙으로 한다. 종사자의 근무에 관한 규정은 청소년상담복지센터 운영지침을 참고하되, 기관 사정에 따라 상이하게 운영될 수 있다. 채용 절차가 완료되면 모든 종사자는 근로계약서를 작성해야 하며, 종사자 복무에 관한 사항은 기관의 규정을 따른다.

(3) 상담

상담은 기본적으로 청소년과 1:1 개인상담으로 진행된다. 필요할 경우 심리검사를 실시할 수 있으며, 미성년자의 경우 보호자의 동의가 필수적이다. 상담의 형태는 집단상담, 전화상담 등 다양하게 이루어진다.

센터의 주요 업무로서 상담은 공적인 과정이기 때문에 개인상담의 기록은 「개인정보보호법」에 근거해 철저히 관리하되, 상담의 횟수와 지원서비스 제공 여부 등 실적화할 수 있는 내용은 센터의 주요한 평가 근거로서 관리된다.

(4) 사업

전국의 청소년상담복지센터는 기관의 비전, 지역 특성과 수요 등에 근거하여 다양한 종류의 사업을 수행한다. 사업 수행은 「청소년복지지원법 시행령」, 청소년안전망, 청소년동반자 사업에서 제시된 기본 방향을 바탕으로 하고 있다. 청소년상담복지센터 사업의 내용을 분류해 보자면 〈표 4-3〉과 같다.

업무의 프로세스는 각 사업의 목적과 특성에 따라 처리 절차가 상이할 수 있다. 주요 사업은 회계연도가 시작되기 전 미리 기획하는 것이 일반적이며, 업무 담당자가 배정되면 사업의 내용이 계획에 따라 구체화된다. 모든 사업은 단위 사업별로 구체적인 수행 계획서를 작성해야 하며, 수행에 따른 결과 보고서를 제출하는 과정을 거친다.

표 4-3 청소년상담복지센터 주요 사업 분류

사업 구분	주요 사업 예시
상담	개인상담, 전화상담, 사이버상담, 심리검사, 찾아가는 상담 등
네트워크 구축 및 활용	지역사회 위기 대응 시스템 구축, 정기회의(운영위원회, 실행위원회) 의료, 법률 지원 등 민간자원 발굴, 운영(1388청소년지원단) 그 외 지역 내 기관 협력 사업
위기청소년 지원	위기청소년 발굴을 위한 아웃리치 학교폭력 예방사업, 자해/자살 예방사업 등 위기청소년 대상 집단상담
교육	인성, 진로, 학습, 대인관계 증진 등 인성 교육 학부모, 교사 대상 교육 상담자원봉사자, 상담자 양성 교육
연구	프로그램 개발, 보급 실태조사
그 외	홍보사업 지역 특성화 사업 후기 청소년 및 다문화 청소년 등 취약계층 지원 공모사업

* 센터에 따라 내용이 다를 수 있음

① 사업을 기획할 때 고려할 내용

- 수요, 욕구, 자원 파악
- 소요 예산
- 기대효과
- 타당성
- 실현 가능성
- 평가 및 개선할 점

② 사업 수행의 과정

담당자 배정 → 사업 목적과 목표, 가용 가능한 예산 파악 → 효과적인 수행을 위한 자원 검토(내부 회의, 자료 검색 등) → 구체적 수행 계획서 작성 → 필요한 물품구입, 인력 확보 등 → 사업실시 → 사업 평가(담당자 평가, 동료 평가 등) → 지출된 예산

정리 및 결과 보고서 작성

③ 사업계획서에 반영되어야 할 항목 예시

- 세부 사업 목표
- 사업 대상, 일시, 장소
- 사업의 주요 개요 및 내용
- 사업 추진 일정
- 예산
- 기대효과
- 홍보, 모집 전략

④ 결과 보고서에 반영되어야 할 항목 예시

- 사업 대상, 일시, 장소
- 주요 추진 결과
- 목표 대비 달성도
- 실제 소요된 예산
- 실시 효과
- 잘된 점, 개선할 점
- 언론보도 결과(해당 사항 있을 시)

♧ 실습

거주하는 지역에 청소년 상담의 필요성을 알리는 홍보사업을 구상해 봅니다. 아이디어가 떠오르는 대로 적어 보세요.

아이디어를 구상했다면, 다음의 질문에 맞춰 다시 정리해 보세요.

- 사업의 대상은 누구인가요?
- 언제 실시하면 좋을까요?
- 어떤 물품, 인력이 필요할까요?
- 예산이 얼마나 소요될까요?
- 지역의 특성 중 참고해야 할 점이 있다면?
- 어떤 효과를 얻을 수 있나요?
- 사업의 적절성, 타당성은 어느 정도일까요?
- 그것을 판단할 수 있는 기준(근거)은 무엇인가요?
- 사업을 수행할 때 유의해야 할 점은 무엇일까요?
- 시너지 효과를 내는 방법(자원)이 있다면?
- 예상되는 어려움은 무엇인가요?

앞서 생각해 본 사업이 실제로 운영된다면 발생할 수 있는 행정 과정과 서류는 무엇일까요? 자유롭게 생각해 보세요.

모든 사업은 계획과 예산, 실시, 결과 보고의 과정으로 운영된다. 각 사업이 차질 없이 진행되기 위해서는 실시하기 전 여유 있게 준비할 필요가 있다. 또한 실제 업무 현장에서는 동시에 여러 사업이 진행되는 경우가 많으므로 업무 스케줄 관리 능력이 요구된다.

(5) 기타 센터 운영

센터 실무에서 놓치기 쉬운 것이 그 외 기관 운영에 필요한 관리업무이다. 대개의 시 · 군 · 구 센터는 해당 인력 인건비 확보의 어려움으로 센터 관리 전반을 담당해 줄 총무부서가 따로 없는 실정이다. 센터를 찾는 청소년들에게 제공될 다과 준비, 도서 비치, 그 외 센터 환경 미화와 청소 등 또한 센터 종사자가 해야 할 업무에 포함된다.

3. 청소년상담복지센터 상담 행정 실무의 어려움

청소년상담복지센터에 근무를 희망하는 초심 상담자의 대부분은 기관에서 상담 전문가로서 활동하기를 기대한다. 실제 상담자 교육과정(대학원, 수련 과정 등)에서는 주로 전문적 · 인간적 자질에 관한 커리큘럼이 대부분이기 때문에, 상대적으로 행정 실무를 익히기 어려운 실정이다. 실제 현장에 투입된 많은 상담자는 행정업무를 어려워하는 경향이 있으며, 그로 인해 상담자 정체성 혼란, 역할 갈등 등의 어려움을 경험한다. 센터에서 경험할 수 있는 상담자의 어려움은 다음과 같다.

1) 상담 역량 증진에 대한 압박감

- 위기청소년 유형별 상담 및 개입방안 숙지
- 고위기 청소년 대응
- 그 외 상담에 필요한 역량 개발(심리검사, 상담이론 등) 필요성

2) 행정업무의 부담

- 익숙하지 않은 행정 서류(공문서, 예산관리 등)
- 상담 수행 관련 서류 및 사업, 평가, 점검 등 행정업무 과중
- 실적 관리의 부담(전국 공통 시스템 사용)
- 상시 작성할 서류 발생(센터 운영 관련 전국 조사, 지자체 제출서류 등)

3) 청소년상담의 특수성

- 부모상담, 가족상담이 요청됨
- 학교, 청소년 기관 종사자와 소통 필요성
- 위기청소년 발굴, 지원을 위한 연계망 활용 등 사회복지서비스 연계

4) 동시다발적 업무수행

- 상담 진행과 동시에 다양한 사업을 수행(상담에 집중할 여력의 부족)
- 자체 예산 확보의 어려움으로 외부 공모사업 병행

5) 센터의 구조적 어려움

- 예산 부족
- 인력 부족
- 독립된 공간의 확보 여부

여러 어려움이 있지만, 그중에서도 종사자들이 특히 어려워하는 행정이 예산 관련 업무라 할 수 있다. 예산업무를 맡아 줄 전문 인력이 부재한 센터의 경우, 상담자가 예산 담당자가 되어야 하므로 심리적 부담감이 높은 편이다. 실제 센터의 예산업무는 종사자들에게 기피 업무로 인식되고 있다.

4. 청소년상담복지센터 실무자로서 유의할 점

1) 소속된 기관의 운영 목적과 특성 이해하기

청소년상담복지센터의 실무를 이해하기 위해서 먼저, 기관의 기능과 역할을 제대로 이해할 수 있어야 한다. 업무를 수행하기 위한 지침이 매년 초에 제공되고 있다. 가장 기본적으로는 센터 운영에 필수적인 지침의 내용을 숙지하는 것이며, 법인 및 위탁기관 등 운영 주체의 기관 운영의 방향과 전략, 행정 흐름을 파악하는 것이다. 또한 각 지역의 조례 및 청소년 관련 정책과 지역 내 사업 등에 관심을 가져야 할 것이다.

2) 공공서비스에 대한 넓은 시각 갖기

청소년상담복지센터 직원은 청소년상담서비스를 제공하는 공공기관의 실무자로서 청소년 위기에 관련된 전반적인 이슈 등 서비스 대상에 대한 지속적인 관심을 가지고 있어야 한다. 그리고 본인이 근무하는 지역의 청소년 인구 수와 특성을 유념하고, 각 학교와 청소년 기관 정보를 파악하는 노력을 기울여야 한다. 또한 청소년 복지 정책과 동향을 이해할 수 있어야 한다.

생각해 보기

코로나19가 처음 발생했을 당시, 급격한 전염 사태로 인해 모든 공공기관이 문을 닫고 서비스를 제공할 수 없는 상황에 이르렀습니다. 심리상담이 필요한 위기 청소년들에게 청소년상담복지센터 종사자들은 어떤 서비스를 제공했을까요?

앞의 상황에서 알 수 있듯, 국가의 정책을 반영하여 운영하는 공공기관 종사자는 변화하는 상황을 받아들이고 유연하게 대처할 수 있는 융통성을 갖추어야 합니다. 청소년상담복지센터 종사자가 갖추어야 할 덕목은 어떤 것들이 있을까요?

3) 업무 의사소통 능력의 증진

상담의 전문성만큼이나 중요하게 생각할 점은 전문 직업인으로서 능숙하게 업무를 처리하는 것과 동시에 조직 내 의사소통 능력을 갖추는 것이라 할 수 있다. 직장 내 의사소통은 업무 소통이 대부분을 차지한다. 공식적인 업무 회의가 기본적이며, 사업을 맡아 진행하게 되는 경우 단독으로 진행하는 것이 아니라 동료의 피드백을 받는 것이 보통이다. 대화뿐 아니라 서류 결재를 통한 모든 과정이 업무 소통에 포함된다고 할 수 있다. 또한 동료 슈퍼비전을 통해 상담 사례의 어려움을 공유하고, 적절한 개입 방안을 검토하는 모든 과정 및 타 기관과의 업무교류 또한 업무수행에서 발생하는 의사소통의 과정이다.

생각해 보기

업무를 추진하다 보면 의도치 않은 갈등 상황을 경험할 수 있습니다. 다음의 상황을 맞이한다면 여러분은 어떻게 해결해 나갈 수 있을까요?

-위기청소년 지원, 개입 방향에 있어서 동료와 의견이 다를 경우 -상사가 지시한 업무가 적절하지 않다고 생각될 경우 -상사가 반대하는 시업계획이지만, 담당자로서 꼭 실현하고 싶은 경우 -다른 동료에 비해 나의 일이 훨씬 많다고 느껴지는 경우

직장 내 동료 이외 업무와 관련된 관계자들과 갈등 상황을 경험할 수 있습니다. 다음의 상황을 맞이한다면 여러분은 어떻게 해결해 나갈 수 있을까요?

- 센터를 도와주는 인력 간(자원봉사자 등) 관계 갈등이 생긴 경우
- 여러 기관과 협력 사업 시 타 기관 담당자와 의견이 충돌될 때
- 학부모가 상담 서비스가 만족스럽지 않다며 항의를 하는 경우

앞의 갈등 상황들을 고려해 봤을 때 갖추어야 할 의사소통 능력은 어떤 것이 있을까요?

4) 지방자치단체와 연계 협력

청소년상담복지센터는 지역사회청소년통합지원체계의 운영기관이기 때문에 청소년안전망의 실제적 운영을 위해 자원을 제공하는 역할을 담당하는 지방자치단체와 긴밀한 협조 관계를 형성해야 한다. 또한 국가 보조금 및 지방 보조금 등 주요 보조금 교부와 집행, 점검, 평가 등의 행정적 과정이 지방자치단체를 통해 진행되므로 그와 관련한 업무처리 절차를 숙지해야 한다. 이뿐 아니라 청소년상담복지센터의 홍보 및 지역을 기반으로 한 특성화 사업과 연구 조사 등 지역 내 청소년 성장을 위한 협력 기관으로서 연계 활동이 가능하다.

5) '눈에 보이지 않는 일'에 관심 두기

그 외 주어진 과업 이외에도 센터에서 발생하는 눈에 보이지 않는 일에 관심을 기울일 필요가 있다. 가령 예를 들어, 심리검사에 필요로 한 필기구(연필, 지우개)가 다 떨어진 경우, 미리 챙겨 두는 직원이 없다면 기관을 이용하는 청소년이 불편을 경험

하게 된다. 실무자로서 핵심 과업을 수행하는 것 또한 중요하지만, 그에 못지않게 기관의 발전과 운영에 도움이 되는 보이지 않는 행동을 실천하는 자세가 요구된다.

이러한 행동을 직무 관련 용어로 표현하자면, 조직시민행동(organizational citizenship behavior)이라 한다. 조직시민행동은 조직의 구성원으로서 자율적이고 능동적으로 움직이는 것으로써 조직의 발전과 이익을 위해 도움이 되는 행동을 일컫는다.

생각해 보기

평소에 관심이 덜 했던 영역(상담과 직접 관련이 없는 일) 또는 여태까지 시도해 보지 않았던 일을 맡았다면 어떻게 업무를 수행해 나갈 수 있을까요? 그리고 상담 전문성 이외에 센터 종사자로서 갖추고 싶은 역량은 어떤 것인가요?

내가 맡은 핵심 업무 외에 눈에 보이지 않는 일이라고 한다면, 어떤 종류의 일들이 있을까요? 나의 강점 중 조직 내에서 발휘할 수 있는 능력은 어떤 것이 있을까요?

6) 소진관리

위기청소년 대상 심리상담과 학부모 응대, 상담기록과 준비, 다양한 상담프로그램과 사업 운영, 아이디어 개발과 논의, 예산 및 행정 처리 등의 업무를 수행하다 보면 소진(burn-out)을 경험할 가능성이 크다. 상담자로서 자기를 돌보는 것과 동시에 적절하게 업무를 해내기 위한 에너지를 골고루 분산하는 노력이 필요하다.

- 업무 중 적절한 휴식(time-off) 시간 갖기
- 일과 개인 생활 분리하기
- 어려운 상담, 업무 도움받기(동료, 슈퍼바이저 등)
- 운동, 균형 잡힌 식사 등 신체 돌봄

생각해 보기

나만의 소진관리 방법은 어떤 것들이 있나요?

업무 중 꾸준히 실천해 볼 수 있는 관리 방법은 어떤 것들이 있을까요?

5. 종사자를 위해 제공되어야 할 기관의 노력

질 높은 청소년 상담서비스가 제공되기 위해서는 핵심 업무를 수행하는 상담자들이 전문성 있게 활동하고, 소진을 예방할 수 있기 위한 업무환경이 뒷받침되어야 할 것이다. 직원의 복지와 교육을 통한 역량 강화, 소진관리 등이 요구된다. 기관의 관리자는 실무자들이 제공하는 피드백을 통해서 보다 바람직한 방향으로 개선하는 노력을 기울여야 할 것이다.

1) 업무환경 조성

- 수평적인 업무 소통창구 조성
- 적절한 업무 배치
- 합당한 업무량 분배(상담과 행정, 사업의 균형)
- 승진, 인센티브 등 보상 시스템 마련

2) 업무능력 증진을 위한 교육

- 개별 사례 개입과 관리, 위기 대응 능력 향상
- 청소년 위기 이슈에 따른 상담기법 워크숍
- 문서작성, 예산 집행, 정산 등 행정 실무 교육
- 조직 생활, 효율적 업무관리 등 교육

3) 소진관리

- 휴게 공간 마련
- 상담자 소진 프로그램, 교육 제공
- 업무 현장을 벗어나 time-off 할 수 있는 기회 제공
- 업무수행 애로사항에 관한 적극적 수렴

생각해 보기

상담자로서 역량 증진과 함께 업무능력의 향상 그리고 소진을 예방하기 위해 기관에서 제공되었으면 하는 것은 무엇인가요?

요약

청소년상담복지센터의 실무자는 청소년 상담 서비스를 제공하는 공공기관의 종사자로서 청소년 개인상담, 집단상담부터 청소년 안전망 운영, 위기 예방과 교육, 예산 집행과 보조금 관리 등 다양한 업무를 수행한다. 하지만 실제 업무 현장에서 상담자들은 행정업무를 어려워하는 경향이 있으며, 이로 인한 역할 갈등과 소진을 경험하고 있다. 기관의 운영 방향과 지침 숙지, 공공서비스에 대한 넓은 시각 갖기, 업무 의사소통 능력 향상, 소진관리 등 자신만의 업무능력을 개발하고 축적해 나간다면 보다 향상된 실무 역량을 갖추게 될 것으로 기대한다.

참고문헌

여성가족부(2022). 2022년 청소년사업안내(II).

제5장

기업체에서의 상담 행정

일반 심리상담과 기업체 내 심리상담의 본질은 동일하다. 그러나 기업상담에서 추가로 고려할 점이 있다면 상담자가 속한 조직의 목표와 요구이다. 내담자의 심리적 고통을 완화하여 조직 적응을 높이고 업무 역량을 회복하거나 향상시키는 것이다. 기업체 내 상담자는 심리상담가로서의 직업적 정체성과 함께 조직에 속한 조직원으로서 다양한 영역에 대해 요구를 받는다. 개인의 심리적 문제를 기본으로 조직 내 개인이나 조직 간 갈등이 발생하거나 부적응이 있을 때 개입한다. 또 의사소통이나 팀빌딩(team building)과 같이 심리적 역량과 관계적 기술이 필요한 분야에도 요구를 받는다.

1. 기업체 내 심리상담의 이해

직업은 개인이 스스로를 정의하는 데 있어 중요한 정체성 중 하나이다. 일상생활을 위해서는 경제활동을 해야 하고, 이를 위해 선택한 직업은 경제적 이익뿐만 아니라 소속감, 발달과업의 수행, 사회적 네트워킹을 이어가는 데 필수적이다. 직장에서의 만족은 노동에 많은 시간을 들이는 개인에게 중요한 삶의 질을 결정하고 이 만족은 다시 직무를 수행하는 데 적절한 동기와 업무 역량을 발휘하도록 도움을 주는 순환구조를 만든다.

기업은 직장 중에서도 규모와 체계가 잘 갖추어져 있다고 볼 수 있다. 사업의 규모가 크고 여러 부분이 복합적으로 얽혀있어 시스템을 갖추어 나가는 데 자칫 근로자 개인의 적응과 스트레스가 간과되기 쉽다. 그러나 여러 연구에서 또는 경험적으로 개인의 심리적 문제는 개인의 삶뿐만 아니라 가정과 일의 영역에까지 영향을 미칠 수 있는 중요한 변수이다. 이 지점에서 기업체 내 심리상담이 필요한 이유를 발견할 수 있다. 이러한 기업체 내 심리상담의 필요와 목적을 알아보고자 한다.

1) 기업체 내 심리상담의 필요와 목적

(1) 근로자는 기업 시스템의 중요한 부분이다

기업에서는 노동시간 동안 가능한 최대한의 생산성을 높이고자 할 것이고 근로자는 개인의 삶과 근로자로서의 역할 내에서 균형을 잡으려고 할 것이며, 이는 개인과 기업의 갈등이 발생할 수 있는 지점이다. 그러나 근로자는 시스템의 중요한 역할을 수행하는 구성요소이고 시스템을 직접 수행할 주체이기도 하다. 그리하여 근로자, 즉 일을 하는 사람이 기업의 시스템과 효율에서 절대로 간과될 수 없다는 것이 최근 산업계의 동향이며 점차 많은 산업의 분야로 인식이 확산되고 있다.

(2) 근로자의 안전한 근로 환경 조성은 고용주의 의무이다

「산업안전보호법」 5조에 의해 고용주는 근로자가 안전한 환경에서 일을 할 수 있도록 환경을 조성해야 하는 의무가 있다. 근로자가 신체적 위험을 당하지 않도록 안전시설을 마련하는 것은 물론, 업무 중 경험할 수 있는 심리적 스트레스를 다루고 관리할 수 있도록 고용주가 지원해야 한다.

(3) 근로자 성과 향상을 돕는다

근로자의 업무 수행에 부정적 영향을 주는 많은 요인이 있지만 대표적으로 스트레스와 피로가 있다(차경태 외, 2008). 근로복지공단이 발표한 2021년 상담 실적 자료를 보면 직무 스트레스 관련 상담이 전체 22%로 가장 많았고, 이어 정서문제 14%, 스트레스 관리 13%, 직장 내 괴롭힘 11% 순으로 조사되었다. 근로자의 직장 내 스트레스는 개인의 삶의 질을 떨어트릴 뿐 아니라 기업에서의 생산성, 대인관계, 조직문화와 높은 부적 상관관계가 있다. 이에 기업에서는 근로자가 업무수행을 잘 할 수 있도록 환경을 조성하는 일환으로 근로자의 심리적 안녕에 관심을 갖고 정기적 심리상담서비스 지원이 늘고 있다. 직원의 복지를 책임져야 하는 고용주로서의 의무를 이행함과 동시에, 근로자의 삶의 질을 높여 결과적으로 업무 수행의 역량 향상과 생산성의 증가로 나타나는 선순환을 이루기 위함이다.

(4) 기업체 내 인적 자원 개발과 건강한 기업 문화를 조성하는 데 효과적이다

기업체 내 심리상담이 늘어나는 이유는 또 있다. 유사한 맥락이지만 급변하는 경영환경에서 물적자원뿐만 아니라 인적자원에 대한 관심과 투자가 증대되고 있다. 기업은 인적자원을 개발하는 데 비용의 개념이 아닌 생산성 향상을 넘어 미래의 경쟁력을 확보하는 중요한 수단으로 여기고 있다. 이를 위해 조직에 적합한 인재로 육성하기 위한 인적자원개발 프로세스를 도입하고 실행한다(이만기, 한국인적자원관리학회, 2009). 이런 인적자원이 조직 내 잘 기능하기 위해서는 개인 간 적응과 융화가 필요하다. 기업체 내에는 개인 간, 조직 간 갈등이 존재하고 이로 인해 조직 문화와 건전성에 영향을 많이 받는다. 기업체 조직에서 발생할 수 있는 갈등과 적응 문제를 해결하는 데 있어서도 심리상담이 중요한 역할을 하고 있다.

2) 기업체 내 심리상담의 특성과 상담자의 역할

(1) 기업체 내 심리상담의 특성과 역할

일반 심리상담과 기업체 내 심리상담의 본질은 동일하다. 도움이 필요한 내담자가 이전의 삶을 회복하거나 더 나은 삶을 살아가도록 조력한다. 그러나 기업상담에서 추가로 고려할 점이 있다면 상담자가 속한 조직의 목표와 요구이다. 내담자의 심리적 고통을 완화하고 업무 역량을 회복하거나 향상시켜 조직 적응을 높이는 것이 기업체 내 상담자의 목표이며 역할이다. 기업체 내 상담자는 심리상담가로서의 직업적 정체성과 함께 조직에 속한 조직원으로서 다양한 영역에 대해 요구를 받는다. 개인의 심리적 문제를 기본으로 조직 내 개인이나 조직 간 갈등이 발생하거나 부적응이 있을 시 개입하도록 한다. 또, 의사소통이나 팀빌딩(team building)과 같이 심리적 역량과 관계적 기술이 필요한 분야에서도 요구를 받는다. 이를 위해 상담자는 기본적인 심리상담 서비스를 제공하는 것 이외에 기업에서 요구하는 대인관계, 갈등관리, 동기강화, 역량개발 코칭 등 다양한 영역에 관심을 가지고 역량을 개발해야 한다.

(2) 기업체 내 상담자의 역할갈등

조직 내 심리상담을 진행하는 경우 역할갈등도 발생할 수 있다. 근로자에게 부여된 직무가 적합한지에 대한 관심과 평가는 조직 내에서 필수적인 과정이다. 그런데 정량적인 평가가 가능한 직무영역이 아닌 정신적인 문제는 잠재적 위험요소로 판단하여 기업에서 민감하게 평가하는 영역이다. 특히 승진이나 조직변경이 예정된 경우, 근로자의 정신건강이 조직 내 미치는 영향이 클 수 있으므로 상담자에 내담자의 심리상태에 대한 정보를 요구할 수도 있다. 상담자의 정체성으로는 비밀보호 한계에 해당하는 영역 이외에는 정보를 공개할 수 없으나 내가 속한 조직에서 업무 효율을 위해 요구하는 것을 지속적으로 거부하는 것이 쉽지 않다. 또한, 내담자의 정신건강이 일반 직무를 수행하는 데 있어 기능이 현저히 떨어질 것이 예상되는 경우라면 조직원으로서 상담자는 내적 갈등이 발생할 수 있다. 상담자의 기본적 윤리와 조직 구성원으로서 요구 안에서 발생하는 갈등을 해결해 나가는 것 또한 상담자의 역할이다.

3) 기업체 내 심리상담의 현황

(1) 국내 기업상담의 역사

기업상담은 미국이 먼저 시작했다. 미국의 경우 19세기 초 미국 사회에서 알코올 중독으로 인한 사회적 폐해가 심각했고 이는 미국 중독치료의 중요한 기틀을 마련하는 계기가 된다. 업무 생산성을 떨어트리고 조직 내 대인관계 및 개인의 일상생활 유지를 어렵게 하는 알코올중독 치료를 위한 사내 사회복지사가 상주하게 되는 것이 기업체 내 심리상담의 시초라 볼 수 있다. 그 후로 점차 근로자의 정신건강에 관심을 가지게 되면서 현재와 같은 기업체 내 심리상담의 형태로 자리 잡게 된다(U.S. Office of personnal Management, n.d; 이지연, 김은석, 최아람, 장미수, 2021에서 재인용). 우리나라의 경우 1990년대 중반 우리나라 굴지의 대기업에서 사내상담실의 형태로 시작되었고, 2000년대 중후반부터는 외부기관 연계 모형(Employee Assistance Program: EAP) 서비스가 시작되면서 많은 회사로 기업상담이 확대되었다(한국상담심리학회, 2013).

현재는 심리상담이 조직의 생산성 향상은 물론, 건강한 조직문화를 만들고 사내에서 발생할 수 있는 위기를 미리 방지하는 등 기업활동에 긍정적으로 미치는 영향이 큰 것이 여러 연구를 통해 확인되고 있어 조직 내 심리상담 서비스 제공 필요성은 상당히 많은 기업에서 인정하고 있다.

(2) 국내 기업상담의 도입 형태

국내에 도입된 기업상담의 형태는 사내 운영 모형, 외부기관 연계 모형, 컨소시엄 모형(consortium model), 협회 모형(association model), 노동조합 모형이 있다(고용노동부, 2011).

① 사내 운영 모형

가장 전통적인 방식으로 조직 내 심리상담부서를 두어 운영을 한다. 우리나라에 가장 처음 도입된 모델이며 현재에도 운영되고 있다. 초기 도입단계에서 대기업 중심으로 운영이 되었고 이는 현재까지도 비슷한 양상을 띤다. 이유는 초기 세팅 및 유지에 비용이 많이 든다는 점을 들 수 있다. 그러나 이 모델은 상담자가 조직에 속해 있어 조직의 문화와 민감한 사안들에 대해 경험을 통해 알 수 있다. 이를 통해 내담자의 업무 고충과 조직 적응, 조직 내 성과와 관련한 정보를 알아 더 적합한 상담 서비스를 제공할 수 있다는 장점이 있다. 그러나 상담자 한 명이 조직에서 요구하는 다양한 서비스를 모두 수행하는 데 있어 한계가 있으므로 특정 교육이나 상담의 경우 외부기관과 연계하여 보완하여 진행할 수 있다.

② 외부기관 연계 모형

기업과 계약을 맺은 서비스 업체가 상담서비스 업무 일체를 대행한다. 현재 대기업부터 중소기업까지 많은 업체에서 이용하고 있는 서비스 형태이며 초기 상담실 세팅을 위한 사전 과정이나 행정 등을 전문 업체에서 대행하여 바로 상담서비스를 받아볼 수 있는 이점이 있다. 또 계약사항에 따라 유지비용을 조절할 수 있고, 필요에 따라 개인상담뿐만 아니라 집단상담, 교육 등 다양한 요구에 맞추어 상담 진행이 가능하다.

③ 컨소시엄 모형

여러 기업주가 지역사회 자원 등을 집단보상의 형태로 공유하는 것을 의미하며 외부기관 연계 모형처럼 개별 사업장이 독자적으로 EAP를 운영하는 것이 어려울 경우 주로 이용되는 모형이다. 국내의 경우에는 보건복지부의 지역사회서비스가 이와 유사하다.

④ 협회 모형

직업 특성상 멤버십으로 집단화될 수 있는 곳에 적합한 유형으로 멤버들에 대한 복리후생 차원으로 볼 수 있다. 협회 모형은 이용률이 직·간접적으로 멤버들의 소속된 조직에 영향을 미칠 수 있는 경우 선호된다.

4) 기업체 내 심리상담의 조직 및 구성

앞서 살펴본 기업체 내 도입 형태에 따라 상담실의 조직이 결정된다. 사내 운영 모형을 중심으로 살펴보자.

상담실이 기업체 내 어느 부서에 있게 되는지에 따라 달라지지만 보통은 복지를 제공하는 부서에 소속되어 있다. 사내 복지를 담당하기 위해 총무부에 속해 있거나 최근 「중대재해처벌법」이 강화되면서 사내 신설된 안전 · 보건팀에 소속하기도 한다. 사업장의 규모에 따라 구성인원은 다를 수 있으나 보통 임직원 500명 당 1명의 상담자가 배치되고 있지만 기업 사정에 따라 달라질 수 있다.

사업장이 전국에 흩어져 있는 경우 여러 명의 상담자와 조직을 구성하게 되며 정기적으로 회의와 워크숍을 통해 전체 상담실의 운영방향과 개인 및 집단상담, 교육 등의 구체적 논의가 이루어질 수 있다. 상담자가 상담실을 운영하고 상급자에 의해 관리, 감독을 받게 되는 경우 보통 연간 사업계획에서 개인상담 및 집단상담의 시수, 교육 내용과 횟수를 정해 미리 정한 평가 기준에 따라 상담자 평가가 이루어진다. 상담과 교육의 시수는 기업마다 차이가 있으나 보통 한 달에 50시수 정도의 실적을 요구한다(이는 집단 및 교육 시간도 고려하여 조절이 필요하다). 공휴일과 상담자 개인적인 사정을 고려할 때 적지 않은 부담이 될 수 있다. 이에 상담실 운영방식과 상담자 평가에 운영 환경이 반영된 합리적인 기준이 도출되어야 하고 이때 상담자가 자기 목소리를 낼 수 있어야 한다.

2. 기업체 내 심리상담의 운영

기업체 내 상담실을 운영하는 방식은 앞서 보았듯 내부모형과 외부모형이 있다. 외부모형은 상담자가 아닌 계약을 맺은 EAP 조직에서 대략의 사업계획과 예산을 확정하여 상담자가 그 사업을 운영하는 방식이다. 그래서 사업계획과 운영을 모두 진행하는 내부모형을 중심으로 기업체 내 심리상담의 운영에 대한 구체적 내용을 다루고자 한다.

1) 기업체 내 상담실의 환경조성 및 구조화

(1) 상담실 환경 조성

① 상담실 위치

기업체 내 상담실은 조직 내에서 심리상담을 받는다는 것이 낙인효과가 되어 인사평가나 사내 소문으로 알려지는 것을 걱정하는 내담자가 안심하고 올 수 있는 환경을 조성해야 한다. 내담자가 상담실을 방문하는 것이 너무 눈에 띄지 않도록 사무실 바로 옆이나 사람들이 많이 다니는 곳을 피하는 것이 좋다. 다만 너무 구석진 곳은 피해 상담자 또한 보호받을 수 있도록 한다. 사내 복지를 위해 마련된 공간의 안쪽에 따로 출입문을 만들거나 작은 복도를 지나서 출입문이 나올 수 있도록 한다면 직접적인 노출을 피할 수 있다.

② 상담실 내부

내담자가 편안함을 느낄 수 있는 아늑한 환경을 조성하는 것이 필요하다. 우선 내담자가 안심하고 자신의 이야기를 할 수 있도록 방음에 신경을 써야 한다. 상담이 길어지거나 다음 일정의 내담자가 조금 일찍 와서 대기를 하는 상황이 발생할 수 있어 내담자끼리 마주치지 않고 대기할 수 있는 대기공간이 필요하다. 혹 대기공간이 어렵다면 가급적 상담이 겹치지 않도록 일정을 미리 조율하는 것이 필요하다.

상담실 내부는 딱딱한 의자보다는 편안히 등을 기댈 수 있는 소파 형식의 의자와 너무 낮은 테이블보다는 상담 중 검사나 다른 도구를 편안히 사용할 수 있는 책상 높이의 테이블을 두어 배치하고, 상담 도중 필요한 검사지와 매체들을 구비할 수 있는 장이 있으면 좋다. 책상에는 휴지와 간단한 필기도구, 시계 정도를 두고 벽면에는 내담자가 자신의 얼굴을 확인하고 나갈 수 있도록 거울을 걸어 두는 것도 필요하다. 바닥은 가급적 소리가 덜 나는 카펫 소재가 좋으나 상황에 맞추어 선택할 수 있다.

조명은 편안한 주광색으로 너무 사무공간처럼 느껴지지 않도록 한다. 때에 따라 호흡을 조절하거나 이완이 필요한 때를 위해 조도를 조절하는 장치를 설치하는 것도 좋다.

③ 사무 공간

상담자가 상담실 사무를 처리하는 공간으로 일반 사무공간과 마찬가지로 책상과 사무 처리를 위한 컴퓨터, 개인 물품을 보관할 수 있는 서랍이 필요하다. 여기에 상담 사례를 보관할 수 있는 시건장치가 되어 있는 캐비닛과 검사 결과 및 각종 서류를 출력하기 위한 프린트기를 따로 마련한다. 민감한 개인정보가 있는 서류를 출력하는 경우가 있어 될 수 있는 한 프린트기는 독립적으로 사용할 수 있도록 한다.

또한 민감한 개인정보가 있는 서류를 폐기하는 경우를 위한 파쇄장치도 함께 구비하여 서류가 외부로 노출되거나 파쇄시기를 놓쳐 상담자 윤리에서 벗어나지 않도록 한다. 이 외에 내담자를 위한 심리도구나 검사지를 구비할 수 있는 별도의 장을 구비하도록 한다.

④ 심리상담실 업무 구조화

업무를 진행하기 전에 상위 부서 혹은 상급자와 상담실 운영 목적에 대한 구체적 합의가 반드시 필요하다. 기본적으로 개인상담, 집단상담, 교육을 통해 임직원의 심리적 어려움을 다루고 직장 내 적응과 개인의 삶의 질을 높이는 것이 주요 목적이지만 여기에 더하여 조직 내 발생할 수 있는 갈등을 다루고 조직 문화를 개선하고 임직원의 역량을 향상시킬 수 있는 교육의 기회를 제공하는 등 심리가 영향을 미칠 수 있는 전반적 영역에 대한 개입을 요구한다. 그래서 상담자에 어떤 역할을 기대하는지 관리자 등과 운영에 대한 사전 논의가 필요하고, 이는 상담자가 어떤 역량을 개발해야 하는지에 대한 문제와도 직결된다.

또, 기업체 내에서 상담자는 상담자임과 동시에 조직 구성원이라는 역할이 동시에 부여된다. 조직 내에서는 승진이나 업무 적합성을 평가하기 위해 심리적 요소를 민감하게 보고 있어 사내 임직원이 상담실을 이용했다는 것은 중요한 판단의 근거가 된다고 생각하기 쉽다. 그래서 인사 평가를 이유로 내담자의 심리적 상태에 대한 평가를 요구할 수도 있지만 상담 비밀보장은 상담자가 선택할 수 있는 사항이 아닌 상담자 윤리에 명시된 의무이다. 하지만 조직 내에서는 직급의 차이로 상담자를 관리하는 사람들이 존재할 수 있고, 상담 이력, 상담내용 공개 혹은 심리상태에 대해 평가할 수 있어 업무 진행 전 이러한 사항에 대해서는 반드시 한계를 설정해야 한다. 이 때 상담자가 속해 있는 학회의 윤리 강령을 미리 준비하여 상담자 윤리를 지키지 않을 시 자격증이 박탈됨은 물론 「근로복지기본법」 제88조에 따라 내담자 개인정보를 보장해야 하는 법 규정을 위반하여 기업에 문제가 될 수 있음을 명확히 하여 비밀보호에 대한 원칙을 분명히 한다.

다만 2021년 신설된 「중대재해 처벌 등에 관한 법률(중대재해처벌법)」 등 기업체 내에서 발생하는 위기관리 및 예방을 위해 심리적 위기관리프로세스를 정립하는 것은 필요하다. 이를 위해 현장 근무자들과의 협업이 가능한 위원회를 조직하는 것도 좋다.

이 외에 상담자는 개인정보에 대한 관리 또한 규정을 명확하게 숙지하고 개인정보를 수집할 경우 반드시 관련 내용을 사전 고지하고 동의서를 받도록 한다. 예를 들어, 팀빌딩, 선제적 심리지원을 위한 심리검사 등을 진행하고 일부 결과를 공유할 필요성이 있을 경우 사전에 관련 내용을 고지하고 동의서를 받는다.

2) 기업체 내 심리상담의 운영 및 평가

(1) 연간 사업 계획

① 기업체 내 심리상담에 대한 요구도 조사

연간 사업 계획은 상담실의 1년 운영의 방향과 예산의 규모를 결정하는 중요한 과정이다. 다음 해 예산이 편성되는 11월에 연간 사업 계획도 확정이 된다. 이때 중요하게 반영해야 할 요소 두 가지가 있다. 바로 기업체 내 운영 목표와 임직원의 필요이다. 그래서 연간 사업 계획을 작성하는 첫 번째가 바로 요구도 조사이다.

요구도 조사는 우선 기업의 중요 정책을 관리하는 운영자의 요구를 아는 것과 상담실을 실제로 이용하는 임직원의 필요가 무엇인지 파악할 수 있는 방법을 선정하는 것을 시작으로 진행된다.

- 면담

  우선 임직원을 대상으로 상담실을 이용했거나 이용할 의사가 있는 임직원을 대상으로 이용 후 소감, 보완점, 필요한 교육이나 추가로 받고 싶은 심리 서비스를 조사한다. 면담의 방식은 사업을 계획하기 전에 이전에 대표성을 띄는 임직원을 선정하여 FGI(Focus Group Interview) 방식으로 진행할 수 있고, 연중 상담이나 교육 후 만족도 설문을 진행하거나 교육의 보완점, 추가로 운영했으면 좋을 것 같은 프로그램을 매 회기 조사할 수 있다. FGI 방식으로 진행할 경우 상담실을 방문한 이력이 있는 그룹, 이용한 적이 없고 이용 의사가 있는 그룹,

이용 의사가 없는 그룹 등으로 동질그룹을 만들어서 진행하는 것이 일반적이다. 미리 질문지를 작성하여 인터뷰가 늘어지거나 산만해지지 않도록 준비한다. 대면하여 조사하는 상담이나 프로그램에 만족한 수준이나 보완할 점을 직접적으로 표현하기가 어려울 수 있어 만족도 조사지 형식으로 이러한 점을 보완하여 진행하는 것도 고려해 볼 수 있다.

회사의 주요 정책과 방향성을 결정하는 상위자와 면접을 하는 경우 그 해의 사업 현황과 반응이 좋았던 프로그램의 실제 효과성, 이용한 임직원의 후기 등을 보고서 형식으로 작성하여 자료를 제공하는 것도 좋다. 또한 내년도 사업의 정책 방향성을 미리 알 수 있는 경우 이전에 유사한 방향으로 진행했던 사업과 내년에 적용할 수 있는 프로그램을 준비하여 조사에 임하는 것도 도움이 된다.

• 질문지

인터뷰를 진행하기 어렵거나 임직원 전체 혹은 특정 그룹의 요구도를 조사하는 데 있어 용이한 방식이다. 기업체 내에서는 다양한 설문이나 만족도를 조사하는 횟수가 많아 보통 인트라넷에 설문을 올리는 시스템이 있을 가능성이 높다. 사전에 관리자나 상급자와 설문 조사에 대해 시기와 문항 등을 의논하여 확인 후 진행하는 것이 반드시 필요하다. 시스템이 갖춰져 있지 않은 경우 질문지를 만들어 현장에 배포를 할 수 있다. 작은 팀 단위로 설문지 수합자를 정하여 협조를 미리 요청하면 수합률이 높다.

질문지는 불특정 다수로 진행하는 경우 자유롭게 의견을 개진할 수 있도록 인적정보는 최소한의 정보만 확인할 수 있는 정도로 제한한다. 필요한 내용만 조사할 수 있도록 질문의 수는 가급적 줄이도록 한다. 이전에 의견이 나왔거나 대표적인 내용을 답변의 선택항목에 넣어서 조사하면 답변의 범위를 범주화하는 데 용이하다.

tip

요구도 조사를 시행한 후 분석한 결과는 결과 보고서를 만들어서 상위자나 관련 부서에 보고를 하면 상담자가 구체적으로 어떤 일을 하는지를 알리는 기회가 되면서 각 부처에 업무 협조를 구할 때도 많은 도움이 된다. 필요시 직무 스트레스 검사나 소진, 직무 만족에 대한 간단한 검사를 함께 동반하여 시행한다면 더 많은 시사성을 담은 결과 보고가 될 것이다.

② 사업 내용의 구체화

요구도 조사를 분석하여 나온 결과를 배경으로 사업 내용을 구체화한다. 상담실의 기본 골자는 개인상담과 집단상담, 교육과 코칭이다. 이전에 시행했던 서비스와 현재의 요구도를 비교하여 보완할 점을 찾는다. 예를 들어, 이미 하고 있는 서비스인데 많은 사람이 모르고 있다면 현재 서비스를 지속하되 홍보를 강화하는 것이 필요하다. 혹은 현재 서비스에 대한 필요나 이유를 모르겠다는 의견이 있을 시 상급자와 의논하여 사업 방향성을 찾아간다.

상담실과 업무 현장은 가까운 듯하지만 자주 대화하지 않으면 알 수 없는 내용들이 많다. 분석결과에 대해 이해가 가지 않는 점에 대해서는 현장 중간관리자와 관련한 내용을 공유하고 그런 요구가 나오는 이유를 파악하여 사업에 반영하는 것도 필요하다. 자문을 구하는 것은 상담자에게 사업의 능동성을 요구하는 일임과 동시에 조직의 일원으로서의 기능을 하는 것이다. 이 과정을 조직에 대한 이해를 높이고 상담실과 현장과의 연계 기회로 삼으면 좋을 것이다.

표 5-1 사업계획 예시

사업명	내용	대상	방법	예산
임직원 스트레스해소 집단상담	스트레스 관리를 위한 마음챙김 명상	자발 신청자 10명 내외	점심시간 50분간 진행	간단한 점심식사 및 향초구입 50,000원
팀 내 의사소통 향상을 위한 팀빌딩	MBTI를 활용한 성격 이해 및 의사소통 방식 개선	신청 팀 전원	2시간씩 3회 진행	MBTI 검사지, 집단 프로그램 물품, 다과 구입 100,000원
·	·	·	·	·
·	·	·	·	·

③ 결정된 사업에 대한 예산 확정

예산을 확정하는 것은 연간 사업 계획의 규모를 결정짓는 중요한 과정이다. 한정된 예산 내에서 최대한의 효과를 끌어내야 하는 것이 타당하고 지향해야 하는 점이지만 너무 적은 예산은 프로그램의 질을 떨어트려 상담자와 이용자 간의 만족도를 현격하게 저하시킨다. 그러므로 필요한 예산을 적절하게 확보하는 것은 매우 중요하다.

보통 연간 예산은 전년도 사업에 준하게 대략적으로 편성된다. 전년도와 규모가 비슷하다면 유사한 수준 내에서 예산을 어렵지 않게 확보하겠지만 새로운 사업을 시작하면서 필요한 예산을 확보해야 한다면 관련 부서와 협의가 필요하다.

앞서 요구도 조사의 결과 분석이나 현장 목소리를 담은 VOE(Voice Of Employee)가 주요 근거가 될 수 있다. 또 타 기업의 사례나 이미 연구가 진행되어 논문으로 발표가 된 프로그램일 경우 이를 근거로 예산 확보를 진행할 수 있다.

④ 사업계획서 작성 및 승인

예산이 확정된 사업계획서는 보통 다음 연도 운영을 계획하는 연간 회의에서 최종 발표된다. 사업별 소요 시간, 경비 등을 구체적으로 작성하여 연간 계획을 보고한다. 사업계획서를 작성할 때, 크고 중요한 사업들을 시기별로 한눈에 확인할 수 있도록 타임 테이블과 같이 요약하면 좋다. 특히 이런 사업을 계획하는 과정에서 근거로 들었던 것을 보충 설명하거나 상세페이지에 넣게 되면 최고 관리자들이 임직원의 VOE를 확인할 수 있는 기회가 된다.

(2) 상담실 사업 운영

① 사업 홍보

구체적 사업이 결정되면 각 시기별 주요 사업을 홍보할 시기와 방법을 구체화해야 한다. 사업의 주요 대상, 일정, 방법을 구체화하여 홍보물을 작성한다. 보통 이메일이나 사내 게시판에 부착하는 방법을 많이 사용한다. 사내 홍보물을 관리하는 담당자가 따로 있는 경우가 많아 홍보물 작성과 게시에 대한 도움을 받을 수 있다. 홍보물에는 신청 방법과 담당자를 명확히 기재하여 사업과 관련한 궁금증이 있을 경우 바로 문의할 수 있도록 한다.

심리적 어려움을 많이 호소하는 유형별 리플렛을 작성하여 심리상태를 이해할 수 있는 정보제공과 함께 간단한 자가 검진이 가능한 검사를 동반하여 자신의 상태를 스스로 점검할 수 있게 하고 필요시 상담으로 이어지게 할 수 있다.

② 사업 실행

지금까지 계획하고 준비한 사업을 시행하는 과정이다. 사내 임직원의 요구에 맞추어 사업을 계획했지만 대상자에 따라 시기와 방법은 조금씩 변동될 수 있다.

- 개인상담

  개인상담의 경우에는 1:1의 방식으로 이루어져 일정 조율이 비교적 자유롭다. 상담자 혹은 내담자의 일정에 따라 주로 미리 약속을 정해 이루어지지만 특별한 사유가 발생할 경우 미리 일정을 고지하고 변경한다. 사내에서 상담실이 가지는 독특한 기능 때문에 가끔 비밀 보장에 대한 의구심이 들 수 있어 사전에 비밀 보장에 대한 구조화를 진행하여 비밀 보장 한계상황 이 외에 상담내용이 공개되지 않음을 명확히 한다.

  보통 개인상담의 목적은 개인의 심리적 어려움을 해소하고 업무 적응을 높이거나 역량을 개발하여 성과를 높이는 데 있다. 개인상담의 주제는 내담자의 필요에 따라 개인 및 직업적 영역 모두 상담이 가능하나 업무시간 내에 이루어지는 상담의 특성상 장기간 상담 진행이 어려울 수 있다. 보통 기업 내에서는 단회 혹은 10회 내외의 짧은 상담이 주로 이루어지지만 내담자 요구나 심리적 상태에 따라 10회 이상의 장기상담으로 진행될 경우 업무시간 이외로 상담시간을 협의하여 진행할 수 있다.

- 집단상담

  다수가 모여 진행하는 집단상담의 경우 시행 목적과 시기를 참여하는 대상자에 따라 면밀히 검토를 해야 한다. 업무 현장이 바쁜 시기이거나 현장에서 이슈가 되는 민감한 사안에 대해 모르는 채로 집단 상담을 진행하여 상담자나 참여자가 곤란한 상황이 될 수 있다. 그렇기 때문에 참여자 혹은 참여자의 관리자와 사전 인터뷰를 통해 내용을 다시 한번 검토를 해 보는 것이 좋다.

  집단상담을 실시하는 첫 회기에 회기 수와 일정을 공유하고 변동 사항이 없는지 미리 점검한다. 현장의 이슈와 업무 특성 등에 따라 일정을 수정하는 융통성을 발휘할 수 있다. 또 하나의 기업체에서 모인 집단원이기에 집단 내에서 나온 내용에 대해서는 반드시 비밀 보장을 할 수 있도록 비밀 보장에 대한 설명을 무게감을 가지고 더 자세히 하는 것도 필요하다.

- 교육 및 코칭

  기업체에서는 임직원의 역량을 개발하기 위해 다양한 교육의 기회를 제공하기를 원하고, 그로 인해 상담실에는 심리와 관련된 많은 교육을 요구하기 마련이다. 대표적으로 의사소통관리, 스트레스관리, 팀빌딩, 임직원 역량강화 등이 있다. 사업계획을 구상하는 단계에서 이런 교육의 요구를 미리 조사했지만 구체적으로 어떤 교육을 필요로 하는지 교육 전 현장 관리자와 논의하는 시간을 가지면 현장 밀착형 교육을 구성하는 데 도움이 된다.

  또 현장에서 요청하는 교육들 중 상담자의 역량을 넘어서는 교육이 있다. 그래서 미리 외부 강사의 풀을 보유하는 것도 중요하다. 이를 위해 동료상담자와 관련 내용을 나눌 수 있는 소통창구를 만들어 두는 것도 교육이나 코칭, 강사 섭외의 아이디어를 얻는 데 상당한 도움이 된다. 혹 상담실이 예전부터 운영되었던 경우, 이전에 진행했던 교육명과 자료를 파악하여 교육에 반영하는 것이 좋다.

- 기타

  이 외에 상담자는 사내에서 다양한 역할을 맡아서 수행하게 된다. 「양성평등기본법」, 「국가인권위원회법」, 「남녀고용평등과 일·가정 양립 지원에 관한 법률」에서 보장하고 있는 직장 내 성희롱 예방 활동, 「직장 내 괴롭힘 방지법」에 따른 직장 내 괴롭힘 예방 활동, 사내 심리적 위기에 대응하기 위한 활동, 「중대재해처벌법」에 따른 심리적으로 안전한 근무환경 조성에 따른 활동 등 다양한 예방 및 사후 처리를 위한 활동 등을 맡게 된다. 또한 신입사원을 선발하기 위한 면접관, 사내 갈등을 조절하고 좋은 사내 문화를 조직하고 개선하기 위한 자문위원 등의 역할을 수행할 수 있다.

tip

기업체에서 상담자는 심리영역에 전문가로서 여러 영역에서 역할을 수행해 주기를 요구할 수 있다. 그러나 상담자는 심리적 영역을 다루는 매우 민감한 직업이고 상담자로서 잘 기능하기 위해 가용할 수 있는 심리적 자원이 필요하다. 그래서 요구하는 모든 영역에서 수행에 분명한 한계가 있을 수밖에 없다. 다른 사람들의 요구에 민감하게 반응하도록 훈련을 받는 상담자들이 자신의 역할 한계를 설정하는 것에 어려움을 느끼는 경우도 있지만 이는 상담자 소진을 예방하기 위해 반드시 필요하다. 새로운 사업이나 역할을 맡기 위해서는 상담자로서 현재 역할과 갈등 없이 수행할 수 있는 일인지에 대한 평가가 필요하다.

③ 사업 평가

- 사전 · 사후 평가

  상담이나 교육 전 · 후로 동일한 검사지를 사용하여 이용자가 얼마나 개선과 효과를 느끼고 있는지를 측정한다. 너무 많은 문항으로 검사 피로도가 쌓이지 않도록 핵심 문항만을 진행하는 것이 좋다. 효과성을 검증하는 만큼 장기적으로 진행되는 개인상담에는 잘 사용하지 않는다. 검증된 데이터가 축적되면 사내에서 사업을 진행할 때 좋은 근거자료가 되어 특별히 지속적으로 진행해야 할 필요성이 있는 사업은 사전 · 사후 평가가 도움이 된다.
- 사후 평가

  사업의 평가를 위해 가장 대표적으로 사용하는 방법 중 하나이다. 상담이나 교육을 마치고 교육에 대한 만족도, 개선점, 요구사항 정도를 알 수 있다. 비교적 쉽고 간단하며 짧은 문항이기에 평가를 거부하는 경우도 상대적으로 적다. 다만 획일적인 답변이 이어질 수 있어 객관형 질문과 서술형 질문을 함께 사용하는 것이 좋다. 특히 불만족의 이유와 보완사항에 대한 질문은 다음 번 교육을 계획할 때 참고가 되며, 여기에 원하는 프로그램을 추가로 작성하는 질문을 통해 요구도 조사가 자연스럽게 이어질 수 있다.

  사후 평가는 진행하는 대상에 따라 반응과 결과를 다르게 예상할 수 있다. 교육 직후 평가를 진행하면 이미 대면하고 있는 상담자에 대한 엄격한 평가를 솔직하게 하기 어렵다. 사내에 설문을 하는 시스템이 있는 경우 연중, 혹은 반기에 한 번씩 상담실 이용자를 대상으로 평가를 진행할 수 있다. 솔직한 답변과 함께 오랫동안 이용하지 못했던 이용자들의 요구와 평가도 알 수 있다. 질문 내용은 대략 다음과 같다.

  * 이용 서비스가 무엇인가? ① 개인상담 ② 집단상담 ③ 교육 ④ 자문 ⑤ 기타
  * 이용 후 만족의 정도는? ① 매우 만족 ② 만족 ③ 보통 ④ 불만족 ⑤ 매우 불만족
  * 만족한다면 무엇에 만족하는가? (   )
  * 불만족한다면 무엇에 불만족하는가? (   )

* 다음에 다시 이용할 의사가 있나? ① 있음 ② 없음 ③ 잘 모르겠음
* 동료에게 상담실을 추천할 의사가 있나? ① 있음 ② 없음 ③ 잘 모르겠음
* 상담실을 이용하고 난 후 문제해결에 얼마나 도움이 되었나?
  ① 문제 해결에 매우 도움이 되었음 ② 어느 정도 도움이 되었음 ③ 보통
  ④ 별로 도움이 되지 않았음 ⑤ 전혀 도움이 되지 않았음.
* 상담실에 하고 싶은 말은? ( )

3) 기업체 내 상담에 대한 Q&A

Q1. 연봉은 어떻게 되나?

기업에서 연봉은 대외비이다. 많이 궁금하겠지만 구체적으로 언급할 수 없는 점을 양해 바란다. 다만 기업체 내 상담자의 연봉은 대부분 경력을 인정해 연봉 협상을 진행한다. 연봉 협상 시 해당 기업의 평균 연봉 수준과 나의 경력 중 해당 기업에서 필요로 하는 것을 강조하여 전문가로서의 능력을 인정받아 연봉에 반영할 수 있다. 사전에 다른 기업들의 연봉 수준을 대략적으로 조사하여 연봉 협상에 유리하게 작용하도록 하는 것도 필요하다. 연봉뿐만 아니라 사내에서 제공되는 복리후생은 전문가로서 기업체 상담을 진행하며 정당하게 받는 권리이다. 초기 연봉 협상은 그 이후의 급여에 지속적으로 영향을 주므로 기업의 필요를 미리 검색하여 좋은 전략을 세울 것을 권한다.

Q2. 구체적으로 어떤 일을 하게 되나?

앞서 언급한 개인상담, 집단상담, 교육 및 코칭 그리고 기타 업무들의 영역은 기업마다 요구하는 분야가 다를 수 있다. 예를 들어, 정서적인 스트레스가 높은 서비스업을 제공하는 기업인 경우 임직원의 스트레스 해소와 개개인의 정신건강을 살피는 일에 대한 요구가 높다. 그래서 개인상담의 비중이 높고 그 중에서도 업무 스트레스 수준과 그로 인한 정신건강상태를 파악하여 개입하는 상담이 많이 이루어진다. 연장선상에서 집단상담과 교육도 스트레스를 관리하고 해소하는 프로그램에 대한 요구가 높아 명상이나 매체를 이용한 힐링 프로그램에 대한 수요가 많은 편이다.

일반 사무직군의 경우, 임직원이 상담을 자발적으로 신청하고 이용할 수 있는 동

기를 높일 수 있는 프로그램부터 직원의 역량개발에 이르기까지 다양한 프로그램에 대한 수요가 높은 편이다. 상담을 자발적으로 신청할 수 있도록 상담실에 대한 흥미를 유발할 수 있는 이벤트, 실제 마음건강에 대한 자가점검을 할 수 있는 리플렛이나 홍보물 등 다양한 방법으로 상담의 동기를 끌어낼 수 있는 프로그램을 기획한다. 또한, 새로운 영역에 대한 교육과 코칭에 대한 요구가 높아 시대적 트렌드와 이슈에 관심을 갖고 이를 반영한 교육을 기획하고 운영을 하게 된다.

최근에는 정신건강에 대한 이슈와 관심이 높아지고 있어 임직원의 마음건강을 점검 및 관리하고 개입하는 일에 대한 요구가 전반적으로 높아지고 있다. 그래서 심리검사를 이용해 평가하고 위기나 취약군에 대한 선제적 케어를 진행하기도 한다. 또한, 신입사원을 선발하는 과정에서 전문 면접관으로 역할을 하기도 한다.

중요한 것은 상담자 윤리원칙과 기업의 요구 사이에서 균형을 맞추어 가는 것이다. 원칙에 어긋나는 일은 상담자를 보호하는 차원에서도 해서는 안 된다. 이에 대한 사전 구조화가 반드시 필요하겠다.

Q3. 업무 강도는 어떻게 되나?

상담자가 어떤 것을 중요하게 생각하는지에 따라 느끼는 업무 강도는 다를 수 있다. 기업상담은 행정적 요소가 적고 실제 상담과 프로그램을 기획하고 운영하며, 기업체 내 조직문화를 파악하고 이에 민감하게 반응하는 역할이 중요하다. 그래서 매번 새로운 일에 대한 도전이 두렵고 힘들다면 기업 상담에 대한 피로도가 있을 수 있지만, 그런 도전을 즐기는 분이라면 성취감을 느끼며 업무를 할 수 있으리라 생각한다.

Q4. 기업체 내에서 상담실을 어떻게 바라보나?

기업체 내에서 상담실의 위치는 매우 다양하다. 이는 '상담실에서 타 부서와 어떤 협업관계를 맺고 있는가?'와도 관련이 높다. 일을 하는 주체가 사람이기에 사람의 심리를 다루는 영역은 기업체 내에서도 적용과 응용이 무궁무진하다. 그래서 인적자원에 관심이 높은 기업일수록 상담실과의 협업을 통해 좋은 성과를 내고자 할 것이다. 이런 때 조직에 속한 상담자는 전통적인 상담자의 역할에서 조직 내 상담실로 조금 더 확장하는 것이 필요하다.

심리적 문제가 있는 사람들만 다루는 기본적인 상담실의 역할에서 문제를 예방하고, 역량을 개발하며, 조직 내 여러 갈등을 중재하고 인재를 키워 나가는 데 자문을 할 수 있는 적극적인 상담실이 된다면 조직 내에서 상담실에 대한 인지도와 인정은 높아질 수 있고, 이미 여러 기업에서 선배 상담자들이 이러한 역할을 수행하고 있다.

Q5. 기업체 내 상담실에 들어가기 위해 무엇을 준비해야 하나?

필수적으로는 학위와 공신력 있는 상담 자격증이 필요하다. 한국상담심리학회와 한국상담학회의 자격증이 가장 대표적이다. 자격증 취득을 위해서라도 석사학위 이상의 학력은 필요하다. 그리고 여러 분야에 관심을 갖고 교육과 활동을 한 이력을

표 5-2 취득 가능한 자격증 및 교육

분류	주최	자격명	취득과정	비고
심리상담 자격증	한국상담심리학회	상담심리사 1급 상담심리사 2급	필기시험 → 자격심사 → 면접 → 자격취득	krcpa.or.kr
	한국상담학회	전문상담사 1급 전문상담사 2급		https://counselors.or.kr/
	여성가족부	청소년상담사 1급 청소년상담사 2급 청소년상담사 3급	필기시험 → 면접 → 자격연수 → 자격취득	필기시험 신청 → 산업인력공단 자격연수 신청 → 청소년상담복지개발원
임상심리 자격증	한국임상심리학회	임상심리전문가	필기시험 → 면접 → 자격심사 → 자격취득	https://www.kcp.or.kr/
	보건복지부	정신건강임상심리사 1급 정신건강임상심리사 2급	필기시험 → 면접 → 자격취득	https://www.ncmh.go.kr/
	산업인력공단	임상심리사1급	필기시험 → 실기시험 → 자격취득	http://www.q-net.or.kr/
		임상심리사 2급	필기시험 → 자격취득	
폭력 예방 · 양성평등 강사	한국양성평등진흥원	양성평등교육 · 성별영향평가교육 전문강사	교육수료 → 전문 강사 자격 취득	https://www.kigepe.or.kr/
		폭력예방교육 전문강사		

요약

기업체 내 상담은 상담자가 기업체에 고용된 형태로 근무하며, 일반적인 상담과 더불어 기업의 요구를 수행하는 다양한 역할을 맡고 있다. 내담자의 심리적 어려움을 해소하여 업무 역량과 조직 적응을 높이기 위해 개인 및 집단상담을 진행하고 심리와 관련된 다양한 교육과 자문 등 심리서비스를 제공하는 것이다. 이를 위해 상담자는 사회적 이슈와 기업체 내 조직문화 등에 민감하게 반응하고 이해하여 상담실에서 제공하는 서비스에 반영할 수 있도록 자신의 역량을 키워 나갈 필요가 있다.

갖춘다면 더욱 좋다. 〈표 5-2〉에 도움이 되는 자격증과 교육이 나와 있다.

참고문헌

고용노동부(2011). 선진기업복지 업무매뉴얼.

근로복지기본법(법률 제18424호 일부개정 2021. 08. 17.). 제88조.

근로복지공단(2022). 2021년 상담 실적 자료.

산업안전보건법(법률 제18426호 일부개정 2021. 08. 17.). 제5조.

이만기(2009). 기업의 인적자원개발 실태와 기업성과 분석. 한국인적자원관리학회, 16(3), 193-208.

이지연, 김은석, 최아람, 장미수(2021). 기업상담의 이론과 실제. 서울: 학지사.

중대재해 처벌 등에 관한 법률(법률 제17907호 신규제정 2021. 01. 26.).

차경태, 김일회, 고상백, 현숙정, 박준호, 박종구, 차봉석, 장세진(2008). 사무직 근로자들의 직무 스트레스와 피로. 대한직업환경의학회지, 20(3), 182-192.

한국상담심리학회(2013). 기업상담 매뉴얼.

제6장

군대에서의 상담 행정

군에 부여된 임무는 크게 세 가지로, 유사시 국민의 생명과 재산을 지키기 위한 '전투력 발휘', 전투력 발휘를 가능케 하는 실전과 같은 '교육훈련', 그리고 비전투손실 등을 예방하기 위한 '부대관리'가 그것인데, '부대관리' 역시 전투력 발휘를 가능하게 하는 필수요소이고, 병력관리 및 군 상담은 '부대관리'의 하위요소로 군에서의 그 의미를 갖는다.

군(軍)에서도 간부와 용사들의 효과적인 임무수행을 위해 상담은 필수가 되었다. 군에서의 전투임무와 교육훈련 등의 임무를 효과적으로 수행하기 위해, 일상생활 중 발생할 수 있는 비전투손실 예방은 매우 중요하다. 이전에는 몸이 다치거나 아플 경우 비전투손실이 발생했다고 보았지만, 이제는 군에서 복무하는 장병들의 심리상태까지 포함시킨다. 마음이 아플 때, 몸이 아플 때와 마찬가지로 군에서 요구하는 각종 임무수행에 큰 제한사항이 발생한다. 특히나 '자살'과 같은 악성사고가 발생할 경우, 해당부대는 사건을 수습하기 위해 꽤나 오랜 기간 전투임무 수행이 제한될 수도 있다. 사건이 수습된 이후에도 해당 당사자들의 트라우마 등을 고려하면, 사건 발생 이전의 심리상태로 임무를 수행하는 것이 힘들다.

그래서 군에서는 군 생활간 발생하는 사고를 예방하고, 간부와 용사들의 심리적 문제를 적극적으로 해결하기 위해 많은 노력을 하고 있다. 각 군의 리더십센터에서는 상담처를 신설하여 간부들을 대상으로 상담관련 교육을 하고 있으며, 용사들을 대상으로 한 상담 서비스를 제한적이나마 간부들이 수행할 수 있는 체계를 만들어 운영 중이다. 또한 각 부대의 지휘관들은 참모들과 군의관, 군종장교 등에게 병영상담관련 임무들을 추가적으로 수행토록 통제한다. 복무 중인 장병들의 부정적 심리상태로 인한 비전투손실을 예방하기 위한 노력이다. 하지만 간부들에 의한 상담은 그 효과가 크지 못하고, 병영생활 전반의 사고들을 예방하기에는 제한적이다. 참 많이 노력을 했고 현재도 하고 있지만, 이런저런 이유들로 마음이 아픈 장병들이 자신의 상급자들을 찾아와서 힘든 마음을 표하는 경우는 거의 없다.

그래서 군(軍)은 군상담의 전문성을 확보하기 위해 2006년부터 병영생활전문상담관 제도를 운영하고 있다. 이 제도는 장병들의 복무부적응 해소와 사고예방을 위해 병영생활전문상담관의 채용, 복무관리, 임금, 교육 등의 운영에 목적을 두고 훈령으로 정하여 시행되고 있다. 2022년 현재 국방부에 소소된 병영생활전문상담관은 700여 명에 달한다. 그들은 육군, 해군, 공군, 해병대에 세부적으로 소속되어 전・후방 각지에서 임무를 수행한다. 전방 철책을 담당하고 있는 GOP부대는 물론, 연평도나 백령도에서 임무를 수행하는 해병대원들의 마음을 챙기기 위해 병영생활전문상담관들은 현장에서 장병들과 같이 호흡하며 그들의 마음을 들여다본다. 상담관들과 차 한잔 마시며 대화를 나누어 보면, 눈물 없이는 들을 수 없는 각자의 사연들이 넘쳐난다. 처음 자대를 배치받은 신병과 하나도 다를 것 없고 본인들 스스로도 군(軍)이라는 새로운 집단과 환경에 적응하기에도 벅차지만, 그들은 태연한 척하며 장병들의 힘든 마음을 치유시키고자 부단히도 노력한다. 실제로 그러한 눈물들과 노력으로 인해, 병영생활전문상담관 제도가 군에서 시행된 이후, 자살사고를 포함한 악성사고의 빈도수가 줄어들고 있다.

송경재, 정신영, 김민종, 이종영(2016)은 군 상담이란 '군대장면에서 상담교육을 받은 상관이 부하와의 관계에서 전문적인 조력 활동을 통해 부하로 하여금 스스로 문제를 해결하도록 돕는 과정'이라고 정의하였고, 육군 야전교범인 지휘통솔에서는 군 상담의 정의에 대해 '부하들의 심리적 갈등이나 애로사항 등에 지휘통솔자가 문제의 핵심을 파악하고 해결방안을 찾아 도와주어 맡은 바 임무를 효과적으로 수행해 나갈 수 있게 하는 과정이다.'라고 설명한다. 이러한 정의들은 군 간부들에게 전문적인 상담기법을 적용할 수 있는 자질을 요구하는 것을 함의하지만, 현실적인 어려움으로 이러한 정의를 군 장면에서 구현하기에는 많은 제한점이 따른다.

우선 용사들을 관리해야 하는 간부들 스스로도 자신의 아픈 마음을 해결하지 못하는 경우가 많다. 용사들의 사고는 줄어드는 반면, 간부들의 사고 빈도수는 늘어나고 있다. 온종일 통제된 일과를 진행해야 하는 용사들은 어느 정도 관리가 되고 있지만, 일과 이후 개인생활을 누리는 간부들의 문제를 인식하기에는 많은 제한사항이 있다. 자신의 아픔을 상관에게 보고하기가 여러 가지 불이익 등으로 쉽지가 않다. 힘들고 아파도 참는 간부들이 대부분이고, 그러한 힘듦이 누적되어 극단적인 방식으로 표현되는 경우, 감당할 수 없는 사고들로 이어진다.

간부들이나 또래 상담병 등과 얘기를 나누어 보면, 자신이 관리하거나 주변에 있는 용사들을 '상담'해야 한다고 호기롭게 말한다. 그들의 아픈 마음을 알아채서 해결해 줘야 한다고 다짐한다. 하지만 간부들이나 또래 상담병들은 상담을 할 수 없다. 내담자들과 이중관계에 놓여 있고, 상담을 하기 위한 전문성이 없기 때문이다. 아픈 마음에 대한 해결이라며 자신의 경험과 무용담을 내세운다. 힘들고 어려워도 참고 하면, 다 해결된단다. 그래놓고 자신은 훌륭하게 '상담'을 했고, 그들을 도와줬다고 자랑스러워한다.

일반적인 상담이론과 상담정책으로 군 상담을 정의하고 운영하기에는 많은 제한사항이 있어 보인다. 군에 부여된 임무는 크게 세 가지로, 유사시 국민의 생명과 재산을 지키기 위한 '전투력 발휘', 전투력 발휘를 가능케 하는 실전과 같은 '교육훈련', 그리고 비전투손실 등을 예방하기 위한 '부대관리'가 그것인데, '부대관리' 역시 전투력 발휘를 가능하게 하는 필수요소이고, 병력관리 및 군 상담은 '부대관리'의 하위요소로 군에서의 그 의미를 갖는다. 구남웅과 최태산(2009)은 '군대는 국토를 방위하고 국민의 생명과 재산을 보호하기 위해 존재하는 집단이고, 이를 위해 군대의 리더는 군에 적합한 리더십을 발휘하여 군의 전투력을 육성 및 유지하고, 유사시 국가 안보를 지켜낼 수 있어야 한다.'고 하였다. 군 상담의 목적은 1차적으로 사고를 예방하고(문제해결 및 재발방지), 2차적으로 잠재력을 개발하여(잠재역량 개발), 최종적으로 보다 나은 전투력으로 승화하기 위함(무형전투력 창출)이다. 결국 군에서 사고예방을 강조하고 장병들의 삶의 질을 향상시키기 위한 노력은 기본적으로 군에 부여된 임무수행과 무형전투력의 효과적 창출에 기여하기 위함이다.

부대관리의 하위요소로서의 군 상담을 위해 임무를 수행하고 있는 인력에는, 용사들을 현장에서 통제하고 관리하는 군 간부, 장병들이 겪고 있는 심리적인 문제를 상담 전문성을 근거로 해결하는 병영생활전문상담관, 그리고 그들과 같이 상담 임무를 수행하고 상담관련 행정업무를 처리하는 주변 전문인력들(인사실무자, 군의관, 군종장교 등)이 있다. 하지만 용사들을 현장에서 통제해야 하는 군 간부들이 군 상담관련 임무를 수행하는 데에는 많은 제한사항이 있다. 앞서 제시한 이중관계에 더해, 기본적으로 수행해야 하는 임무인 전투준비와 교육훈련, 부대관리의 소요가 많고, 용사들을 대상으로 면담이 아닌 상담을 하기에는 전문성이 부족하여 오히려 심리적 부담감이 가중된다. 군 간부들과 또래 상담병의 역할은 '상담'이 아닌, '식별'이 되어야 하는 이유다. 주변의 힘들어 하는 간부와 용사들의 아픈 마음을 신속하게 들여다보고 정상적인 임무수행이 가능토록 하기 위해, 신속하게 병영생활전문상담관과 연결을 시켜야 한다. 상태가 심각하여 상담관 상담으로도 제한이 될 경우, 정신건강의학과 치료와 현역복무부적합 등의 지휘조치 등이 병행되어야 한다.

2006년, 10명이 채 되지 않는 병영생활전문상담관이 임무를 수행했고, 현재 700여 명이 전·후방에서 장병들의 마음을 챙기고 있다. 향후 야전 대대급에 1명씩의 병영생활전문상담관을 배치하는 것을 목표로 군 상담 제도를 개선하고자 하는데, 당연하고도 필수적인 제도 개선이라 생각한다.

1. 병영생활전문상담관의 임무

1) 기본 임무

병영생활전문상담관은 군 복무 중 심리적인 고충을 호소하는 군인(간부 및 용사) 및 장기복무 군인가족에 대한 전문적인 심리상담을 지원하고, 그 외에도 상담과 관련된 지원부대의 지휘관이 부여한 업무를 수행한다(국방부, 2013). 자신이 맡고 있는 부대에서 근무하는 장병들에 대한 상담이 우선이다. 간부나 다른 인원들에 의해 식별되거나, 스스로 상담을 요청한 간부와 용사들에 대해 상담을 실시한다. 대부분 단기상담으로 진행되나, 군복무 부적응 등을 포함하여 심리적인 고충이 클 경우 장기적인 관점에서 상담을 한다. 상담만으로 문제해결이 어려울 경우, 정신건강의학과와 연계한 치료나 현역복무부적합 등의 지휘조치를 건의하여 행정처리한다.

최근 들어 간부들에 의한 사고가 더욱 빈번해짐에 따라, 간부들만을 대상으로 한 전문적인 상담지원을 위해 간부전문상담관 제도가 부차적으로 운영되고 있다. 하지만 지원해야 할 간부들에 비해 상담관의 수가 너무 제한적이고 해당 부대의 특성까지 고려한 상담지원이 제한(특정 부대가 아닌, 여러 부대의 간부를 관리해야 함)되는 측면이 있다. 그렇다 보니 간부들에 대해서도 병영생활전문상담관에 의한 상담지원이 일반적이다.

상담관은 해당부대 지휘관을 상담으로 보좌하여 안정적인 부대관리에 기여해야 한다. 내담자와의 상담비밀을 유지하면서도, 해당 인원의 안전과 부대를 위해 적시적절한 조언을 해야 한다. 상담 후에는 해당 장병의 심리상태에 대해 지휘관에게 알려 주고, 지휘조치가 필요할 경우 해당 내용 중 일부를 공개할 수 있으나, 사전에 내담자에게 솔직하게 얘기해 주어야 한다. 상담을 실시한 결과 역시 부대운영일지 상에 업로드하여야 하는데, 이는 향후 발생할 수 있는 사고에 대한 근거로서 기능한다. 군에서의 사고는 사회적으로도 큰 이슈이기 때문에, 근거 유지를 위한 결과 정리는 매우 중요하다. 지휘관과 협력하여 정리가 된다면, 행정처리뿐만 아니라 장병들에 대한 관리차원에서도 매우 효과적일 수 있다.

2) 상담방법

병영생활전문상담관은 기본적으로 개인의 사무실을 겸비한 상담실이 지원된다. 상담관은 복무부적응 등으로 심리적 고충을 겪고 있는 장병들이 상담실을 방문 시 대면하여 상담하거나, 상담지원부대가 본인의 사무실과 다른 지역에 있을 경우 해당부대로 출장상담을 실시한다. 출장상담의 경우 필요시 군에서 차량 지원이 가능하다.

상담의 효과를 높이기 위해 각종 심리검사 및 집단상담 프로그램 등을 활용하는데, 군에서 제공하는 심리검사들[1]에 더하여 본인의 전문성이 포함된 각종 프로그램을 사용하여도 무방하다. 실제로 많은 상담관이 부대 장병들의 상담에 대한 관심을 도모하기 위해 MBTI 도구로 해당 인원들의 성향을 파악해 주기도 하고, 전역이 임박한 장병들에 대해 직업적성검사 등을 활용하여 그들의 고민을 덜어 주기도 하는데, 매우 긍정적인 효과를 보고 있다.

상담관은 각종 심리검사 및 심리상담 결과에 대한 분석을 통해 건전한 병영문화 조성을 위해 제도적인 보완사항 등을 건의하는 것이 가능한데, 이는 단순히 군 상담의 분야를 넘어 지원부대의 장병들이 단체 생활 속에서도 개인의 인권이 존중되어 자긍심과 보람을 느낄 수 있는 건강한 부대를 육성하는 데에도 기여하기 위함이다.

3) 상담 교육

병영생활전문상담관은 해당 부대에서 요청 시, 상담 역량 구비가 필요한 간부 및 병(지휘관, 또래 상담간부, 또래상담병 등)에게 상담 관련 교육을 시행한다. 군에서 임무를 수행하는 병영생활전문상담관의 수가 지속적으로 늘어나고는 있지만, 아직까지도 한 명의 상담관이 관리해야 하는 지원부대 장병의 수가 절대적으로 많다. 이러

1) 병역판정 검사단계에서 시행하는 복무적합도 검사는 정신질환 증상 가능성 및 사고 가능성을 예측하고, 현역복무 부적합자 선별을 위한 참고자료로 제공이 가능하다. 신병교육단계에서 시행되는 군생활적응검사는 훈련기간의 정서 및 행동문제를 파악하는 데 도움이 된다. 자대복무단계에서는 해당 인원의 적응상태를 확인하고 지휘관리를 위한 참고자료를 제공하기 위해 용사 복무적응도 검사를 시행하고, 타인평가에 의한 부적응 행동을 식별하고 주변 전우들과의 관계유형을 이해하기 위해 관계유형 검사를 실시한다.

한 제한사항들을 보완하기 위해 또래상담간부 및 또래상담병 제도 등을 추가적으로 운영하고 있다.

실제로 병영생활과 전투임무를 함께 수행하는 인원들이 서로의 심리상태를 확인하고, 필요시 지휘보고하여 상담 등의 조치를 위한 제도이다. 상담간부 및 병에 대한 상담교육을 보통은 해당부대를 지원하는 병영생활전문상담관들이 실시하는데, 전문적인 상담을 위한 체계적인 교육이 아닌, 부적응을 포함한 심리적 불편감을 호소하는 인원들을 식별하여 지휘보고 후 상담관에게 연결시키기 위한 내용들을 주로 교육한다. '상담'이 아닌 '식별'을 위한 심리학적 기법들을 교육하여 활용할 수 있도록 하는 것이 핵심이다.

4) 자살예방

병영생활전문상담관 제도가 생긴 가장 큰 이유는 군에서의 자살사고를 예방하기 위함이었고, 실제로 병영생활전문상담관 제도가 시행된 이후 군에서의 장병 자살률이 효과적으로 감소되는 추세를 보이고 있다. 상담관은 해당부대 지휘관 및 간부들과 연계하여 자살징후자를 사전에 식별하고, 생명지킴이인 게이트키퍼(gatekeeper)[2] 양성을 위해 군 자살예방 관련 교육을 실시한다. 게이트키퍼는 사전적 의미로 문지기라는 뜻으로, 자살 위험 대상자와 자살예방관련 전문가 사이에 중간다리 역할을 한다는 의미로 붙여진 명칭이다. 군에서는 전 장병을 대상으로 자살예방관련 및 게이트키퍼 역할에 대한 교육을 주기적으로 실시하는데, 또래 상담병과 같이 지정된 특정 인원뿐 아니라 병영생활을 하는 전 장병들이 자살예방을 위해 노력하고 임무를 수행해야 한다는 의미가 포함된다.

군 자체의 연구결과에 따르면, 자살예방을 위한 표준화된 자료를 간부들이 제시하는 교육보다는 전문성을 겸비한 상담관에 의한 교육이 훨씬 효과적이다. 그러한 현장의 목소리를 반영하여 전 부대에서의 자살사고 예방교육은 병영생활전문상담

---

2) 자살위험 대상자를 조기에 식별해 전문가의 상담 및 치료를 받을 수 있도록 연계하고, 위급상황에서 자살 위험 대상자의 자살 시도를 방지하기 위해 지속적으로 관리 혹은 지원하는 사람이다. 군에서는 전 장병이 서로간의 게이트키퍼로서 역할을 하도록 지속적으로 교육하고 관리한다.

관들이 전담하여 실시한다. 다만 그 효과에 있어서 부대별로 차이가 있는데, 이는 간부들의 관심과 직결된다. 지휘관들과 간부들이 상담관에 의한 교육에 관심이 있을 경우에, 자살사고 예방을 위한 교육 효과는 매우 크다. 상담관이 지속적으로 지원부대 지휘관들과 소통해야 하는 이유 중 하나이다.

5) 기타 임무

이 외에도 병영생활전문상담관은 상담관실 세부 운영계획을 수립하여 시행한다. 기본적으로 지원부대 상담지원을 위한 스케줄을 짜는데, 언제 어디서 누구와 상담하는 지에 대한 구체적인 계획들이 포함된다. 스케줄이 너무 타이트하면 돌발상황에 대한 대처가 어려울 수도 있다. 너무 급한 사례들이 치고 들어오는 경우를 항상 고려하여 여유시간을 두는 것이 오히려 현명하다. 내담자의 마음을 안정시키기 위해 상담실을 조성해야 하는데, 밝은 분위기를 조성하고 차분한 음악을 틀기도 한다. 월 1회 추가로 제공되는 예산을 활용하여 다과를 준비할 수도 있다.

사고 우려자 및 도움 · 배려 용사 등에 대한 현장위주 상담 관리, 장병 기본권 보장 관련 갈등관리 및 지휘조언, 군내 사용하는 인성검사 분석 및 후속조치 조언, 각종 집단상담 프로그램 지도 및 시행, 그린캠프 및 병영심사관리대 운영지원 및 장병 상담교육, 군생활 · 성고충 · 개인신상 · 가족관계 및 자녀교육 등으로 어려움을 겪고 있는 군인 및 장기복무군인가족에 대한 상담조언, 주기적인 상담결과 분석 후 분석결과의 지휘 참고자료 제공 등의 임무를 수행한다.

복무부적응 용사는 심리적 상태에 따라 '도움' 또는 '배려' 대상으로 관리하되, 자살우려자는 우선적으로 도움 용사로 지정한다. 사고유발 가능성이 높고, 즉각 조치 및 다른 인원들과 분리가 필요한 고위험군 인원들, 자살계획 및 자살시도 인원 등이 '도움' 용사로 선정이 된다. '배려' 용사는 이보다는 덜 위험한 경우로, 사고유발 가능성이 있으나 교육이나 상담을 통해 군복무 적응이 가능한 인원들이 선정된다. 도움 · 배려 용사 선정은 최초 신병 전입 시에 신상파악 책임자(보통 해당부대 지휘관)가 선정하고, 이후 해당 대대의 신상관리위원회에서 최종 결정을 하는데, 신상관리위원회에는 지휘관 및 해당 참모에 더해 병영생활전문상담관이 참여하여 해당인원들에 대한 관리방법까지를 결정한다.

월 1회 실시하는 신상관리위원회는 도움 및 배려 장병(간부, 용사)을 효과적으로 관리하기 위한 목적에서 시행된다. 지휘관을 포함한 간부(주임원사, 인사실무자, 군의관, 군종장교 등)들은 해당 인원들에 대한 지휘조치에 관심을 둔다. 병영생활전문상담관들은 지휘조치와는 별도로 해당 인원들과의 상담내용들에 대해 필요한 부분들만 오픈하여 제공하는데, 이는 서로 협력하여 해당 인원들에 대한 더욱 의미 있는 도움을 주기 위함이다.

2. 개인상담

병영장면에서 병영생활전문상담관이 개인상담을 하는 목적은 군 생활 적응 상에 문제가 식별된 위기(관심)장병에 대해 관리를 하고, 심리적 안정을 도모하여 부대적응력을 향상시키는 것이다. 즉, 위기장병의 심리적 고충을 해소하여 정상적인 전투임무 등의 활동이 가능토록 한다. 아울러 군에서의 사고를 예방하고 장병 각 개인들의 병영생활 상 고충을 해결하여 그들 각자의 복지를 증진시키는데, 이는 간부와 용사들의 군 생활 적응력과 정신건강을 증진시켜 궁극적으로 군의 전투력 향상에 기여한다.

병영생활전문상담관이 시행하는 개인상담의 대상은 주로 용사들이 해당이 되고, 필요 시 해당부대의 간부들과 장기복무 간부의 경우 가족들까지 그 대상으로 확대된다. 현재는 연대급까지 병영생활전문상담관이 배치되어 임무를 수행중인데, 관리하는 용사의 수가 많아(보통 400~500여 명) 간부들에 대한 상담은 현실적으로 제한된다.[3] 그래서 자살 등 간부들의 사고 비중이 늘어나는 추세를 반영하여, 군에서는 전방 사단급에 간부전문상담관을 운용하는 등 제도를 보완하고 있다. 하지만 아직까지는 병영생활전문상담관이 해당부대의 용사들과 간부들을 동시에 상담하는

3) 간부들의 경우 식별이 매우 어려운데, 간부들은 기본적으로 자신은 용사들을 관리하고 통제해야 하는 관리자라고 인식을 하기 때문이다. 관리자가 스스로 자신의 마음을 통제하지 못하는 것은 잘못된 것이라고 생각한다. 더욱이 간부들은 조직에서 인정을 받아 장기 복무와 진급 등의 성과를 내기 원하는데, 그러한 잘못된 인식이 자신의 목표를 제한한다고 생각한다. 그런 이유들로 간부들은 마음이 아파도 웬만해서는 오픈하지 않는다. 만약 간부들이 상담을 요청한다면, 매우 심각한 상태라고 가정하고 상담을 진행하는 것이 효과적이다.

것이 일반적이기 때문에, 간부들에 대한 상담을 결코 등한시해서는 안 된다.

병영장면에서의 개인상담 절차는 상담접수, 개입, 종결 및 지휘조언의 단계로 이루어진다. 군생활 부적응 등 문제점이 식별된 장병들에 대해 지휘관을 포함한 간부들이 병영생활전문상담관에게 의뢰하는 경우가 가장 많지만, 해당 장병들이 스스로 자신들의 문제점을 인식하여 상담을 요청하는 경우도 있고, 각종 심리검사 결과 등을 근거로 선제적으로 상담을 접수시키는 경우도 있다.

1) 단기상담

병영장면에서 가장 많은 빈도수의 상담방법이다. 지원부대 용사와 간부들의 당면한 문제를 즉각적으로 해결하고 문제와 관련된 내적 갈등을 해소하여 긍정적인 변화를 이끌어 내어, 부대에 적응하고 효율적으로 부여된 임무를 수행토록 돕기 위해 실시한다. 군에서의 특수한 환경요소를 반영하여 보통 3회기 이내의 단기상담을 실시[4]함으로써 단기간에 내담자를 변화시킬 수 있도록 병영생활전문상담관은 조력한다.

단기상담은 장병들을 실시간 현장에서 관리하는 지휘관과 간부들이 식별하거나, 해당 인원들이 자발적으로 요청하거나, 각종 심리검사 결과를 적용하여 해당 부대의 병영생활전문상담관에게 상담을 접수한다. 단기상담의 절차는 다음과 같다.

군에서의 단기상담은 사회에서의 일반적 상담보다 회기수가 짧을 수밖에 없고, 부대에서의 임무특성상 내담자를 지속적이고 장기적으로 만나기 어렵다. 단기상담의 효과를 높이기 위해 내담자의 상담문제에 대한 적합한 평가와 전략의 구상이 단시간 내에 융통적으로 수립되어야만 한다. 상담내용은 원칙적으로 비밀이 보장되지만, 내담자 자신과 부대의 구성원, 혹은 부대 전체에 위해가 가해질 수 있는 명백한 내용이 포함될 경우, 상급 지휘관에게 보고할 수 있음을 사전에 설명하여 신뢰를 구축해야 한다.

---

4) 병영생활전문상담관이 담당해야 할 장병들의 수가 워낙 많다 보니, 큰 문제가 있지 않는 한 단기상담을 실시한다. 모든 인원에 대해 장기적 방식으로 접근하면, 정작 문제가 있는 인원들에 대한 집중적인 케어가 제한되기 때문이다.

표 6-1 단기상담의 절차

단계	내용
접수	• 접수면접, 상담 적절성 평가 • 상담구조화, 작업동맹 형성 • 사례개념화, 상담목표 설정, 상담전략 구상
개입	• 내담자 문제, 행동패턴, 관련경험 이해 • 목표성취를 위한 대안 및 내담자 자원 탐색 • 행동계획 및 문제해결 방안 수립, 실천 독려
종결	• 실천 점검, 심리적 지지, 상담 평가 • 추후 상담계획 • 지휘조언

2) 위기상담

병영장면에서의 '위기'는 전투준비, 교육훈련, 부대관리 등의 임무를 수행하는 장병들이 정서, 사고, 행동 상의 부적응을 초래하는 심리적이고 환경적인 사건의 발현으로 해석할 수 있다. 즉, 용사와 간부들의 안전과 복지가 위협받는 상황이다. 이로 인한 심리적 부적응 기제가 증폭되는 것을 방지하고 심리적 안정을 회복하며 위기상황에 효과적으로 대처할 수 있도록 조력하여 본연의 임무를 정상적으로 수행토록 병영생활전문상담관은 상담임무를 수행한다.

군에서 병영생활전문상담관이 주관하여 시행하는 위기상담의 절차는 〈표 6-2〉와 같다.

위기상담 시에는 접수단계에서부터 해당 인원의 인적사항과 관련된 내용들을 확인하여 안전을 확보하는 것이 매우 중요한데, 이는 위기의 장면에서 해당 인원을 보호하기 위함이다. 위기 상황에 놓여있는 용사와 간부들이 각종 수단(지휘보고, 상담관 직접 전화, 주변에서 식별 등)을 통해 해당되는 위기를 호소한 경우 해당 인원의 소속, 계급, 성명 등의 인적사항을 우선 파악하여 해당 부대와 연계한 조치를 시작부터 해야 한다. 해당 인원의 자살 사고 및 해당 계획을 탐색하면서 사고, 정서, 행동 상태를 주의 깊게 관찰함으로써 정신장애 증상을 보이는 단서가 있는지 확인한다. 분명한 정신장애를 보일 경우 '고위험'의 위험수준으로 분류하여 적극적으로 개입

표 6-2 위기상담의 절차

단계	내용	핵심 사항
접수	증상의 심각성 판별	• 자살사고/계획 여부 • 장병들의 심리적 고통 호소 수준 • 충동성 수준 • 정신장애 증상 여부
개입	위험수준에 따른 개입 (고위험, 중위험, 저위험)	• 정서적 위기 완화 • 해당 장병의 현재 상태 파악 • 자살방지를 위한 약속받기, 자살수단 제거 • 보호요인 파악
종결	조치를 위한 지휘조언 외부기관 의뢰 후속조치 관리	• 상담내용, 심리평가, 생활지도기록부 등 자료를 통해 후속조치 제언

해야 한다. 위기장병을 식별한 경우, '한국군 자살예방프로그램'을 참조하여 개입단계에서부터 활용한다.

3) 진로 및 취업 상담

해당 부대에 전입 온 지 얼마 안 된, 초급간부들 및 전입신병 등은 적응상의 문제를 보이는 경우가 많다. 하지만 전역이 임박한 간부들이나 용사들(상병, 병장들)의 경우 앞으로 진로 등의 문제로 심리적 아픔을 호소하기도 한다. 실제로 많은 장병이 전역 후에 대한 걱정과 두려움으로 병영생활전문상담관과의 상담을 희망한다. 진로 및 취업과 관련된 상담 과정은 〈표 6-3〉과 같다.

표 6-3 진로 및 취업을 위한 상담 과정

단계	내용	핵심 사항
접수	• 접수면접, 상담 적절성 평가 • 상담구조화, 작업동맹 형성 • 사례개념화, 상담목표 설정, 상담전략 구성	• 진로문제 유형 변별 • 상담관이 진로를 결정해 주는 것이 아니라, 내담자 스스로 찾아 나가는 과정임을 안내
개입	• 내담자 문제, 행동 패턴, 관련 경험 이해 • 목표성취를 위한 대안 및 내담자 자원 탐색 • 행동계획 및 문제해결 방안 수립, 실천 독려	• 진로문제 유형에 따른 개입 실시 • 진로결정자인 경우, 진로를 준비할 수 있는 계획을 정해 보고, 자신감을 향상시키는 개입 실시 • 흥미와 적성 등 추가 정보를 수집하여 진로결정 조력 • 낮은 자아개념 등 심리적 문제의 경우, 이를 다루기 위한 심리상담 우선 실시
종결	• 실천 점검, 심리적 지지, 상담 평가 • 추후 상담 계획 • 지휘 조언	• 진로 결정 후 추후 상담을 통한 적응 수준 확인

4) 효과적인 개인상담을 위한 조언

개인상담은 내담자의 심리적 안정이 최우선적으로 보장되어야 하기에, 외부의 소음이 차단되고 안정적인 환경의 상담실이 별도로 마련되어야 한다. 대부분의 부대는 병영생활전문상담관에게 사무실을 겸비한 상담실을 제공하여 운영한다. 상담관에 의한 상담뿐만이 아닌 상담관련 행정여건을 보장하기 위해 군 PC 및 전화기를 비치하고, 상담관 신변의 안정을 보호하기 위해 비상벨도 설치한다. 실제로 상담 중, 상담관에 대해 공격성을 표출하는 경우가 간혹 있다. 비상벨은 상담실과 인접한 사무실과 연결시켜, 필요시 간부들이 출동하여 상황을 관리할 수 있도록 시스템이 강구되어 있다. 또한 상담실은 전 부대 구성원의 소재 파악이 용이하고 접근성이 좋은 위치에 선정되어 있으나, 상담을 받는 장병을 제외한 다른 이들이 상담 중에 출입하여 상담내용이 노출되지 않도록 각별히 유의할 필요가 있다. 상담실 문에 '상담중'이라는 푯말을 사용하는 것이 매우 효과적이다. 상담내용에 대한 비밀보장이 원칙이지만, 위기상황 등의 특수경우를 고려 지휘관과 협의하여 예외의 상황을 선정할 수 있다. 이러한 비밀보장의 한계에 대해 사전에 내담자들과 충분히 논의할 책임이 병영생활전문상담관에게 있다.

군 상담은 병영생활전문상담관이 위치한 상담실에 심리적인 어려움을 호소하는 장병들이 찾아가 상담을 실시하는 '내방상담'이 대부분이다. 내방상담이 제한되는 경우, 병영생활전문상담관은 상담을 요청한 부대에 직접 방문하여 '출장상담'을 하기도 한다. 출장상담의 경우 상담관의 상담 업무 수행이 원활히 이루어질 수 있도록 출장지와 근무지간 배차지원을 해 주지만, 제한될 경우 상담관 자차로 이동하는 경우도 있다. 상담관은 본인의 상담실이나 출장으로 내담자를 대면하지 않고 전화로 상담을 하기도 한다. 이는 내담자가 신분의 노출을 꺼려 대면상담이 어려운 경우 적합한 방법이며, 장병들이 활용할 수 있도록 상담 경로와 전화번호를 해당부대에서는 홍보한다. 전 막사의 화장실에는 병영생활전문상담관을 포함한 주요 간부들의 전화번호가 포스터로 노출되어 있다.

간부들의 경우 상담을 희망하면서도 자신의 심리적 어려움이 노출될까 걱정되어 대면상담을 신청하지 못하는 경우가 많다. 전화상담은 간부들 상담에도 매우 효과적인 방법이다. 군 홈페이지 내 게시판이나 이메일 등 온라인 공간에서 상담을 하는 '사이버상담'도 있다. 이 역시 전화상담과 마찬가지로 신분의 노출을 꺼려서 대면상담이 어려운 경우 적합한 방식이며, 해당부대에서는 장병들에 의한 활용이 가능토록 사이버상담 방법이나 상담관의 이메일 상담을 홍보한다.

3. 집단상담

집단상담은 개인상담과는 달리 심리적인 어려움으로 고통을 호소하지 않는 구성원들을 대상으로 실시한다. 특정 집단을 구성하는 인원들 사이에서 발생하는 역동적인 상호간의 교류 과정을 통해 발생할 수 있는 문제를 사전에 예측하여 해결하고, 구성원들의 인간적 성장을 추구하는 과정이다. 군에서의 집단상담을 통한 전우들과의 의사소통과 대인관계의 증진은 궁극적으로 힘들고 고된 병영생활에서 서로의 위로가 되어 주는 가족적인 분위기 형성에도 도움이 된다.

병영생활전문상담관은 집단 구성원들의 서로 간에 대한 사고, 정서, 행동을 관찰

하면서 해당 인원들 성격이나 행동양식을 파악할 수 있다. 상담관은 집단에 참여한 장병들의 역동적 관계를 파악하여 문제점을 사전에 식별하고, 집단과 구성원들의 성장을 위한 단서들을 찾아낼 수 있다. 집단상담에 심리적인 아픔이 있는 장병이 참여할 경우, 집단 내에서 해당 인원이 차지하는 위치와 다른 장병들과의 관계를 현실적으로 파악할 수도 있다.

군 장면에서는 개인상담과 마찬가지로, 단기 집단상담이 주로 이루어진다. 특별히 군에서 정해 놓은 집단상담 프로그램은 없지만, 병영생활전문상담관이 해당 집

표 6-4 집단상담을 위한 고려사항

항목	고려 사항
집단의 필요성 · 목적	• 현 시점에서 집단이 필요한 이유는? • 집단의 목적은 무엇인가?
집단 목표	• 집단의 목적달성을 위한 세부목표는 무엇인가?
집단 주제 · 활동	• 집단의 주제와 세부목표 달성을 위해 수행할 행동은 무엇인가?
집단 구성	• 누구를 대상으로 할 것인가? • 어떤 절차를 거쳐 선별 · 선발할 것인가? • 동일계급 또는 다양한 계급 포함 구성여부? • 잠재적 집단원들과 사전에 논의되어야 할 사항은?
집단 유형	• 상담집단, 교육집단, 성장집단 등? • 개방집단, 폐쇄집단 등? • 구조화집단, 비구조화집단, 반구조화집단?
집단원 선별 · 선발	• 대면 면접, 질문지 활용 등? • 자발적 선택, 비자발적 집단원 수용 등?
집단 크기	• 집단원 수는 몇 명으로 할 것인가?
집단 일정	• 회기수와 빈도는? • 한 회기의 시간은? • 집단참여를 원하는 장병들과의 예비모임은 언제, 어디서?
집단모임 장소	• 집단모임을 위한 장소는 어디서?
집단상담자 수	• 집단상담자는 몇 명으로 할 것인가?
집단 홍보	• 집단계획과 내용을 어떤 방법으로 잠재적 집단원들에게 알리고 관심을 갖게 할 것인가?
기대효과 및 평가	• 집단경험을 통해 집단원들에게 기대하는 효과는? • 집단원의 집단경험은 어떻게 평가할 것인가?

단의 특성을 고려하여 기존의 다양한 프로그램 중 적합한 것을 재구성하여 실시하면 된다. 군에서의 집단상담에 대한 준비 및 고려사항은 〈표 6-4〉와 같다.

4. 상담환경 구축

1) 상담실의 위치

병영생활상담실은 우선 장병들의 접근성이 용이해야 한다. 부대에서의 전 공간 중 용사 및 간부들이 쉽게 식별할 수 있고, 출입할 수 있는 곳으로 선정되어야 한다. 하지만 일부 용사들과 간부들의 경우 상담실을 출입하는 것에 대한 부담을 갖고 있다. 1층 막사 중앙에 위치한 상담실이 차후 구석진 곳으로 위치를 조정하는 경우가 의외로 많다.

접근이 용이해야 하지만, 이와 더불어 다른 인원들에 의한 식별이 너무 용이하지 않는 장소가 가장 적합해 보인다. 물리적인 안정성 또한 중요한데, 각종 소음이 차단되어야 하고, 내부에서의 상담내용도 외부로 노출되지 않는 환경이 구성되어야 한다. 이를 위해 각종 방음장치를 설치하는 매우 적극적인 상담관들도 있다. 그런 노력들이 장병들의 힘든 마음을 더욱 효과적으로 열게 만들 수 있음은 자명하다.

2) 상담실 환경 조성

병영생활전문상담관으로 부대에 발령을 받게 되면 가장 먼저 상담여건을 조성하기 위해 상담실을 꾸미게 된다. 커튼도 밝은 것으로 설치하고, 화분을 가져다 놓기도 한다. 일부 상담관은 수조를 두어 물고기를 키우기도 하는데, 참 좋은 아이디어인 것 같다. 상담실 환경 조성을 위한 자금(기타 운영비 등)도 배정이 되는데, 충분치는 않지만 참신한 아이디어와 열정만 있다면 아늑하고 효과적인 상담실의 환경을 조성할 수 있다.

병영생활상담실은 부대별 여건과 특수성을 고려하여 융통성 있게 조성된다. 다행히 별도의 상담실이 있다면 최소의 정비로 상담실 운용이 가능하지만, 그렇지 않다면 부대 내 휴게실 등을 활용하여 상담을 실시해야 하는 경우도 있다. 각각의 물리적 환경을 고려하여, 비밀유지 등이 가능한 상담환경을 조성하는 것은 병영생활 전문상담관의 몫이다. 하지만 너무 스트레스를 받지 말기 바란다. 필요시 요청하면 해당부대에서도 많은 것을 조치해 준다. 요즘은 지휘관들을 포함한 대부분의 간부들이 '상담'의 중요성과 효과성을 인정하고 있다. 그들과 소통하는 것에 있어서는 절대로 인색하지 말자.

3) 상담실 구비 물품

기본적으로 상담실에는 병영생활전문상담관용 책상과 의자, 상담을 위한 테이블과 의자, 컴퓨터, 프린터, 군 전용 전화, 시계, 옷걸이와 옷장 등이 비치된다. 상담관별 상담 특성을 고려해 추가적인 비품을 추가로 준비하여 활용할 수 있으나, 사전에 해당부대 실무자와 의견을 나누는 것이 좋다.

병영생활전문상담관은 상담실의 환경 조성과 병행하여, 이런저런 이유로 상담실을 찾는 장병들을 위한 각종 물품을 비치하여 활용한다. 개인 및 집단 상담을 위한 다양한 양식과 심리검사 도구, 그리고 간부 및 용사들의 심리적 성장을 위한 도서 등의 참고자료들을 준비해 놓는다. 자료제작 및 구입을 위한 예산을 활용할 수 있다.

상담실을 찾는 장병들과의 라포를 형성하기 위해 잔잔한 음악을 틀어 놓는다거나, 간단한 차와 다과류를 준비해 놓을 수 있다. 차와 다과류를 위한 예산도 별도 편성되어 있어 월단위로 계획을 세워 사용이 가능하다. 각 부대별 마트(PX)를 활용하면 시중보다 저렴하게 구매가 가능한 것은 팁이다.

참고문헌

구남웅, 최태산(2009). 부하가 지각하는 직속상관의 유머감각 및 유머스타일과 부하의 군생활 적응과의 관계, **한국상담학회 상담학연구**, 10(3).

국방부(2013). 병영생활 전문상담관 운영 및 활동 매뉴얼 개발 연구. 서울.

송경재, 정신영, 김민종, 이종형(2016). **군 리더와 병영 상담**. 서울: 학지사.

육군본부(2004). 지휘통솔. 대전.

제7장

사설 상담기관에서의 행정 1: 상담바우처 기관

사회서비스 이용권(바우처)이란 「사회서비스 이용 및 이용권 관리에 관한 법률」 제2조 그 명칭 또는 형태와 상관없이 이용자가 제공자에게 제시하여 일정한 사회서비스를 받을 수 있도록 그 사회서비스의 수량 또는 그에 상응하는 금액이 기재된 증표를 말한다. 바우처 제도는 저소득층의 심리정서 문제해결을 돕고 조화로운 삶을 영위하기 위한 비용이 저렴한 매우 유용한 국가지원제도이다.

1. 사회서비스의 개념 및 필요성

1) 사회서비스의 개념

사회서비스(Social services)는 「사회보장기본법」 제3조 제4항에 의거하여 '국가 · 지방자치단체 및 민간부문의 도움이 필요한 모든 국민에게 복지 · 보건의료 · 교육 · 고용 · 주거 · 문화 · 환경 등 분야에서 인간다운 생활을 보장하고 상담, 재활, 돌봄, 정보의 제공, 관련 시설의 이용, 역량 개발, 사회참여 지원 등을 통하여 국민의 삶이 향상되도록 지원하는 제도'이다.

2) 사회서비스의 특징

사회서비스는 국민의 일상생활을 지원하고 가족과 공동체를 위한 생활서비스이다. 상대적인 불평등과 관련된 요구가 강한 서비스로 사회적으로 필요하나 시장에서 최적의 양이 공급되지 못해 주로 초기에 공공부문에서 제공기반이 마련될 필요가 있는 서비스이다. 사회서비스는 이윤추구 등 경제적 동기 외에 이타주의 등 사회적 동기가 결합되어 있다. 사회적 소비의 총량은 개인적 선택 외에 집단적인 의사결정이 중요한 요소로 작용한다. 사회변화에 따라 수요는 증가하고 변화하고 있으나 높은 인건비 비중, 부가가치 창출의 어려움, 이용자의 낮은 구매력 등으로 인해 공공부문 역할 강화와 함께 민간 시장 및 산업의 육성이 필요하다

3) 사회서비스 투자의 필요성: 복지-고용-성장 선순환

사회서비스 확충을 통한 사회안전망 강화와 사회통합, 노후불안, 주거불안, 청년실업, 출산보육, 근로빈곤 등 새로운 사회적 위험이 증가하고 가족기능의 약화, 노인 기대수명 증가 등으로 인해 사회서비스에 대한 다양한 욕구와 수요가 확대됨에 따라 사회적 돌봄과 같은 사회적 대응 · 지원의 필요성이 증가되었다. 사회보장으로 해결하기 어려운 보육, 신체 · 정신건강, 직업능력개발 등을 사회서비스를 통해

보장하고 아동수당 · 청년구직수당 도입, 기초연금 인상 등 향후 소득보장정책이 대폭 강화될 것이 예상되고 이에 상응하는 사회서비스 보장 확대를 통해 균형적인 사회보장체계의 구축이 요구된다.

「사회보장기본법」 제23조 ②항에서는 '국가와 지방자치단체는 사회서비스보장과 소득보장이 효과적이고 균형적으로 연계되도록 하여야 한다.'고 명시하여 1인 가구 증가, 베이비부머 은퇴, 4차 산업혁명 등으로 사회관계, 사회참여 등에 대한 사회서비스 수요 증가가 예상되며 청년, 신중년 및 문화 · 여가서비스 등 종전 상대적으로 미흡했던 대상 · 분야에 대한 사회서비스 보장의 확대가 필요하다. 사회서비스는 사회로부터 서비스를 받고 일자리를 제공받음에 따른 사회적 신뢰 형성, 삶의 질에 대한 격차를 완화하여 사회통합에 기여한다.

사회서비스 보장은 서비스 제공을 위한 인력이 필요한데 서비스 수요 · 공급 증가에 따른 자연스러운 일자리 창출이 가능해진다. 사회서비스는 공공성, 사회적가치 지향성이 요구되는 분야로 양질의 공공부문 일자리의 확충 여지와 필요성이 상대적으로 높다. 실제로 2010~2016년간 사회복지서비스업 87%, 창작 · 예술 및 여가관련 서비스업 40.7% 등 사회서비스 관련산업 종사자 증가율이 높게 나타났다.

이처럼 사회서비스를 통한 아동의 건강한 성장, 청년의 사회진출, 신중년의 재충전 등을 촉진하여 인적자본의 투자 확대로 잠재적 성장동력을 확보하고 사회서비스 일자리를 통한 근로소득의 증대로 소득주도성장에 기여한다.

4) 지역자율형 사회서비스 투자사업

중앙정부 주도의 복지지원체계는 지자체별 특성과 지역주민의 다양한 욕구충족이 어려워 사각지대가 발생할 가능성이 높다. 따라서 사회서비스 시장 활성화를 통해 지역의 청년 · 여성 등 고용 취약계층을 위한 양질의 일자리 확대의 필요성이 대두되고 지역주민의 수요와 서비스 공급자원을 고려하여 지자체가 직접 서비스를 개발하고 제공할 수 있는 지원 체계를 마련하게 되었다.

서비스 제공 체계를 살펴보면 지자체가 선정된 이용자에게 바우처를 지원하고, 이용자는 서비스를 제공받고 해당 공급자에 바우처를 결제하는 것이다. 중앙부처가 예산 편성의 주체가 되며 지역의 사업기획 · 운영의 자율성 · 책임성을 부여하여

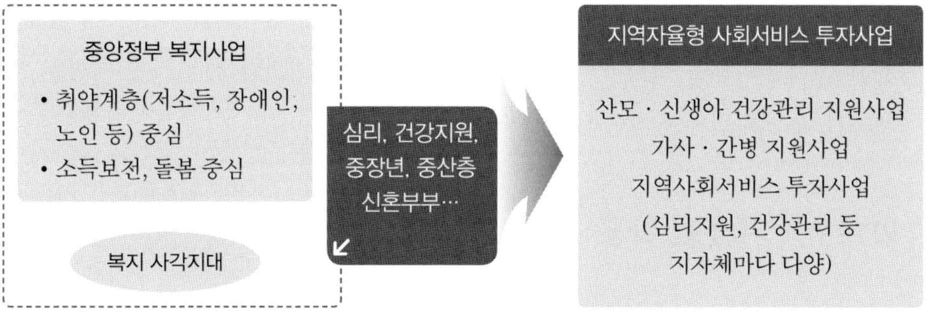

[그림 7-1] 지역자율형 사회서비스 투자사업 추진배경

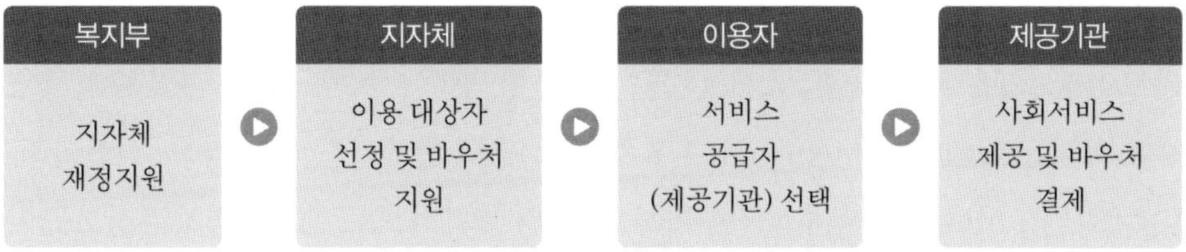

[그림 7-2] 서비스 제공 체계

지역특화발전지원, 지역민 삶의 질 향상, 지역경쟁력 강화를 위한 사업을 효율적으로 운영하기 위한 것이다.

2. 바우처 시스템 운영

1) 사회서비스 전자 바우처 제도

사회서비스 이용권(바우처)이란 「사회서비스 이용 및 이용권 관리에 관한 법률」 제2조 '그 명칭 또는 형태와 상관없이 이용자가 제공자에게 제시하여 일정한 사회서비스를 받을 수 있도록 그 사회서비스의 수량 또는 그에 상응하는 금액이 기재된 증표'를 말한다. 전자바우처(e-바우처)란 사회서비스 이용권을 전자적 또는 자기적 방법으로 신용카드, 체크카드, 실물카드 등에 기록한 이용권이다.

서비스 이용을 원하는 국민은 읍 · 면 · 동에 신청하면 시 · 군 · 구에서 소득 및 욕구조사 후 이용자로 선정되면 국민행복카드가 발급(금융기관 등)된다. 일정 요건을 갖춘 제공기관은 시 · 군 · 구에 제공기관으로 등록 후 서비스를 제공할 수 있다. 이용자는 제공기관을 선택하여 계약을 체결하고 제공기관은 서비스를 제공한 후 이용자가 바우처 결제를 하는 단계로 진행이 된다.

2) 바우처 지급 및 이용

(1) 국민행복카드 발급

국민행복카드는 신용, 체크 등 금융 기능이 있으며, 국가가 제공하는 다양한 바우처 서비스를 한 장의 카드로 통합 이용이 가능한 카드이다. 카드 발급기관은 BC카드(IBK기업은행, NH농협, SC제일은행, 경남은행, 광주은행, 대구은행, 부산은행, 수협은행, 우리은행, 전북은행, 제주은행, 우체국, 하나은행), 롯데카드, 삼성카드, 신한카드, KB국민카드이며 사회서비스 전용카드의 경우 예외적으로 한국사회보장정보원이 발급한다.

발급 대상은 바우처 서비스 이용자뿐만 아니라 국민 누구나 발급 가능하다. 현재 바우처 이용자가 아니어도 국민 누구나 카드사 영업점을 통해 신청 · 발급이 가능하며 카드 기발급자는 향후 바우처 서비스 이용 시 신청절차에 따라 신청하면 서비스 이용이 가능하며 바우처 서비스 이용 종료 후에도 금융카드(신용, 체크)로 계속 사용할 수 있다. 원활한 서비스 이용 및 결제를 위해서는 국민행복카드 발급이 필요하므로 서비스 대상자로 선정될 경우, 만 14~19세 미만은 카드사를 방문하여 체크카드 발급, 만 19세 이상(사회서비스 전용카드 대상자 제외)은 카드 발급을 위한 상담전화에 응대하여야 함을 반드시 안내한다.

(2) 바우처 생성 및 소멸

시 · 군 · 구청장으로부터 서비스 대상자로 결정을 통보받은 후, 서비스 대상자가 실질적으로 서비스를 이용하고 결제할 수 있도록 바우처 카드에 정부지원금을 충전해 바우처를 사용할 수 있도록 권한을 부여한다. 전자바우처시스템(nevs.socialservice.or.kr)을 통해 대상자별 바우처 생성확인이 가능하므로 제공기관은 서비스 제공 전에 서비스 대상자별 바우처 생성여부 및 바우처 잔량을 확인하고 서비스를 제공한다. 미생성자가 있을 경우, 반드시 미생성 사유에 따른 조치 후 서비스를 제공한다. 바우처 생성 시기는 매월 말일 22시에 생성되며, 생성된 바우처는 익일부터 사용이 가능하다. 생성된 바우처는 해당 월의 익월까지는 이월되어 결제가 가능하나 해당 월의 익월 이후에는 소멸되어 바우처 결제가 불가하다. 지역사회서비스 투자사업 연도전환 시(매년 12월 31일)는 모든 바우처 잔량이 소멸 처리된다.

(3) 이용자의 본인부담금 납부 의무

이용자는 서비스를 이용하는 해당 월내에 서비스 가격의 본인부담금을 제공기관에 직접 반드시 납부하여야 한다. 이용자의 본인부담금을 제공기관이 대납하는 경우 제공기관의 본인부담금 미징수로 간주한다. 본인부담금은 기준 정보에 명시된 금액과 다르게 납부받을 수 없으며 제공기관에 계좌입금을 원칙으로 하되, 카드 및 현금 납부도 가능하다. 후원자가 후원금 수혜자를 특정 제공기관 이용자로 한정하거나, 제공기관에서 직접 후원금을 지원하는 행위는 불가하며, 이용자의 본인부담금을 후원할 경우, 후원자가 이용자에게 후원금을 직접 지원하여 이용자가 제공기관을 선택하여 직접 납부하도록 해야 한다.

본인부담금 감면이나 면제의 수단으로 후원금을 이용할 수 없다. 제공기관은 이용자의 이용중단 또는 서비스 미제공분이 발생하면 본인부담금을 환급해야 한다. 환급범위는 이용자의 이용중단 후 또는 서비스 미제공분에 대해 환급한다. 단, 사회서비스 제공기관은 이용자가 무단으로 서비스를 이용하지 않아 서비스를 미제공한 경우에는 해당 서비스의 회당 본인부담금을 환급하지 않을 수 있다. 이용자의 무단결석도 서비스를 미제공한 경우이므로 정부지원금 바우처 결제는 불가하다.

(4) 바우처 사용 중지사유

바우처 중지사유 요건은 ① 대상자 본인의 서비스 중지요청이 있을 경우, ② 대상자가 사망 또는 행방불명 등이 확인된 경우, ③ 대상자의 등급변경으로 자격 탈락, ④ 2개월간 연속하여 바우처결제 실적이 없는 경우, ⑤ 정당하지 않은 사유로 2개월간 연속하여 바우처 결제 실적이 없는 대상자의 경우(정당한 사유: 지자체 통보 지연, 제공기관 등록 지연, 질병으로 인한 입원 및 감염병 감염, 천재지변 등)에 바우처 중지사유가 된다.

(5) 바우처 카드 관련 안내

바우처 카드는 수령 후 반드시 서비스 대상자 또는 보호자가 보관하여야 한다. 카드 분실에 주의하고 분실하는 경우는 즉시 재발급 신청하여야 한다. 바우처 카드에 바우처 이용권이 담겨 있으므로 바우처 카드가 없는 경우, 원칙적으로 서비스 이용이 불가하다. 사회서비스 전용카드의 경우, 별도의 수수료 없이 국고보조금으로 바우처 카드 재발급 비용을 충당하고 있어, 카드 분실로 인한 추가 비용이 발생하지 않도록 바우처 카드 보관에 유의해야 한다. 하나의 바우처 카드로 다양한 사회서비스 전자바우처의 이용이 가능하므로 서비스가 종료되더라도 바우처 카드를 보관하도록 안내한다.

3) 서비스 실시절차

(1) 상담 및 욕구조사

서비스 제공기관은 서비스 이용자를 면담하여 서비스 제공 계획 수립에 필요한 기본 사항인 서비스 제공 일정, 서비스 제공 가능 시간, 이용자의 구체적인 문제, 개인의 욕구, 가구 특성 등을 파악해서 이용자별 서비스 제공계획 수립 시 반영한다.

(2) 이용자별 서비스 제공(이용)계획 수립

상담 시 파악된 이용자 본인 및 보호자의 욕구 등을 고려하여 제공인력이 작성한다. 서비스 유형, 서비스 제공 방법, 제공횟수, 제공자 및 제공인력, 제공 일정, 서비스 가격, 본인부담금 및 납부 방법 등을 필히 기재한다. 실시간 결제 방식에 따라 이용자가 서비스 이용 시마다 반드시 바우처 카드를 소지하여야 하며, 바우처 카드 분실외의 미소지자는 원칙적으로 서비스를 받을 수 없음을 안내한다. 이용자 및 그 가족의 욕구를 최대한 반영하고 제공기관이 제공하는 서비스 내용을 자세히 작성하여 서비스 가격 및 본인부담금을 이용자에게 안내하고, 최종 결정된 내용으로 서비스 일정표와 서비스 제공계획서를 작성한다.

(3) 서비스 제공(이용) 계약

이용자가 서비스를 이용하기 위하여 개별 서비스 제공기관과 서비스 내용, 일정 및 비용 등에 관해 동의를 거치는 과정을 말한다. 주요 계약 내용은 서비스 제공내용, 계약기간, 서비스 비용(본인부담금 포함) 및 지급방법, 손해배상책임, 통지사항 및 개인정보 보호의무 등이며 계약 효력 정지 및 취소(서비스 이용자 및 제공인력에 대한 성추행 등 쌍방 간 부당 · 부정 시 계약 취소: 바우처 계약 중단)사항도 포함된다.

(4) 서비스 실시

이용자의 변화를 측정할 수 있도록 사전 · 후 검사 실시가 필수이다. 제공기관에서 직접 사전 · 사후 검사를 실시한 경우에 한해 바우처 월 지원금의 1회당 금액에 한해 바우처 결제가 가능하다. 제공기관은 검사지(검사내용, 검사결과, 검사자 서명 필수), 평가지(평가내용, 서비스 제공계획 반영 여부, 평가자 서명 필수) 등의 서류를 보관해야 한다. 초기상담기록지는 이용자의 상태를 명확히 알 수 있는 수준으로 성실히 작성된 경우 사전검사로 인정한다. 서비스 제공(이용) 계획 및 일정표에 따라 서비스를 제공한 후, 단말기를 이용한 바우처 카드결제로 서비스 비용을 결제한다.

서비스 제공인력은 서비스 제공 후 반드시 서비스 제공 기록지(대구시 자체서식 [3-10] 참조)를 작성해야 하며, 제공 기록지를 작성하지 않거나 기록하지 않은 사항에 대하여는 서비스 제공 인정이 불가하다. 제공 기록지는 반드시 수기로 작성하며, 집단 프로그램의 경우 서비스 내용은 워드작성이 가능하다. 제공 기록지 작성 시 이용자명, 생년월일, 제공인력명, 서비스 내용, 서비스 제공일자 및 장소 · 시간, 이용자 서명 확인 등은 필수이며 제공기록지에 제공인력 및 이용자(보호자) 서명의 경우 반드시 정자 서명을 해야 한다.

이용자는 기존 서비스 제공기관과 계약 해지 후 새로운 제공기관 이용이 가능하다. 가급적 월단위로 제공기관을 변경하되, 최소 7일 전 통지 후 계약 해지하는 것이 바람직하다. 특별한 사유 없이 계약을 해지하는 경우, 일방이 계약 위반에 따른 책임을 지게 된다. 제공기관 변경 시 기존 제공기관은 7일 내에 바우처를 결제하여야 하며, 변경 제공기관의 제공인력은 바우처 잔량을 반드시 확인 후 서비스를 제공한다. 동일 서비스 제공기관 내에서 제공하는 서비스 내용이나 일정 등을 변경하는 경우는 이용자(보호자)와 제공기관 간 협의를 통해 결정한다. 제공인력이 특정 이용자에 대해 서비스 제공을 거부하는 경우, 제공기관은 이용자와의 상담을 거쳐서 서비스 제공인력 변경이 가능하다.

(5) 서비스 모니터링

제공기관은 반기별로 이용자별 모니터링을 실시하고, 그 결과를 자체양식으로 작성하여 다음 사업연도까지 보관해야 한다(단, 6개월 미만 단기사업은 최소 1회 이상 모니터링 실시). 모니터링 항목은 서비스 이용, 서비스 선택, 서비스 성과, 이용자 의견 등으로 구성하되 지역에 따라 항목을 추가하는 것은 가능하다.

(6) 서비스 종료

서비스가 완료되면 제공된 서비스에 대한 효과를 분석하거나, 초기상담 시 사용했던 검사도구 등을 활용하여 변화 정도를 측정하여 결과를 이용자 및 보호자에게 제공한다. 종료 시기는 개인별 서비스 지원기간 종료, 서비스 제공 계약기간 만료자가 재계약을 원하지 않는 경우, 계약 해지사유가 있거나 서비스 이용자가 사망한 경우, 타 지역으로 전출하는 경우 등이다. 서비스 제공기관이 계약을 해지할 때에는 14일 전에 이용자에게 계약해지를 통지하고, 이용자가 계약을 해지할 때에는 7일 전에 제공기관에 계약해지 통지한다. 이용자 및 이용자의 부모 등 보호자에게 종료일자 및 종료사유 안내문을 발송하고 종결기록지를 작성한다.

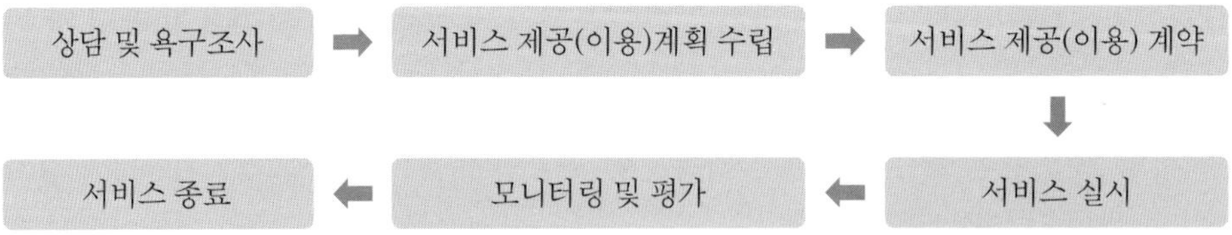

[그림 7-3] 바우처 서비스 실시단계

4) 전자바우처 카드결제

(1) 결제방법

제공인력이 서비스를 제공하고 바우처 전용 결제 단말기를 통하여 결제한다. 결제단말기에 서비스코드 6자리를 입력한 후 제공인력 결제 ID 8자리를 입력하고 대상자 카드를 접촉한 후 서비스 결제금액(정부지원금)을 입력한다. 반드시 실제 서비스를 제공한 인력의 ID를 입력하여야 하며, 이를 위반한 경우 「사회서비스 이용 및

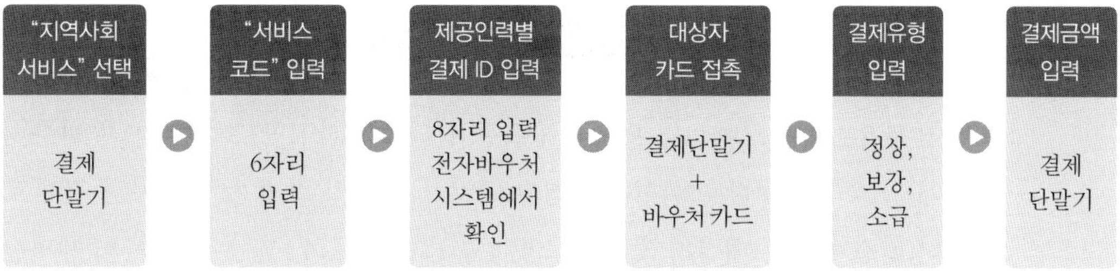

[그림 7-4] 지역사회서비스투자사업 단말기 결제방법

이용권 관리에 관한 법률」 제21조에 따른 부당이득으로 간주한다.

바우처 카드 인식을 위한 NFC칩을 탑재한 안드로이드(Android) 운영체제 사용 스마트폰을 이용한 바우처 결제도 가능하다. 사용 가능한 스마트폰 기종은 전자바우처시스템 공지사항에서 수시로 업데이트하여 사용해야 하며 전자바우처시스템에 등록된 스마트폰만 사용 가능하므로, 스마트폰으로 결제하려는 제공인력은 사전에 스마트폰 정보를 등록해야 한다.

(2) 결제 시기

실시간(회당) 결제로써 '서비스를 제공한 이후 당일'에 결제하되, 서비스를 제공하기 30분 이전부터 결제가 가능하다. 단말기상 정상결제를 체크한 후 대상자 및 서비스별 1일 1회 가능하다. 단, 사업에 따라 시·도에서 정한 1일 서비스 제공 횟수에 따라 결제 가능횟수는 다를 수 있다.

서비스 미제공에도 불구하고 선결제하는 행위는 엄격히 금지하여 부정행위로 해당 금액을 환수조치하게 된다. 회당 결제금액은 회당 서비스 시간과 상관없이 결제 편의상 월당 횟수(N)로 나눈 것이며, 각 회별 서비스 내용을 반영한 실질적 단가가 아니므로, 각 회별 서비스 품질이 저하되지 않도록 관리를 철저히 한다.

서비스 이용 및 제공은 제대로 이루어졌으나 이용자 카드발급 지연, 이용자의 바우처 카드 분실·훼손, 단말기 분실·고장, 단말기 신규신청 후 미수령 상태에서 정상적인 당일 결제를 하지 못한 경우에 한하여 소급결제를 인정한다. 소급결제 사유에 해당하는 경우는 원래 서비스 제공월의 익월(다음 월)까지 가능하나 이용자 카드 단순 미소지로 인한 소급결제는 서비스 당일까지 가능하다. 부득이한 경우 소급결제를 실시할 수 있으나, 소급결제가 다수 발생한 기관은 현장점검 우선 대상으로 지정될 수 있다.

제공기관과 이용자의 합의하에 서비스를 제공하기로 한 날에 서비스를 이용하지 못하는 경우, 원래 서비스를 제공하기로 한 월의 익월까지만 보강을 한 후 바우처 결제가 가능하다. 보강을 실시하는 경우 단말기 결제 시 결제 유형을 '보강 결제'로 선택하고 결제한다. 대상자 및 서비스별 1일 1회만 보강이 인정된다. 특히 유의할 점은 바우처 카드에 바우처 이용권이 담겨 있으므로 바우처 카드가 없는 경우, 원칙적으로 서비스 이용이 불가하다.

(3) 비용 청구 및 지급

제공기관이 전용 단말기(스마트폰 포함)와 바우처 카드를 활용한 결제를 통해 한국사회보장정보원으로 서비스 제공 시마다 실시간으로 청구가 된다. 단, 전용단말기 등을 활용하여 실시간 청구가 불가능한 경우 추후, 예외적으로 해당 지자체의 심사를 거쳐 전자바우처시스템을 통한 예외지급 청구가 가능하다.

한국사회보장정보원은 서비스 제공 비용 청구 제공기관에 대해 월 3회, 10일 단위로 서비스 비용을 지급한다. 단, 매년 1월은 사업비 예탁 일정 등을 감안하여 3차(2월 5일)에만 서비스 비용을 지급한다.

비용 지급은 제공기관 등록 시 시・군・구가 행복e음을 통해 전자바우처시스템에 등록한 계좌로 지급된다. 서비스비용 지급계좌는 제공기관이 법인인 경우는 법인 또는 기관명의 계좌만 가능하고, 개인사업자인 경우 대표자 명의의 계좌 사용이 가능하다.

표 7-1 서비스 제공 비용 정기지급일

구분	서비스비용 청구기간	정기지급일
1차	매월 1～10일	15일
2차	매월 11～20일	25일
3차	매월 21～말일	익월 5일

(4) 과 · 오청구 비용의 반환 등

제공기관은 자체 점검을 통하여 제공인력의 과 · 오청구 여부를 확인하기 위해 서비스 제공계획과 서비스 제공 시간(바우처 결제시간)을 비교하여 제공인력의 실제 서비스 제공 여부 등을 정기적으로 점검한다. 제공기관은 과 · 오청구가 확인되는 경우 지체 없이 전자바우처시스템을 통해 해당 비용을 반환하고 처리결과를 확인한다. 한국사회보장정보원은 과 · 오청구 승인 후 승인일이 속한 서비스 제공 비용 지급 시 과 · 오청구 비용을 차감하고 지급한다.

단계	업무주체	내용
과 · 오청구 반환	제공기관	• 제공기관이 전자바우처시스템을 통해 과 · 오결제한 결제 건을 반납
반납승인 및 비용차감	정보원	• 한국사회보장정보원은 제공기관이 반환한 과 · 오반납 건에 대해 반납승인일이 속한 날짜에 대한 서비스 제공비용 지급 시 차감하고 지급 *지급예정액을 활용한 차감 지급이 가능한 경우, 과 · 오반납 처리가 완료되며, 차감 지급이 불가능한 경우 제공기관으로 직접반납 요청
직접 반납요청	정보원 → 제공기관	• 한국사회보장정보원은 과 · 오반납 건 중 지급예정액으로 차감 지급이 불가능한 건에 대해 제공기관으로 직접 반납을 요청
과 · 오반납 금액 입금	제공기관 → 정보원	• 제공기관은 한국사회보장정보원이 지정한 계좌로 지정된 기한 내에 과 · 오반납 금액을 입금
직접 반납 비용 처리	정보원	• 한국사회보장정보원은 제공기관이 반납한 내역을 전자바우처시스템에 등록하고 반납한 비용을 해당 사업 계좌로 이체 *제공기관이 한국사회보장정보원의 직접 반납요청에 응하지 않을 경우, 한국사회보장정보원은 해당 내역을 관할 지자체로 통보

[그림 7-5] 과 · 오반납 비용 직접처리 절차

(5) 청구비용 적정성 검토

「사회서비스 이용 및 이용권 관리에 관한 법」 제20조 3항의 특별한 사유(부정이 의심되는 이상결제 유형)에 해당되는 청구 건에 대해 매일 지급보류 대상으로 선정한다.

대상자는 지급보류일로부터 14일 이내(토 · 일 · 공휴일 포함), 정상결제를 객관적으로 증빙할 수 있는 소명자료를 시스템으로 제출하거나 청구철회 등록을 한다. 마감일 이후에는 소명자료(사실확인서, 서비스 제공 사실을 객관적으로 증빙할 수 있는 제반 서류) 제출 또는 청구철회 등록이 시스템으로 자동 차단되며, 해당 건은 '부적정'으로 확인된다.

(6) 예외지급

제공인력이 서비스 이용 후 결제매체(바우처 카드, 단말기)를 통한 정상적인 결제가 불가능한 경우에 한해 제공기관의 결제 없이 예외적으로 비용을 지급하는 제도가 예외지급이다.

실시간 결제가 불가한 상황에 대해 소명할 수 있는 청구공문 및 증빙서류를 제출하고 전자바우처시스템을 통해 신청 · 승인 · 지급 처리한다.

전자바우처시스템 중단으로 인해 바우처가 소멸되었거나, 미생성 또는 오생성된 경우, 제공기관은 정보원에서 전자바우처시스템에 별도로 공지하는 예외지급청구 안내에 따라 청구공문 및 증빙서류를 제출하고, 전자바우처시스템으로 예외지급을 신청한다. 사회보장정보원은 제공기관의 청구공문이 접수되면 증빙서류 심사 후 전자바우처시스템을 통해 예외지급을 승인한다.

5) 제공인력

(1) 제공인력교육

제공기관의 장은 사회서비스 품질 향상을 위하여 기관의 장과 관리책임자를 포함한 제공인력에 대해 일정 수준 이상의 교육과 훈련을 받을 수 있도록 하여야 하며, 해당 지자체 및 지역사회서비스 지원단은 이를 지원 또는 관리 · 감독한다. 필수 교육훈련 시간은 기존 제공기관장 및 관리책임자는 8시간이며, 신규 제공기관 인력은 최초로 서비스를 제공한 날로부터 1년 내에 총 12시간(공통-기본교육 4시간 포함)

을 이수하여야 한다. 단, 등록된 서비스의 제공인력 자격 기준을 충족하는 자로서 사회복지사, 안마사, 언어재활사 등 관련법령에 따라 보수교육 이수로 지역사회서비스 교육을 인정한다.

(2) 인력의 배치 및 자격기준

인력 배치기준은 제공기관의 장 1명, 관리책임자 1명, 세부 서비스별 제공인력 1명 이상으로 정해져 있다 다만, 보건복지부장관이 지역여건 및 사업의 특성을 고려하여 고시하는 세부 사업의 경우는 별도 인력 배치기준을 적용한다. 제공기관의 장은 관리책임자를 겸직할 수 있으며, 제공기관의 장 또는 관리책임자가 제공인력 자격기준을 갖춘 경우에는 서비스는 제공 가능하나, 별도의 제공인력을 배치하여야 한다.

(3) 제공기관 등록기준

제공기관은 사업수행에 필요한 서비스 제공 전용면적 33m^2 이상 공간 및 별도 사무실 시설(이용정원 10명 이상인 경우 1명당 3.3m^2 추가 확보)을 확보한 후 신청이 가능하다. 단, 집단 서비스의 경우 집단 프로그램실별 면적 기준을 준수해야 한다. 10명 미만인 경우 33m^2 확보, 10명 이상인 경우 1명당 3.3m^{2}를 추가로 확보(예시: 36.3m^2)해야 한다(면적기준 2021년 신규 등록 기관부터 적용)

서비스 이용자가 18세 미만의 아동인 사업의 경우 보건 · 위생 · 안전 · 환경 및 교통편의 등을 충분히 고려하고 아동복지법시행규칙 별표 제1호 가목에 따라 「청소년 보호법」 제2조 제5호에 따른 청소년 유해업소가 50m 주위에 없는 쾌적한 환경이 유지되는 곳에 설치되도록 안내하여야 한다. 아동이 이용하는 서비스를 제공하는 기관 중 50m 주위에 청소년 유해업소가 소재하고 있는 곳은 이용아동 보호 대책을 마련하고 시설 이전 및 신규 시설 등록의 경우 위의 기준에 따른다.

(4) 기관 등록 전 예비기관 사전 교육(4시간) 이수 필수

대구시에 최초로 등록하는 예비기관, 타 시 · 도에 등록하는 제공기관의 대표자, 관리책임자는 분기에 1회(연 4회) 실시되는 교육을 받아야 한다. 교육기관은 대구지역사회서비스지원단이며 홈페이지에서 교육 신청을 하여야 한다. 교육내용은 사업

이해, 서비스별 기준정보 안내, 등록 절차와 구비서류 안내 등이다.

3. 이용자 선정

1) 이용자 신청

신청권자는 사회서비스 이용 발급대상자, 발급대상자의 친족 또는 법정대리인(후견인), 담당공무원이 직권신청(반드시 보호자의 동의필요)할 수 있다. 시 · 도 또는 시 · 군 · 구는 분기별 집행계획을 수립하여 이용자를 모집하고, 가급적 사업시작 시기(1~2월)만이 아니라 분기별로 이용자 모집을 하여 연중 발생하는 수요 및 연계기관(정신건강복지센터, 드림스타트센터, 의료급여)의 연계에 대응하여야 한다. 신청은 주민등록상 거주지 읍 · 면 · 동 행정복지센터에 직접 방문하여 신청하여야 하며 읍 · 면 · 동 담당자는 이용자 준수사항에 대한 안내 및 개인정보 활용 동의를 받아야 한다.

제출서류는 사회보장급여 제공(변경) 신청서, 사회서비스 이용자 준수사항 안내 확인 동의서류, 건강보험료 고지서 등, 의사소견서, 비만 지수 · 심리 검사결과 확인서, 추천서 등 지방자치단체의 장이 사업별로 이용자 선정에 필요하다고 인정하여 요구하는 증빙서류를 갖추어야 한다. 단, 의사진단서 및 소견서, 처방전, 임상심리사 · 청소년상담사의 소견서의 경우 신청일 기준 6개월 이내 발급된 것이어야 한다.

이용자 선정을 위해 신청자의 장애 여부 및 정도, 건강상태, 주거 여건 등을 파악할 필요가 있는 경우 상담 및 욕구조사를 실시하나 이용자 편의 등을 위해 욕구조사는 가급적 간소화한다. 읍 · 면 · 동 담당자가 직접 수행함을 원칙으로 하며, 필요시 희망복지지원단, 정신건강복지센터, 드림스타트센터 등에 의뢰하는 것이 가능하다. 다만, 서비스 성격상 제공기관이 직접 수행하는 것이 보다 바람직한 경우 서비스 제공기관에 욕구 조사를 의뢰하는 것도 가능하다.

소득 조사를 위해 가구원 수를 산정하는 경우 가구원의 범위는 세대별 주민등록표에 기재된 자로서 서비스이용자를 기준으로 생계와 주거를 같이 하는 배우자, 2촌 이내의 직계존비속 및 그 배우자(아동의 경우 형제자매 포함)가 해당된다. 생계나 주거를 같이 하는 배우자(사실혼 관계포함) 또는 부모·형제(특히 아동의 경우)는 주민등록을 달리하더라도 가구원에 포함된다. 서비스이용자가 건강보험 가입자인 경우 서비스이용자의 주민등록표에 기재된 자로만 가구원으로 산정하고 소득조사를 실시한다.

2) 이용자 선정

이용자 선정에 있어 우선순위는 서비스별 특성에 따른 주요 수요 계층, 지역의 사회서비스 시장화 정도, 지자체의 예산 상황 등을 종합적으로 고려하여 시·도 또는 시·군·구에서 결정한다. 선정기준은 해당 서비스별로 지방자치단체의 장이 정한 서비스 이용기준을 충족하는 자로 이용자 선정에 따른 시·군·구의 행정력 낭비를 막기 위해 해당 만 나이를 별표 생년기준에 따라 운영한다. 이용자의 본인부담금 결정을 하는데, 최소 본인부담금 적용을 통한 이용자의 책임성을 강화하고 서비스가 반드시 필요한 사람의 이용을 유도하기 위하여 사업별로 최소 10% 이상의 본인부담금을 책정한다.

주소지 관할 시·군·구청장은 읍·면·동장이 행복e음에 입력한 소득, 연령, 욕구 판정 결과 등을 종합하여 예산 범위 내에서 자율적으로 이용자를 선정한다. 시·군·구청장은 행복e음을 통해 이용자 선정결과를 매월 27일 18시까지 전자바우처 시스템으로 전송한다. 단, 긴급하게 서비스가 필요하거나 전월 결정분이 미전송된 대상자에 대해서는 매월 10일까지 전송일 다음날부터 바로 서비스를 이용할 수 있도록 바우처가 생성된다.

주소지 관할 시·군·구청장은 읍·면·동장이 행복e음에 입력한 소득, 연령, 욕구 판정 결과 등을 종합하여 예산 범위 내에서 자율적으로 이용자를 선정한다. 시·군·구청장은 행복e음을 통해 이용자 선정결과를 매월 27일 18시까지 전자바우처 시스템으로 전송한다. 단, 긴급하게 서비스가 필요하거나 전월 결정분이 미전송된 대상자에 대해서는 매월 10일까지 전송일 다음날부터 바로 서비스를 이용할 수 있도록 바우처가 생성된다.

주민등록지 관할 시·군·구청장은 신청일로부터 14일 이내에 적합, 대상제외 결과를 신청자에게 통보한다. 단, 조사시간이 더 걸리는 등 14일 이내에 보낼 수 없는 부득이한 사유가 있는 경우에는 그 사유를 구체적으로 밝혀 신청일부터 30일 이내에 통보하는 것도 가능하다. 적합 판정을 받은 경우 서비스 내용, 서비스 제공기관 현황, 이용자 준수사항, 바우처 가격, 정부지원금, 본인부담금액, 납부방법, 서비스 이용절차 등을 포함한 사회복지서비스 이용안내문을 이용자에게 통보한다.

욕구, 소득, 연령 등 이용에는 적합하나 예산부족에 따라 '대상제외' 통보된 신청자의 경우 행복e음을 통해 대기자로 선정해서 관리하고 향후 추가 예산확보 시 별도의 재신청 절차 없이 우선순위에 따라 담당자가 직권으로 상정하여 선정할 수 있다. 대기자 관리는 당해 연도 사업을 기준으로 실시하고 대기자 명단은 주기적으로 확인하여, 복지부에 보고하고 대기자 해소 및 관리에 적극적으로 대처한다.

구분	주체	내용	비고
신청 및 접수 (읍·면·동)	본인·부모 또는 그 밖의 관계인, 담당공무원	• 신청서 및 이용자 유의사항 안내 동의서 등 작성 제출	–제1호 서식
상담 및 욕구 조사 (읍·면·동)	읍·면·동 담당자	• 행복e음을 통한 선정 –예산 상황 등 우선 순위를 감안하여 선정	–소득, 연령, 가구원 조사 –사업별 일반 요건 확인 (증빙서류 업로드)
소득 조사 (시·군·구)	시·군·구 담당자	• 신청서 및 이용자 유의사항 안내 동의서 등 작성 제출	–부적합의 경우 그 사유를 명시
이용자 선정 (시·군·구)	시·군·구 담당자	• 한국사회보장정보원에 선정 결과 전송(매월 27일 18:00까지) • 대기자 관리 –선정요건에는 부합하나 예산부족에 따른 대상제외자	–예산상황을 감안 우선 순위에 따라 직권으로 재신청
통지 (시·군·구, 읍·면·동)	시·군·구 담당자	• 신청자에 선경결과 통지	–제2호 서식 –제10호 서식

[그림 7-6] 이용자 선정 절차

3) 이의신청

사회서비스이용권 발급 결정에 대하여 이의가 있는 자(본인, 부모, 보호자, 법정대리인)는 그 결정 결과를 통지받은 날로부터 60일 이내에 이의를 제기할 수 있다.

이의신청서를 작성하여 시 · 군 · 구청장에게 제출하면 시 · 군 · 구청장은 15일 이내에 이를 검토하고 처분이 위법 · 부당하다고 인정되는 때에는 시정하고 그 밖의 필요한 조치를 하여야 한다.

시장 · 군수 · 구청장은 이의신청에 대하여 결정을 한 때에는 결정서를 작성하여 지체 없이 이의신청인에게 보내야 한다.

4) 서비스 지원기간 및 이용자격

지방자치단체의 장은 사업계획 수립 시 표준모델을 참고하여, 서비스 성격, 지역 여건 등에 따라 서비스 지원기간을 자율적으로 정하되 서비스 지원기간은 최대 1년을 초과할 수 없다. 개별 사업별 서비스 지원기간은 반드시 기준정보(사업계획)에 반영하여 관리한다.

이용자 선정 후 이용자의 서비스 이용자격 기간은 서비스 개시월로부터 서비스별 지원기간이다(예: 서비스 지원기간이 12개월인 사업의 경우 3월에 이용자로 선정된 사람은 4월이 서비스 개시월이며, 익년 3월까지 서비스 이용이 가능).

이용자의 자격 소멸 시점은 서비스 개시 월부터 시작되며, 이용자가 서비스를 받지 않았더라도 이용자 지원기간이 지나면 이용자격이 소멸되어 서비스를 제공받을 수 없다.

이용자가 동일 서비스에 대해 1회만 서비스를 제공받는 것을 원칙이지만, 서비스 효과 극대화 및 사회서비스 시장화 도모 등 지속 지원의 필요성이 높은 서비스에 대해 지방자치단체의 장이 추가로 서비스를 제공받을 수 있도록 해 주는 제도이다. 재판정 대상사업 및 재판정 기간에 대해서는 반드시 사업별 기준정보에 반영하여 관리한다.

재판정 절차는 ① 시 · 군 · 구의 서비스 이용 종료자 확인, ② 이용자 재신청, ③ 이용자 자격해지, ④ 시 · 군 · 구청장 재판정 및 선정, ⑤ 이용자 선정통보 순이다.

5) 자격변동(전 · 출입)

다른 지역으로 전출할 경우, 기존 지역에서 취득한 이용자 자격은 상실되고 전입지에서 재심사하여 선정되어야 한다.

재신청 가능여부 및 잔여기간, 전체 서비스 제공여부는 예산 여건, 신청자의 서비스 이용내역 등을 검토하여 해당 시 · 군 · 구청장이 자율적으로 결정한다.

기존 지역에서 생성된 바우처는 전출입 신고일 기준 해당 월까지 바우처 사용이 가능하고 이후에는 결제가 불가능함에 유의한다.

4. 지역사회투자서비스 사업의 실제

1) 2022년 대구지역사회서비스 투자사업

2022년 대구지역사회서비스 투자사업은 12개의 서비스로 구성되어 있으며 향후 청년마음 건강 바우처가 신설되어 진행될 계획이다. 12개의 서비스를 살펴보면 부모-아동 상호관계 증진서비스, 아동 · 청소년 바른자세교정 통합운동서비스, 부모코칭 프로그램 당당한 맘, 펀펀(Fun, Fun)한 맘, 노인정서치유서비스 '마음건강 지킴이', 아동정서발달 및 치유지원서비스, 약물도박중독가정 기능회복 토탈케어서비스, 장애인 보조기기 렌탈서비스, 아동 · 청소년 심리지원서비스, 가족관계 회복을 위한 솔루션 프로그램 '소중한 가족, 통하는 가족', 시각장애인 안마서비스, 정신건강 증진 서비스, 노인 운동서비스 '황금빛 뇌(腦)인생' 등이 현재 시행되고 있다.

2022년 대구지역사회서비스투자사업 현황

순번	사업명	2021년		2022년		비고
		코드	구·군	코드	구·군	
1	부모–아동 상호관계 증진서비스	170104	8개 구·군	170104	8개 구·군	
2	아동·청소년 바른자세교정 통합운동서비스	160104	8개 구·군	160104	8개 구·군	
3	부모코칭 프로그램 당당한 맘, 펀펀(Fun, Fun)한 맘	990404	8개 구·군	990404	8개 구·군	
4	노인정서치유서비스 '마음건강 지킴이'	100104	8개 구·군	100104	8개 구·군	
5	아동정서발달 및 치유지원서비스	030404	8개 구·군	030404	8개 구·군	
6	약물도박중독가정 기능회복 토탈케어서비스	990204	8개 구·군	990204	8개 구·군	
7	장애인 보조기기 렌탈서비스	070101	8개 구·군	070101	8개 구·군	
8	아동·청소년 심리지원서비스	010904	8개 구·군	010904	8개 구·군	
9	가족관계 회복을 위한 솔루션 프로그램 '소중한 가족, 통하는 가족'	992304	8개 구·군	992304	8개 구·군	
10	시각장애인 안마서비스	080504	8개 구·군	080504	8개 구·군	
11	정신건강증진서비스	090104	8개 구·군	090104	8개 구·군	
12	노인 운동서비스 "황금빛 뇌(腦)인생"	990604	8개 구·군	990604	8개 구·군	
13	청년마음건강바우처사업(2022년 6월 신설)			990301	8개 구·군	

사업별 효과성 검사도구(서비스 제공 전 단계 및 후 단계 총 2회 실시)

사업코드	사업명	효과성 검증	
		성과지표	검사도구
170104	부모–아동 상호관계 증진서비스	부모의 양육태도척도 증진 영유아 발달 수준 향상 신규 고용인력 수 추가 서비스 구매액 서비스 만족도	부모양육태도, 부모–자녀유대관계척도 한국유아발달검사

160104	아동청소년 바른자세 교정 통합운동서비스	움직임기능테스트 밸런스척도 좌우뇌밸런스테스트 인지능력검사척도	fms검사 biodex밸런스기기 좌우뇌밸런스검사지 mcat-c종합인지능력검사
990404	부모코칭프로그램 '당당한 맘 펀펀(Fun,Fun)한 맘'	자아존중감척도 부모자녀 간 의사소통척도 양육스트레스척도 서비스만족도	자아존중감검사 부모자녀의사소통검사 양육스트레스설문지검사 만족도조사
100104	노인정서치유서비스 '마음건강 지킴이'	노인고독감 감소 우울감 감소 자아존중감 향상 서비스 만족도 신규고용인력	고독감척도검사 우울감척도검사 자아존중감척도검사 만족도검사
030404	아동정서발달 및 치유 지원서비스	정서적 안정감 향상, 사회성, 대인관계, 자아존중감	K-CBCL (아동청소년 행동평가척도) KPRC, 킴스이고그램등 SSRS 사회성척도, SEI자아존중감척도, Mood Survey 등 정서적안정척도등
990204	약물 · 도박 중독가정 기능회복토탈케어 서비스	생리심리사회적 기능회복	자가진단, 변화단계, 금단, 우울증, 스트레스척도
070101	장애인 보조기기 렌탈서비스	신체불편 정도	이용자설문
010904	아동청소년 심리지원 서비스	발달 및 문제행동 개선	k-BSID-II등, PRES, SELSI등, K-WISC, PEP-R등, KPRC, K-CBCL, SMS, 아동불안척도, 자아개념검사, U-TAP, KISE-BAAT, P-FA, CDI, Scale, SSP, SCT, OSMSE-R, KOSECT, PPVT, CARS 등
080504	시각장애인 안마 서비스	일상생활 수행능력 향상	ADL검사, 만족도검사

992304	가족관계 회복을 위한 솔루션 프로그램‘ 소중한 가족, 통하는 가족’	부모자녀 간 의사소통 척도(PACI) 부모자녀 양육 스트레스 서비스 만족도	PACI(Parent-Adolescent Communication Inventory), Abidin(1990)의 PSI ① 13세 이하: 부모관련 스트레스 척도-안미현과 유안진(1995) 초등학교 아동의 일상생활에서 경험하는 스트레스 척도 중 15문항의 부모관련 척도 (4점 척도) ② 14세 이상: 조용주(2010), 청소년의 가족스트레스와 스마트폰 중독간의 관계 논문에서 사용한 ‘가족 스트레스’ 관련 7문항 (5점 척도)
090104	정신건강증진 서비스	자립능력 향상 정서적 안정 긍정적 대인관계	G.A.F척도, 자기관리기술척도, 자아존중감척도, 정서적 및 사회적 고립 척도, 정신건강사정평가
990604	노인 운동서비스 황금빛 뇌(腦)인생’	체격 유지 근기능 증진 평형성 증진 유연성 증진 심폐지구력 증진 협응력 증진 인지기능 향상 정신건강 증진	신체 질량 지수(BMI) 측정 근력 측정(악력, 아령 들고 팔 굽히기 등) 평형성 측정 (의자에 앉아 3미터 표적 돌아오기) 유연성 측정 (앉아서 윗몸 앞으로 굽히기 등) 심폐지구력 측정 (6분 걷기, 2분 제자리 걷기) 협응력 측정(8자 보행) 치매 선별용 간이정신상태 검사 (MMSE-DS) 노인 우울 척도-단축형(GDS-SF)

2) 바우처 제공기관의 소회

(1) 서류 준비의 어려움

우리 기관은 2013년부터 바우처 제공기관으로 상담을 진행해 오고 있다. 당시에는 바우처 제도가 정립되기 시작하던 시기로서 바우처 제도에 대해 모르는 사람이 더 많았다. 그러다 보니 찾아다니는 서비스가 요구되었다. 바우처 제도를 설명하고 어떻게 신청하는지, 진행은 어떻게 해야 하는지 일일이 안내하여 제도에 참여하게 하는 개척의 시기였다. 따라서 이 당시에 바우처를 시행하는 기관도 많지 않았으며 심지어 예산이 남아 있으니 대상자를 물색하라는 공문이 올 정도였다. 그 후 제공기관이 난립하여 제공기관 간 경쟁이 심화되어 이용자 유치경쟁이 치열해지면서 바우처에 관한 규정이 엄격해지고 행정의 중요성이 부각되었다. 매년 지도점검이 있어 점검 시 서류준비를 하는 것에 대한 어려움을 호소해 보지만, 관에서는 보이는 행정으로 판단할 수밖에 없다는 답변만 돌아온다. 서류를 위한 상담서비스인지, 내담자에게 다가가기 위한 상담서비스인지 혼란스러워 때로는 심리상담자로서 딜레마에 빠지기도 한다. 바우처 제공시 뒤따르는 규제나 점검사항 등은 상담자에게 많은 혼란과 심적인 부담을 느끼게 한다.

(2) 다양한 서비스에 대한 제한

상담자로서 내담자의 문제에 개입하여 도움을 주는 방법은 무척 다양하지만 바우처 제도는 그 다양성을 인정하지 않는다. 바우처 제공 과정상 준수사항에는 이용자 유치를 목적으로 금전, 물품, 향응, 노무, 그 밖의 이익을 제공할 수 없다고 되어 있다. 예를 들어, 바우처에서 아동, 청소년 심리지원의 제공시간은 50분이다. 상담관계에 몰입하다 보면 어느새 50분이 넘을 수가 있지만 초과시간은 과다서비스로 규정에 어긋나는 것이 된다.

우리는 배가 고프면 음식을 먹고 포만감으로 즐거움을 느낀다. 기관운영자이자 상담자로서 오랫동안 기관을 방문하는 내담자에게 직접 떡볶이를 만들어 주었다. 나의 정성이 정서적 포만감에 도움을 줄 수 있을 것이라는 믿음이 있었기 때문이다. 실제로 학교로부터 가출한 청소년을 의뢰받아 3개월의 상담을 진행하였다. 사전 그림검사에서 절단된 나무둥치만 그렸던 학생이 사후검사에서 잎이 무성하고 아름찬 나무그림으로 감동을 주었다. 이때 떡볶이는 단순한 음식이 아닌 세상으로부터 고립감을 느끼던 이 소년의 마음을 움직이는 상담자의 진심 어린 관심이었다. 그런데 바우처 제공자 입장에서는 떡볶이가 그 밖의 이익에 해당하기 때문에 이용자에게 대접을 하면 안 된다고 하여 중단하였다. 지금은 공공기관에서도 찾아가는 서비스를 지향하지만 바우처는 찾아가는 서비스를 지양하고 있다. 대부분의 서비스가 제공기관을 방문해서 진행되며 교통편의를 제공하는 것도 금지된다. 우리 센터에서는 부모님의 부담을 줄여 주고 안전하게 센터를 이용할 수 있도록 차량을 운행하였다. 2020년경부터 차량운행이 운송법에 위반된다고 하면서 차량운행이 금지되고 부모님의 부담을 덜어드리지 못해 운영자로서 마음이 불편하다. 2년 전에 상담자로서 대구시 지역사회서비스 지원단에서 실시하는 바우처 수기부문에 응모하여 우수상을 수상하였다. 이용자는 가족솔루션 바우처 신청자로 어머니의 가출로 아버지가 세 자녀의 양육에 어려움을 겪으며 바우처를 신청하였다. 이 중 막내는 초등학교 1학년으로 학교 등교를 하지 않으려 해서 아버지가 힘들어 했다. 저자는 아침 8시가 되면 아이를 깨우러 갔다. 아버지는 6시에 출근하고 누나들은 이미 등교한 방에서 아이는 이불을 감싸고 일어나려 하지 않았다. 옷과 양말을 챙겨 입히면서 아이가 새 양말을 좋아한다는 사실을 알게 되어 양말을 한 뭉치 사서 매일 아침 새 양말을 신기면서 아이를 일으켜 학교에 태워다 준 후 일과를 시작했다. 한 달 정도 지나니 아이가 학교 가는 것이 안정되었다고 아버지가 두고두고 고마움을 표현했다. 상담자로서 이렇게 케이스에 맞게 접근해야 한다고 생각하지만 이 또한 서비스 규정에 어긋난다는 지적을 받았다.

물론 무한경쟁으로 인한 무분별한 호객행위를 규제하려는 취지는 이해 못할 바 아니지만 상담자의 가장 중요한 덕목인 내담자와의 관계에서 맺어지는 진정성이라는 것을 고려할 때 바우처 제도의 경직성은 아쉬움이 많다. 그럼에도 불구하고 바우처 제도는 저소득층의 심리정서 문제해결을 돕고 조화로운 삶을 영위하기 위한 비용경감에 매우 유용한 국가지원제도이다.

(3) 상담자에게 요구되는 역량

2022년 5월 현재 대구시 지역사회서비스 지원단에 등록된 사설 심리상담센터는 392개소이며 미등록기관을 합하면 500여 개의 사설 심리상담센터가 영업 중에 있다고 추정된다. 사설 상담센터 운영자는 공익성과 수익성을 높이기 위해 이용자 유치에 힘을 써야 한다. 내담자의 초기방문 시 면접은 매우 중요하여 초기면접 결과에 따라 센터 이용이 결정된다. 저자는 지금까지 모든 초기면담을 다른 상담자나 직원에게 맡기지 않고 직접 진행하는 방식을 고수하고 있다. 센터를 방문하는 모든 내담자의 얼굴과 이름을 익히려고 노력한다. 마주치는 이용자나 이용자의 보호자에게 이름을 불러 주며 소소한 관심을 표현하는 것에 내담자는 존중받는다고 느낀다.

(4) 상담서비스에 대한 지속적 평가

사설 상담센터 운영자는 이용자가 어떤 내용의 상담서비스에 만족하는지, 객관적이고 타당한 상담서비스품질 측정에 관심을 가져야 한다. 그렇기 때문에 매년 바우처를 활용하고 나면 상담서비스품질 효과성을 측정하고 있다. 상담센터를 처음 선택할 경우에는 센터의 시설이나 물리적 환경이 영향을 미칠 수 있지만 이용하는 과정에서는 무엇보다도 내담자 중심의 서비스가 서비스품질을 평가하는 데 더 크게 작용하고 있는 것으로 나타났다(채강수, 2020). 즉, 이용자들은 상담센터의 서비스 제공자들이 얼마나 자신의 문제에 공감해 주는가, 자신의 문제에 얼마나 잘 반응해 주는가의 정도에 따라 서비스품질을 평가하게 된다. 이용자들은 다른 내담자에게만 상담자가 친밀하게 대한다고 느끼면 서운함을 느끼는 경우가 많아 각별히 신경을 써야 하는 부분이다.

저자가 운영하는 기관에서는 신규로 상담자를 채용하는 경우에 상담자의 전문성도 중요하지만 내담자에 대한 동정심과 이타심, 서비스정신을 높게 평가하게 된다. 이용자들은 전문적 상담기술과 더불어 자신의 문제에 더 잘 반응하고 관심을 기울이는 상담자를 더 선호하기 때문이다.

(5) 상담서비스 만족도를 높이는 방법

사설 상담센터에서 바우처를 이용할 때 상담회기, 시간, 비용, 결제방식 등은 바우처 규정에 정해진 규정에 반드시 따라야 한다. 하지만 바우처 이외의 상담도 많이 진행되는바 이때는 이용자와 조율하고 의논되어야 하는 요소로서 세심한 주의가 요구된다. 이용자는 상담자가 약속시간을 잘 지키며 다른 센터에 비해 비용이 저렴하고 시간을 연장하여도 비용을 추가하지 않을 때 서비스품질이 높다고 지각한다. 상담센터 직원들의 친절한 응대, 예약의 변경을 쉽게 허용, 내담자의 요구에 맞춰 시간을 조정, 이용자의 경제사정을 고려하여 상담비용을 조정, 내담자 간 어색한 만남이 되지 않도록 상담간격을 두고 시간을 정함 등 이용자를 존중하고 배려한다고 느낄 때 상담만족도가 높았다(채강수, 2020).

상담센터를 운영하려면 상담자의 자세도 중요하지만 운영자로서 마케팅 접근이 필요하다. 상담센터를 운영해 보면 많은 사람이 타인의 추천으로 오게 된다는 것을 알 수 있다. 추천을 하는 사람 대부분이 이전의 내담자이다. 실제로 이혼가정의 3형제를 바우처를 이용하여 상담을 진행한 적이 있었는데, 첫아이를 학교에서 연계하여 상담을 진행한 어머니는 상담자를 신뢰하여 둘째, 셋째까지 바우처를 이용하여 상담을 진행하면서 주변에 입소문을 내 주었다. 이런 어머니는 자동적으로 센터의 홍보대사가 되는 것이다. 이처럼 긍정적인 구전광고는 수익성을 유지하는 중요한 열쇠이다. 그러나 이러한 사람들이 심리상담 서비스를 통해 도움을 받지 못하고, 어떤 방법이나 태도로 인해 불공정한 대우를 받았다고 느끼면, 지역사회 내에서 서비스에 대한 불만을 토로하고 이는 나쁜 소문이 된다. 저자가 운영하는 기관에서는 매월 둘째 주 화요일 간담회 시간을 지정하여 상담 과정의 애로점, 성취경험 등에 대한 피드백을 주고받는다. 내담자의 부정적 감정의 전파가 긍정적 감정보다 강하게 전달되어 의도치 않게 큰 손상을 입을 수 있으므로 진정성 있는 관계를 맺는 것이 중요함을 강조한다.

(6) 상담자의 소진

이용자가 만족하고 그로 인해 재이용을 하거나 타인에게 소개하는 과정은 사설 심리상담센터를 운영하는 데 있어 매우 중요한 요소이다. 하지만 내담자의 만족에만 치중하다 보면 상담센터에서 가장 중요한 요소인 상담자에 대한 압박과 그로 인한 소진 등이 발생할 가능성이 높다. 지나치게 내담자 중심 업무처리는 상담자 소진이라는 개인문제를 발생시키고 이는 내담자에게도 부정적인 영향을 미치게 된다. 운영자는 이를 예방하기 위해서 상담관계를 시작하기 전에 상담의 목적과 목표, 상담에서 사용되는 기법, 상담에서 서로 지켜야 할 규칙, 상담관계에 영향을 미칠 수 있는 여러 가지 제한점에 대해 미리 내담자에게 알려 주어야 한다. 또한 상담자가 동료나 수퍼바이저에게 조언이나 자문 심리치료 등을 통해서 상담자 존중과 소진을 예방하기 위한 과정이 있어야 할 것이다.

현재 상담자들은 어느 분야에서도 볼 수 없는 고학력자들임에도 불구하고 열악한 근무환경과 저보수에 힘든 상황이다. 정부정책을 통해서 공공 상담센터의 상담자뿐 아니라 수많은 사설 상담센터 상담자가 안정적인 보수를 통해 자신의 일에 긍지를 가지고 상담자의 역량을 발휘할 수 있도록 관심을 기울여 줄 것을 희망한다.

요약

바우처 제도는 저소득층의 심리정서 문제해결을 돕고 조화로운 삶을 영위하기 위한 비용이 저렴한 매우 유용한 국가지원제도이다. 그러나 전문가로서의 상담자는 이러한 사회서비스 제도에 낯설어 하기에 제도의 내용을 자세하게 소개하였다. 실제로 상담바우처 기관이 되어 일하기 위한 준비와 과정, 서비스 제공, 평가 과정이 모두 서류 작업으로 이루어지기 때문에 이러한 내용들을 세세하게 제시하였다. 경제적 어려움이 있는 분들이 전문적인 상담서비스를 받을 수 있도록 바우처 상담기관과 상담자들은 개방적이고 적극적 자세로 임해야 함을 강조한다.

참고문헌

채강수(2020). 사설심리상담센터의 상담서비스 품질이 내담자의 재이용의도에 미치는 영향: 작업 동맹 및 만족도의 매개효과. 대구대학교 박사학위논문.

대구지역사회서비스지원단(2022). 2022년도 대구지역사회서비스 투자사업 안내.

보건복지부(2022). 2022년도 지역사회서비스 투자사업 안내.

부록

■ 사회서비스 이용 및 이용권 관리에 관한 법률 시행규칙 [별지 제1호서식] 〈개정 2020. 3. 10.〉

사회서비스 제공자 등록신청서

※ 제2쪽의 작성방법을 참고하시기 바라며, [ ]에는 해당되는 곳에 '✓' 표시를 합니다. (3쪽 중 제1쪽)

<table>
<tr><td>접수번호</td><td colspan="2">접수일</td><td>처리기간</td><td>30일</td></tr>
<tr><td>① 서비스 종류</td><td colspan="4"></td></tr>
<tr><td colspan="5">사회서비스 제공자</td></tr>
<tr><td rowspan="3">② 신청인
(대표자)</td><td colspan="3">성명(법인 · 단체는 대표자)</td><td>주민등록번호</td></tr>
<tr><td colspan="3">법인 · 단체명</td><td>법인등록번호</td></tr>
<tr><td colspan="3">주소</td><td>전화번호</td></tr>
<tr><td>③ 기관명</td><td colspan="3"></td><td>사업자등록번호(고유번호)</td></tr>
<tr><td rowspan="2">④ 소재지</td><td colspan="4">주소</td></tr>
<tr><td>전화번호</td><td colspan="2">팩스번호</td><td>전자우편주소</td></tr>
<tr><td>⑤ 설립구분</td><td colspan="4">[ ] 국가 [ ] 지방자치단체 [ ] 법인( ) [ ] 개인 [ ] 기타( )</td></tr>
<tr><td>⑥ 시설기준</td><td colspan="2">시설면적
m²</td><td colspan="2">설비 · 비품</td></tr>
<tr><td>⑦ 인력기준</td><td colspan="2">기관장 및 관리책임자
총 명</td><td colspan="2">제공인력
총 명</td></tr>
<tr><td>⑧ 기관장</td><td>성명</td><td colspan="2">자격</td><td>경력</td></tr>
<tr><td>⑨ 관리책임자</td><td>성명</td><td colspan="2">자격</td><td>경력</td></tr>
<tr><td>⑩ 지급계좌</td><td>예금주</td><td colspan="2">은행명</td><td>계좌번호</td></tr>
</table>

「사회서비스 이용 및 이용권 관리에 관한 법률」 제16조제1항 전단 및 같은 법 시행규칙 제7조제1항에 따라 위와 같이 사회서비스 제공자 등록을 신청합니다.

년 월 일

신청인 (서명 또는 인)

시장 · 군수 · 구청장 귀하

<table>
<tr><td>신청인
제출서류</td><td>1. 「사회서비스 이용 및 이용권 관리에 관한 법률 시행규칙」 제7조제2항 각 호에 따른 서류(외국인인 경우에만 해당합니다)
2. 「사회서비스 이용 및 이용권 관리에 관한 법률 시행규칙」 제9조에 따른 등록기준을 충족하는지를 확인할 수 있는 서류(인력의 자격증 사본, 근로계약서 등) 각 1부</td><td rowspan="2">수수료
없음</td></tr>
<tr><td>담당 공무원
확인사항</td><td>1. 법인 등기사항증명서(법인만 해당합니다)
2. 건물등기부등본</td></tr>
</table>

210mm×297mm[백상지(80g/m²) 또는 중질지(80g/m²)]

〈부록〉 [아동청소년심리지원서비스 소견서 요약본]

<table>
<tr><th colspan="6">신청자</th></tr>
<tr><td>이름</td><td colspan="2"></td><td></td><td>성별(◯ 체크)</td><td>남 여</td></tr>
<tr><td>연령</td><td>만 세</td><td>학년</td><td></td><td>보호자</td><td></td></tr>
<tr><th colspan="6">소견 요약</th></tr>
<tr><td>아동의
주 문제</td><td colspan="5">※ 아동의 욕구(문제행동)의 종류에 체크하세요(중복 ✓ 가능)
① 주의력결핍 및 과잉행동장애 □ ② 정서적 어려움: 불안, 우울, 공포, 불안정 애착 □
③ 사회성결여: 사회적 위축, 자기표현 및 대인관계의 어려움 □
④ 발달장애 경계 1: 언어문제 □ ④ 발달장애 경계 2: 인지문제 □
⑤ 반항, 품행장애, 비행 등 □ ⑥ 기타(그 밖의 문제행동:) □</td></tr>
<tr><td rowspan="3">사용한
검사도구
(2가지)</td><td colspan="2">검사도구</td><td>정상범위/
백분위</td><td>평가결과
(점수)</td><td>참고점수
(하위 척도의 점수)</td></tr>
<tr><td>부모보고</td><td></td><td></td><td></td><td></td></tr>
<tr><td>전문가보고</td><td></td><td></td><td></td><td></td></tr>
<tr><td colspan="6">※ 보기 중 각 영역에서 한 개 이상의 검사도구를 사용하여 검사하고 그 결과를 위 란에 기재하시오. [보기] 부모보고 검사도구는 K-CBCL, K-ARS, RCMAS, -PRC, -CYP, PRES/SELSI, KPI-C, MMPI(다면적 인격검사) 중 필수로 하나 선택/전문가보고 검사도구는 K-WISC-IV 지능검사/K-ABC2 필수로 하나 선택함</td></tr>
<tr><td rowspan="2">평가소견</td><td colspan="5">(소견 및 치료의 주관적 서술)</td></tr>
<tr><td colspan="5">(소견의 주관적 평가: 해당되는 번호에 ✓)
① ② ③ ④ ⑤ ⑥ ⑦ ⑧ ⑨ ⑩
← 심각 양호 →</td></tr>
<tr><th colspan="6">검사기관</th></tr>
<tr><td>기관명</td><td colspan="2"></td><td>기관연락처</td><td colspan="2"></td></tr>
<tr><td>기관주소</td><td colspan="5"></td></tr>
<tr><td>작성자 이름</td><td colspan="2"></td><td>작성자 자격번호</td><td colspan="2"></td></tr>
<tr><td>작성자 이메일</td><td colspan="2"></td><td>작성자 연락처</td><td colspan="2"></td></tr>
</table>

위 소견이 사실임을 증명합니다.

년 월 일

작성자: ____________ (인)

※ 첨부: 검사결과지 각 1부

〈부록〉 [제32호 서식]

초 기 상 담 기 록 지(지역사회서비스 투자사업)

<table>
<tr><td>관리번호</td><td></td><td>성명</td><td></td><td>상담일시</td><td>. . .(:)</td></tr>
<tr><td rowspan="2">생년월일</td><td rowspan="2"></td><td rowspan="2">상담
장소</td><td rowspan="2">□ 가정방문
□ 기관내방
□ 기타
( )</td><td rowspan="2">전화번호</td><td>(집)</td></tr>
<tr><td>(H.P)</td></tr>
<tr><td>주 소</td><td colspan="3"></td><td rowspan="2">보호자
연락처</td><td rowspan="2"></td></tr>
<tr><td>보호자</td><td colspan="3">관계( )</td></tr>
<tr><td>대상구분</td><td colspan="3">□ 수급자 □ 한부모가정 □ 다문화가정
□ □ □</td><td>서비스가격</td><td>본인부담금: 원
정부지원금: 원</td></tr>
<tr><td>상담내용</td><td colspan="5">□
–
□
–
□ 기타
–</td></tr>
<tr><td>상담결과
및
조치사항</td><td colspan="5">□
□
□
□</td></tr>
<tr><td colspan="6">〈안내사항〉</td></tr>
<tr><td colspan="6">제공기관: 상담자: (서명)</td></tr>
</table>

※ 본 양식은 예시로서 제공기관의 사정에 따라 임의 변경하여 사용할 수 있음

〈부록〉

서비스 제공계획서

<table>
<tr><td>이름</td><td></td><td>생년월일</td><td>. . .</td></tr>
<tr><td rowspan="2">주소</td><td rowspan="2"></td><td rowspan="2">연락처</td><td>(집) ☎</td></tr>
<tr><td>(휴) ☎</td></tr>
<tr><td>서비스명</td><td></td><td>제공 방법</td><td>재가방문: 1:1 지도
기관방문: 10명 단위 집합교육</td></tr>
<tr><td>서비스목적</td><td colspan="3"></td></tr>
<tr><td>서비스내용</td><td colspan="3"></td></tr>
<tr><td>서비스제공</td><td colspan="3">□ 서비스 제공: 월 회(주 회)/회당 분
□ 제공일정: 매주 요일(시 분에서 ~ 시 분까지)</td></tr>
<tr><td rowspan="2">서비스가격</td><td colspan="3">□ 서비스가격: 원
–정부지원금: 원 (바우처 지원)
–본인부담금: 원</td></tr>
<tr><td colspan="3">□ 납부방법
–본인부담금: 서비스 개시전 이용자가 제공기관에 사전납부(납부방법: 계좌이체, 카드결제, 현금)
▶납부계좌: ○○○–○○○○–○○○–○○, ○○은행 (예금주: ○○○○제공기관)
–정부지원금(바우처 지원)
▶실시간 결제 서비스: 서비스가 제공된 경우만 결제(미출석 시 바우처 카드 결제불가, 단 보강실시하고 결제가능)</td></tr>
<tr><td>계약기간</td><td colspan="3">년 월 일 ~ 년 월 일</td></tr>
<tr><td colspan="4">〈서비스 제공계획〉</td></tr>
<tr><td colspan="2">□
□</td><td colspan="2">□</td></tr>
<tr><td colspan="2">제공기관명 :</td><td colspan="2">제공인력 : (서명)</td></tr>
</table>

〈부록〉 [3-10] 서비스 제공 기록지 (반드시 수기로 작성해야 하며, 집단 프로그램의 경우 서비스 내용은 워드작성 가능)

서비스 제공 기록지(월)

제공기관명: 　　　　　　　　　　　　　　　　　　20 　. 　. 　. ~ 20 　. 　. 　.

○이용자 성명		○생년월일		○제공인력	

제공횟수 (월/일) (시작/종료)	제공 장소	서비스 내용	이용자 (서명)	제공인력 (서명)
회차 (/) (:) (:)			*이용자 (보호자) 반드시 정자서명*	*제공인력 반드시 정자서명*
회차 (/) (:) (:)				
회차 (/) (:) (:)				
회차 (/) (:) (:)				
회차 (/) (:) (:)				

비고 (종합의견)	제공인력 (서명)
서비스 실시 변경, 보강 등 결제 상 사유가 있을 경우 상세히 기록후 이용자 정자서명 필수	제공인력이 여러 명일 경우 모두 정자서명

〈부록〉 [3-13]

서비스 종결 기록지

서비스명					
이용자명		생년월일		성별	
서비스 이용 기간					
종결 사유					
서비스 내용					
성과	초기상황 (계획 및 목표)		종결상황 (목표달성 정도 및 진전사항)		
담당자 의견					
결과	□ 서비스 연장 □ 서비스 종결 □ 서비스 연계(연계 서비스:) (연계 기관:)				
종결 후 계획					
기타					

종결일자: 년 월 일

제공기관: 담당자: (서명)

이용자(보호자): (서명)

〈부록〉

2. 진단검사척도(예시)

예시	BDI: 백 우울척도– 자기진단 검사(Beck Depression Inventory): 청소년

1. (0) 나는 슬픔을 느끼지 않는다.
(1) 나는 항상 슬프고 그것을 떨쳐 버릴 수 없다.
(2) 나는 슬픔을 느낀다.
(3) 나는 너무나도 슬프고 불행해서 도저히 견딜 수 없다.

2. (0) 나는 앞날에 대해 특별히 낙담하지 않는다.
(1) 나는 앞날에 대해서 별로 기대할 것이 없다고 느낀다.
(2) 나는 앞날에 대해 기대할 것이 아무것도 없다고 느낀다.
(3) 나의 앞날은 암담하여 전혀 희망이 없다.

3. (0) 나는 실패감 같은 것을 느끼지 않는다.
(1) 나는 다른 사람들보다 실패의 경험이 더 많다고 느낀다.
(2) 나의 살아온 과거를 되돌아보면 나는 항상 많은 일에 실패를 했다.
(3) 나는 한 인간으로서 완전히 실패했다고 느낀다.

4. (0) 나는 전과 다름없이 일상생활에서 만족하고 있다.
(1) 나의 일상생활은 전처럼 즐겁지가 않다.
(2) 나는 더 이상 어떤 것에서도 실제적인 만족을 얻지 못한다.
(3) 나는 모든 것이 다 불만스럽고 지겹다.

5. (0) 나는 특별히 죄의식을 느끼지 않는다.
(1) 나는 많은 시간 동안 죄의식을 느낀다.
(2) 나는 대부분의 시간 동안 죄의식을 느낀다.
(3) 나는 항상 죄의식을 느낀다.

6. (0) 나는 내가 벌을 받고 있다고 느끼지 않는다.
(1) 나는 내가 벌을 받을지도 모른다고 느낀다.
(2) 나는 벌을 받아야 한다고 느낀다.
(3) 나는 현재 내가 벌을 받고 있다고 느낀다.

7. (0) 나는 내 자신에 대해 실망하지 않는다.
(1) 나는 내 자신에 대해 실망하고 있다.
(2) 나는 내 자신을 역겨워하고 있다.
(3) 나는 내 자신을 증오한다.

8. (0) 나는 내가 다른 사람보다 못하다고 생각하지 않는다.
(1) 나는 나의 약점이나 실수에 대해 내 자신을 비관하는 편이다.
(2) 나는 나의 잘못에 대해 항상 내 자신을 비난한다.
(3) 나는 주위에서 일어나는 모든 잘못된 일에 대해 내 자신을 비난한다.

9. (0) 나는 자살할 생각 같은 것은 하지 않는다.
(1) 나는 자살할 생각은 하고 있으나 실제 실행하지는 않을 것이다.
(2) 나는 자살하고 싶다.
(3) 나는 기회만 있으면 자살하겠다.

10. (0) 나는 전보다 더 울지는 않는다.
(1) 나는 전보다 더 많이 운다.
(2) 나는 요즈음 항상 운다.
(3) 나는 전에는 자주 울었지만 요즈음은 울래야 울 기력조차 없다.

11. (0) 나는 전보다 화를 더 내지는 않는다.
(1) 나는 전보다 쉽게 화가 나고 짜증이 난다.
(2) 나는 항상 화가 치민다.
(3) 전에는 화를 내게 했던 일인데도 요즈음은 화조차 나지 않는다.

12. (0) 나는 다른 사람에 대한 흥미를 잃지 않고 있다.
(1) 나는 다른 사람들에게 흥미를 덜 느낀다.
(2) 나는 다른 사람들에 대하여 거의 흥미를 잃었다.
(3) 나는 다른 사람들에 대하여 완전히 흥미를 잃었다.

13. (0) 나는 전과 같이 결정하는 일을 잘 해낸다.
(1) 나는 어떤 일에 대해 결정을 못 내리고 머뭇거린다.
(2) 나는 어떤 결정을 할 때 전보다 더 큰 어려움을 느낀다.
(3) 나는 이제 아무 결정도 내릴 수가 없다.

14. (0) 나는 전보다 내 모습이 나빠졌다고 느끼지 않는다.
(1) 나는 내 용모에 대해 걱정한다.
(2) 나는 남들에게 매력을 느끼게 할 용모를 지니고 있지 않다.
(3) 나는 내가 추하고 불쾌하게 보인다고 생각한다.

15. (0) 나는 전과 다름없이 일을 잘 할 수 있다.
(1) 어떤 일을 시작하려면 전보다 더 힘이 든다.
(2) 어떤 일을 시작하려면 굉장히 힘을 들이지 않으면 안 된다.
(3) 나는 너무 지쳐서 아무런 일도 할 수가 없다.

16. (0) 나는 전과 다름없이 잠을 잘 잔다.
(1) 나는 전처럼 잠을 자지 못한다.
(2) 나는 전보다 한두 시간 빨리 잠이 깨며, 다시 잠들기가 어렵다.
(3) 나는 전보다 훨씬 빨리 잠이 깨며, 다시 잠들 수가 없다.

17. (0) 나는 전보다 더 피곤하지 않다.
(1) 나는 전보다 더 쉽게 피곤해진다.
(2) 나는 무슨 일을 하든지 곧 피곤해진다.
(3) 나는 너무나 피곤해서 아무 일도 할 수가 없다.

18. (0) 내 식욕은 전보다 나빠지지 않았다.
(1) 내 식욕이 전처럼 좋지 않다.
(2) 내 식욕은 요즈음 매우 나빠졌다.
(3) 요즈음에는 전혀 식욕이 없다.

19. (0) 요즈음 나는 몸무게가 줄지 않았다.
(1) 나는 전보다 몸무게가 줄은 편이다.
(2) 나는 전보다 몸무게가 많이 줄었다.
(3) 나는 전보다 몸무게가 너무 많이 줄어서, 건강에 위협을 느낄 정도이다.

20. (0) 나는 전보다 건강에 대해 더 염려하지는 않는다.
(1) 나는 두통, 소화불량 또는 변비 등의 현상이 잦다.
(2) 나는 내 건강에 대하여 매우 염려하기 때문에 제대로 일을 하기가 어렵다.
(3) 나는 내 건강에 대하여 너무 염려하기 때문에 다른 일을 거의 생각할 수가 없다.

21. (0) 나는 요즈음도 이성에 대한 관심에 변화가 없다고 생각한다.
(1) 나는 이전보다 이성에 대한 흥미가 적다.
(2) 나는 요즈음 이성에 대한 흥미를 상당히 잃었다.
(3) 나는 이성에 대한 흥미를 완전히 잃었다.

0~9점: 우울하지 않은 상태

10~15점: 가벼운 우울 상태

16~23점: 중한 우울 상태(아동청소년심리지원서비스, 아동정서발달지원서비스 대상자)

24~63점: 심한 우울 상태(아동청소년심리지원서비스, 아동정서발달지원서비스 대상자)

〈부록〉

예시	불안장애

개정판 아동불안척도(Revised Children's Manifest Anxiety Scale: RCMAS, Reynolds & Richmondu, 1978, 1985)

척도내용	1) Taylor(1953)의 Manifest Anxiety Scale for Adult의 아동용 버전이며, 0~19세 아동·청소년을 대상으로 불안장애 평가에 가장 널리 사용되는 자기보고형 척도 2) 다양한 불안과 관련된 증상을 평가할 수 있도록 고안되었으며, 모두 37문항으로 자신에 대하여 어떻게 생각하고 느끼는가에 대해 '예–아니요' 중 하나를 선택하여 대답하도록 되어 있음.
실시방법	자기보고식. 자신의 상태를 3개 문장 중 하나에 표시하도록 함.
채점방법	1) 각 문항에서 '예'를 1점, '아니요'를 '0'점으로 환산 2) 4의 배수 문제는 반대로 '예'를 0점, '아니요'를 1점으로 환산하여 총 점수를 산출
해석지침	총점수를 산출하여 그 점수가 높은 아동일수록 불안 증상이 심함을 나타냄. 총점 25점 이하 정상, 26점~33점 불안감 경도에서 중증도, 34점 이상 불안장애 의심, 전문가의 도움이 필요함. * 아동·청소년심리지원서비스, 아동정서발달지원서비스의 서비스 대상은 26점 이상

※ 다음에는 사람들이 자신에 대하여 어떻게 생각하고 느끼는지에 관한 문항들이 있습니다. 각 문항들을 자세히 읽어 보시고 본인에게 맞는다고 생각되면 '예'에 ✓표시를 하고, 맞지 않는다면 '아니요'에 ✓표시를 하시면 됩니다. 여기에는 정답이 있는 것이 아니므로 단지 자신이 생각하고, 느끼는 대로 답해 주시면 됩니다.

NO	내 용	예	아니요
1	나는 마음을 결정하기가 어렵다.		
2	나는 일이 마음대로 되지 않으면 신경이 날카로워진다.		
3	다른 사람들은 나보다 일을 쉽게 해내는 것 같다.		
4	나는 내가 알고 있는 사람은 모두 다 좋아한다.		
5	나는 숨쉬기 어려울 때가 자주 있다.		
6	나는 걱정을 많이 한다.		
7	나는 겁나는 일들이 많다.		
8	나는 언제나 친절하다.		
9	나는 쉽게 화를 낸다.		
10	나는 부모님이 나에게 뭐라고 하실까 봐 걱정한다.		
11	다른 사람들은 내가 일하는 식을 못마땅하게 생각하는 눈치다.		
12	나는 항상 남에게 좋은 태도로 대한다.		
13	나는 밤에 잠들기가 어렵다.		
14	나는 다른 사람들이 나를 어떻게 생각할까 걱정한다.		
15	나는 다른 사람들과 함께 있을 때에도 혼자 있는 기분이다.		
16	나는 항상 착하다.		
17	나는 속이 자주 메슥거린다.		
18	나는 쉽게 마음이 상한다.		
19	내 손이 땀에 젖어 있다.		
20	나는 모든 사람들에게 항상 친절하다.		
21	나는 자주 피곤하다.		
22	나는 다음에 무슨 일이 일어날까 걱정한다.		
23	다른 사람들은 나보다 행복하다.		
24	나는 어떤 경우에도 진실만을 얘기한다.		
25	나는 무서운 꿈을 꾼다.		
26	나는 남들이 간섭을 하면 쉽게 마음이 상한다.		

27	누군가가 나에게 일을 잘못한다고 말할 것 같다.		
28	나는 절대로 화를 내지 않는다.		
29	나는 가끔 놀라서 잠을 깬다.		
30	나는 밤에 잠자리에 들 때가 무섭다.		
31	나는 학교 공부에 마음을 두기가 어렵다.		
32	나는 해서는 안 되는 말을 결코 하지 않는다.		
33	나는 얌전히 앉아 있지 못하고, 꼼지락거린다.		
34	나는 예민하다.		
35	내 편이 아닌 사람들이 많다.		
36	나는 절대로 거짓말을 하지 않는다.		
37	나는 나에게 나쁜 일이 일어나지 않을까 자주 걱정한다.		

〈부록〉

예시	조기 정신증

■ 조기 정신증 검사(Eppendorf Schizophrenia Inventory: ESI)

<table>
<tr><td>척도내용</td><td>독일의 Mass(2000)가 정신분열증의 주관적 경험을 강조하여 개발한 척도. 정신분열증을 우울증이나 강박증과 같은 다른 정신장애와 정상범위와의 구별을 해 주는 진단적 타당도가 입증되었으며 병의 첫 주관적 징후를 느낀 나이와 연관성이 고려되어 일반 인구에서 정신병의 조기발견을 위해 사용할 수 있는 가능성이 제시됨(권준수 외, 2006: Mass, 2000에서 재인용)</td></tr>
<tr><td>실시방법</td><td>자기보고식. 해당사항을 4점 척도 상에 표시</td></tr>
<tr><td>채점방법</td><td>하위요인
<table>
<tr><td>주의 및 언어 결핍
(Attention and Speech impairment: AS)</td><td>1, 5, 10, 14, 19, 24, 34, 35, 38, 39</td></tr>
<tr><td>모호한 청각
(Auditory Uncertainty: AU)</td><td>2, 6, 11, 15, 20, 25, 29, 30</td></tr>
<tr><td>이상 지각
(Deviant Perception: DP)</td><td>3, 7, 12, 13, 16, 21, 26, 31, 36</td></tr>
<tr><td>관계사고
(Idea of Reference: IR)</td><td>4, 8, 17, 22, 27, 32, 37</td></tr>
<tr><td>솔직성
(FRankness: FR)</td><td>9, 18, 23, 28, 33</td></tr>
</table>
점수를 환산하고 자료 분석에 사용하는 규칙
솔직성(FR)항목과 40번 문항을 제외한 나머지 4개 항목(AS, AU, DP, IR)의 점수를 합산 솔직성 점수가 0점 또는 1점이거나 40번 문항에 '전혀 그렇지 않다'로 답하였으면 신뢰성이 떨어진다고 판단하여 자료 분석에 제외</td></tr>
<tr><td>해석지침</td><td>AS, AU, DP, IR 항목의 합산 점수를 사용하여 초기 정신병 상태 또는 고위험군을 선별하는 절단점은 여러 목적에 따라 달리 사용될 수 있으나, 1차적 선별도구로서 절단점은 29점이 적합한 것으로 보고됨(권준수, 2006), 4개 항목의 합산점수가 29점 이상인 경우 정밀검사가 요구됨.
* 아동 · 청소년심리지원서비스, 아동정서발달지원서비스의 서비스 대상은 29점 이상</td></tr>
</table>

※ 최근 4주(한 달 전부터 현재까지)내에 자신에게 해당이 된다고 생각되면, '매우 그렇다' '상당히 그렇다' '약간 그렇다' 중에서 하나를 골라 ✓표를 해 주세요. 그러나 최근 4주(한 달 전부터 현재까지) 동안 그런 적이 없다면 '전혀 그렇지 않다'에 ✓표를 해 주세요. 복용 중인 약이나 술의 영향이 아닌 실제 자신의 최근 상태에 맞는지 생각한 후 답을 해 주세요. 자신의 경험에 맞지 않더라도 빈칸으로 남겨 놓으시면 안 됩니다.

NO	내 용	전혀 그렇지 않다	때때로 그렇다	자주 그렇다	매우 자주 그렇다
1	주변에서 일어나는 일을 확실하고 명료하게 이해하기가 어렵다.	⓪	①	②	③
2	가끔 내 청력이 너무 민감해지면서 보통 소리들이 매우 크고 날카롭게 들릴 때가 있다.	⓪	①	②	③
3	나는 가끔 다른 사람들에게는 안 보이는 어떤 것들을 눈으로 볼 수 있다.	⓪	①	②	③
4	그럴 리가 없는데 가끔 어떤 사건이나 방송들이 나와 연관이 있는 것 같다.	⓪	①	②	③
5	사람들이 말을 길게 하면 말뜻을 정확히 이해하기 어렵다.	⓪	①	②	③
6	뭔가를 분명히 들었는데도 내가 혹시 상상한 것이 아닌가 하는 의심이 가끔 든다.	⓪	①	②	③
7	테이블이나 의자 같은 평범한 물체가 가끔 이상하게 보일 때가 있다.	⓪	①	②	③
8	가끔 나에 대한 음모(모함)가 있다는 느낌이 든다.	⓪	①	②	③
9	나는 가끔 다른 사람들에 대한 못된 평을 한다.	⓪	①	②	③
10	나는 종종 매우 평범한 말의 의미를 곰곰이 생각해야 한다.	⓪	①	②	③
11	때때로 내 생각, 감정 또는 행동이 다른 존재에 의해 지배되어지는 것 같다.	⓪	①	②	③
12	때때로 내가 움직일 때 내 사지를 제대로 느낄 수 없다.	⓪	①	②	③
13	내 생각을 누가 지켜보는 것 같다.	⓪	①	②	③
14	텔레비전을 볼 때 화면과 대화를 따라가면서 동시에 줄거리를 이해하기가 어렵다.	⓪	①	②	③
15	나는 종종 나도 모르게 어떤 소리들을 목소리로 여긴다.	⓪	①	②	③
16	가끔 내 몸의 일부가 실제 크기보다 작게 보인다.	⓪	①	②	③
17	주변의 물건들이 어떤 특별한 의미가 있는 것처럼 놓여져 있을 때가 있다.	⓪	①	②	③
18	나는 때때로 약간 나쁜 마음을 먹을 때가 있다.	⓪	①	②	③

19	평범한 말들이 가끔 특별하고 이상한 의미를 가질 때가 있다.	⓪	①	②	③
20	가끔 존재하지 않는 사람이나 영적 존재(신, 천사, 악마)의 목소리를 내면적으로 들을 때가 있다.	⓪	①	②	③
21	작은 부분이 전체보다 더 두드러지게 보일 때가 있다(예: 손에서 손가락이 두드러지게 보임)	⓪	①	②	③
22	다른 사람은 인식할 수 없는 특별한 사인이 내게 은밀히 전달될 때가 있다.	⓪	①	②	③
23	어쩌다가 거짓말을 하게 되는 때가 있다.	⓪	①	②	③
24	나의 습관 중 많은 것을 잊어버렸다.	⓪	①	②	③
25	내 내면의 목소리를 마치 다른 사람이 내게 이야기하듯이 뚜렷이 들을 때가 있다.	⓪	①	②	③
26	잠시 동안 내 신체가 변형되는 느낌을 가졌다.	⓪	①	②	③
27	종종 내 주변에 뭔가 이상하고 심상치 않은 일들이 벌어지고 있다는 느낌을 갖는다.	⓪	①	②	③
28	때로 나는 당장 해야 할 어떤 일들을 미룬다.	⓪	①	②	③
29	가끔 내가 만난 사람들을 나중에야 내가 잘 알고 있는 사람이라는 것을 깨닫게 된다.	⓪	①	②	③
30	때로는 다른 사람이 내 생각을 빼앗아가는 것 같다.	⓪	①	②	③
31	주변 사람들이 바쁘거나 말을 하면 나는 이미 내 내면의 평정을 종종 잃어버린다.	⓪	①	②	③
32	어떤 사람들은 내 생각을 특별한 방식으로 읽을 수 있다.	⓪	①	②	③
33	어떤 일들이 내 생각대로 되지 않으면 나는 가끔 기분이 나빠진다.	⓪	①	②	③
34	내가 대화에 적극적으로 참여해서 내 생각을 반영하는 것은 무척이나 힘들다.	⓪	①	②	③
35	흔하고 친숙한 소리들이 가끔은 이상한 방식으로 변해서 들린다.	⓪	①	②	③
36	어떤 특수한 상황에서 나는 다른 사람들의 생각을 읽을 수 있다(예: 텔레파시를 통해).	⓪	①	②	③
37	나는 이미 어떤 의미 있는 폭로가 시작되고 있음을 느낀다.	⓪	①	②	③
38	사람들이 내게 말을 할 때 나는 그 말의 의미를 정확히 파악하는 데 종종 어려움이 있다.	⓪	①	②	③
39	가끔 나는 기억상실이 있는데 그 순간에 내 주변에 무슨 일이 일어났는지 모른다.	⓪	①	②	③
40	나는 위의 모든 질문에 가능한 한 정확하게 대답하였다.	⓪	①	②	③

〈부록〉

예시	자살생각

레이놀즈 자살생각척도
(Reynold Suicidal Ideation Questionnnaire: RSIQ, Reynold, 1987)

척도내용	SIQ는 많은 청소년들이 우울하지는 않지만 자살생각을 보인다는 관찰로부터 제작된 척도로, 자살생각을 측정하는 30문항으로 이루어진 자기보고형 척도.
실시방법	자기보고식. 각 문항에 대해 7점 척도로 평정.
채점방법	1) 각 문항을 0~6점으로 평정 2) 각 문항 점수를 합산하여 총점을 구함
해석지침	1) 점수의 범위는 0~180점 62~72점: 또래집단에 비해 자살생각을 많이 하는 편임(평균 1달에 1번 이상) 77~90점: 또래집단에 비해 자살생각을 상당히 많이 하는 편임(평균 1달에 2~3번) 91점 이상: 또래집단에 비해 자살생각을 매우 많이 함(평균 1달에 3번 이상) * 아동 · 청소년심리지원서비스, 아동정서발달지원서비스의 서비스 대상은 62점 이상

※ 다음에는 사람들이 때때로 할 수 있는 생각들이 제시되어 있습니다. 다음의 문항들을 자세히 읽어 보시고, 지난 달 동안에 당신이 얼마나 자주 그런 생각을 했는지를 '거의 매일 그런 생각을 했다'에서 '전혀 그런 생각을 한 적이 없다'까지 해당되는 번호에 ✓표를 해 주세요.

0. 전혀 생각한 적 없다
1. 전에 그런 생각을 한 적이 있지만, 지난달에는 한 적이 없다.
2. 한 달에 1번
3. 한 달에 2~3번
4. 일주일에 1번
5. 일주일에 2~3번
6. 거의 매일 그런 생각을 했다.

NO	내용							
1	내가 살아있지 않는 편이 차라리 나을 것이라고 생각했다.	⓪	①	②	③	④	⑤	⑥
2	자살을 할까 생각했다.	⓪	①	②	③	④	⑤	⑥
3	어떻게 자살할 것인가에 대해 생각해 봤다.	⓪	①	②	③	④	⑤	⑥
4	언제 자살할 것인가에 대해 생각해 봤다.	⓪	①	②	③	④	⑤	⑥
5	사람이 죽어가는 것에 대해 생각해 봤다.	⓪	①	②	③	④	⑤	⑥
6	죽음에 대해서 생각했다.	⓪	①	②	③	④	⑤	⑥
7	자살할 때 유서에 무엇이라고 쓸 것인가에 대해서 생각했다.	⓪	①	②	③	④	⑤	⑥
8	내가 원하는 것을 유언장으로 만들어 둘 생각을 했다.	⓪	①	②	③	④	⑤	⑥
9	사람들한테 내가 자살하려 한다는 것을 말할까 생각했다.	⓪	①	②	③	④	⑤	⑥
10	내가 없으면 주위 사람들이 더 행복할 것이라고 생각했다.	⓪	①	②	③	④	⑤	⑥
11	만일 내가 자살한다면 사람들이 어떻게 느낄까 생각했다.	⓪	①	②	③	④	⑤	⑥
12	살아 있지 않기를 바랐다.	⓪	①	②	③	④	⑤	⑥
13	모든 것을 끝장내 버리는 게 얼마나 쉬울까 생각했다.	⓪	①	②	③	④	⑤	⑥
14	내가 죽어버리면 모든 문제가 해결될 것이라고 생각했다.	⓪	①	②	③	④	⑤	⑥
15	내가 죽는다면 다른 사람들이 더 편해질 것이라고 생각했다.	⓪	①	②	③	④	⑤	⑥
16	자살할 수 있는 용기가 있었으면 좋겠다.	⓪	①	②	③	④	⑤	⑥
17	나는 애초에 태어나지 않았으면 좋았을 것이다.	⓪	①	②	③	④	⑤	⑥
18	기회가 있다면 자살할 것이라고 생각했다.	⓪	①	②	③	④	⑤	⑥
19	사람들이 자살하는 방법에 대해 생각했다.	⓪	①	②	③	④	⑤	⑥
20	자살 생각을 했지만, 실제 행동으로 옮기지는 않을 것이다.	⓪	①	②	③	④	⑤	⑥
21	큰 사고를 당하는 것에 대해 생각했다.	⓪	①	②	③	④	⑤	⑥
22	인생은 살 가치가 없다고 생각했다.	⓪	①	②	③	④	⑤	⑥
23	내 인생은 너무 형편없이 엉망이어서 더 이상 살아갈 이유가 없다고 생각했다.	⓪	①	②	③	④	⑤	⑥

24	내 존재를 알리는 유일한 방법이 자살하는 것이라고 생각했다.	⓪	①	②	③	④	⑤	⑥
25	내가 자살하고 나면 사람들은 내게 무관심했던 것을 후회하게 될 것이라고 생각했다.	⓪	①	②	③	④	⑤	⑥
26	내가 죽거나 살거나 아무도 관심을 가지지 않을 것이라고 생각했다.	⓪	①	②	③	④	⑤	⑥
27	정말로 자살할 의도는 아니지만 자해하는 것을 생각했다.	⓪	①	②	③	④	⑤	⑥
28	내가 자살할 수 있는 용기가 있을까를 생각했다.	⓪	①	②	③	④	⑤	⑥
29	상황이 더 좋아지지 않으면 자살하겠다고 생각했다.	⓪	①	②	③	④	⑤	⑥
30	자살할 권리가 있었으면 좋겠다.	⓪	①	②	③	④	⑤	⑥

〈부록〉

예시	강점 · 난점 설문지

강점 · 난점 설문지

(Strengths and Difficulties Questionnaire: SDQ-Kr, Robert Goodman, 1997)

척도내용

1) SDQ는 아동청소년의 정신건강 문제를 선별하는 도구로 부모 · 교사형, 청소년용으로 구분되며 총 25문항으로 구성된 척도.
2) '사회지향행동' '과잉행동' '정서증상' '품행문제' '또래문제' 5개 척도로 구성되어 아동청소년의 다양한 증상과 강점을 측정 가능하며, 개입 이전과 이후의 효과를 측정하는 데 사용되기도 함.

실시방법

1) 부모 · 교사(초1, 초4)/자기보고식(초4, 중1, 고1)
2) 해당사항을 3점 척도 상에 표시

채점방법

하위요인

강점	사회지향행동	1, 4, 9, 17, 20	*역점수 문항
난점	과잉행동	2, 10, 15, 21*, 25*	
	정서증상	3, 8, 13, 16, 24	
	품행문제	5, 7*, 12, 18, 22	
	또래문제	6, 11*, 14*, 19, 23	

1) 각 문항에서 '전혀 아니다' 0점, '다소 그렇다' 1점, '분명히 그렇다' 2점으로 환산
2) 역점수 문항은 반대로 환산
3) 각 문항 점수를 합산하여 총점을 구함

해석지침

1) 총 강점 점수는 10점이며, 높을수록 바람직하며, 총 난점의 점수는 40점으로 낮을수록 바람직함.
2) 부모가 작성했을 경우 총점이 17점 이상일 경우, 교사가 작성했을 경우는 16점 이상일 경우, 자기보고일 경우는 20점 이상일 때 개입을 고려할 수 있음.

* 아동 · 청소년심리지원서비스, 아동정서발달지원서비스의 서비스 대상은 2)점수 이상인 경우

하위척도별 해석지침

부모보고

		정상	경계선	개입필요
총점		0~13	14~16	17~40
강점	사회지향행동	6~10	5	0~4
난점	과잉행동	0~5	6	7~10
	정서증상	0~3	4	5~10
	품행문제	0~2	3	4~10
	또래문제	0~2	3	4~10

교사보고

		정상	경계선	개입필요
총점		0~11	12~15	16~40
강점	사회지향행동	6~10	5	0~4
난점	과잉행동	0~5	6	7~10
	정서증상	0~4	5	6~10
	품행문제	0~2	3	4~10
	또래문제	0~2	4	5~10

자기보고

		정상	경계선	개입필요
총점		0~15	16~19	20~40
강점	사회지향행동	6~10	5	0~4
난점	과잉행동	0~5	6	7~10
	정서증상	0~5	6	7~10
	품행문제	0~3	4	5~10
	또래문제	0~3	4~5	6~10

〈부록〉

강점 · 난점 설문지(부모 · 교사 보고형)

각 문항을 읽고 '전혀 아니다' '다소 그렇다' '분명히 그렇다' 중 해당하는 칸에 ✓ 표시해 주십시오. 확신이 서지 않거나 문항의 내용이 어리석게 보이더라도 빠짐없이 대답해 주시면 도움이 되겠습니다. 지난 6개월 또는 이번 학년 동안의 자녀 행동에 근거해서 답해 주십시오.

자녀의 이름: 성별: 남 □ 여 □ 생년월일:

NO	내용	전혀 아니다	다소 그렇다	분명히 그렇다
1	다른 사람의 감정을 배려한다.			
2	차분하지 않고, 부산하며, 오랫동안 가만히 있지 못한다.			
3	자주 두통이나 복통을 호소하거나 몸이 아프다고 한다.			
4	간식, 장난감 또는 연필 등을 기꺼이 다른 아이들과 함께 나눈다.			
5	자주 분노발작을 보이거나, 불같이 성질을 부린다.			
6	주로 홀로 있고, 혼자서 노는 편이다.			
7	일반적으로 순종적이고, 평소에 어른이 시키는 대로 한다.			
8	걱정이 많고, 종종 근심스러워 보인다.			
9	누군가가 다치거나, 몸 상태가 나쁘거나, 아파 보이면 도움을 준다.			
10	언제나 안절부절못하고 꼼지락거린다.			
11	적어도 한 명 이상의 절친한 친구가 있다.			
12	다른 아이들에게 종종 싸움을 걸거나, 괴롭힌다(때리기, 위협하기, 빼앗기).			
13	자주 불행해 보이고, 낙당하며, 눈물이 고인다.			
14	대체로 다른 아이들이 내 자녀를 좋아한다.			
15	쉽게 주의가 분산되고 집중력이 산만하다.			
16	낯선 상황에서는 불안해지거나 안 떨어지려 하고, 쉽사리 자신감을 잃는다.			
17	자신보다 어린 아동들에게 친절하다.			
18	종종 거짓말을 하거나 속인다.			
19	다른 아이들에게 놀림을 받거나 괴롭힘을 당한다.			
20	자주 부모나 선생님, 또는 다른 아이들을 자진해서 돕는다.			
21	곰곰이 생각한 다음에 행동한다.			
22	가정이나 학교 또는 어떤 곳에서 훔친다.			
23	또래 아이들보다 어른들과 더 잘 지낸다.			
24	두려움이 많고 무서움을 잘 탄다.			
25	주어진 일을 끝까지 마치고, 주의력을 잘 유지한다.			

〈부록〉

강점 · 난점 설문지(자기보고형)

각 문항을 읽고 '전혀 아니다' '다소 그렇다' '분명히 그렇다' 중 해당하는 칸에 ✓ 표시해 주십시오. 확신이 서지 않거나 문항의 내용이 어리석게 보이더라도 빠짐없이 대답해 주시면 도움이 되겠습니다. 지난 6개월 또는 이번 학년 동안의 자녀 행동에 근거해서 답해 주십시오.

자녀의 이름: 성별: 남 □ 여 □ 생년월일:

NO	내용	전혀 아니다	다소 그렇다	분명히 그렇다
1	나는 다른 사람들에게 친절히 대하고, 그들의 감정을 배려한다.			
2	나는 차분하지 않고, 오랫동안 가만히 있지 못한다.			
3	나는 자주 두통이나 복통을 느끼고, 몸이 아프다.			
4	나는 CD, 게임기, 또는 간식 등을 기꺼이 다른 친구들과 함께 나눈다.			
5	나는 자주 화를 내고, 분을 참지 못한다.			
6	나는 또래 친구들과 함께 있기보다는 주로 혼자 있는 편이다.			
7	나는 대체로 내가 말한 대로 행동한다.			
8	나는 걱정이 많다.			
9	나는 누군가가 다치거나, 몸 상태가 나쁘거나, 아파 보이면 도움을 준다.			
10	나는 언제나 안절부절못하고 꼼지락거린다.			
11	나는 한 명 이상의 절친한 친구가 있다.			
12	나는 자주 싸우는 편이고, 내가 원하는 대로 다른 사람들이 행동하도록 만든다.			
13	나는 자주 불행을 느끼고, 우울하거나 눈물이 난다.			
14	다른 친구들은 대체로 나를 좋아한다.			
15	나는 쉽게 주의가 분산되고 집중하기 어렵다.			
16	나는 낯선 상황에 긴장하고, 쉽사리 자신감을 잃는다.			
17	나는 나보다 어린 아이들에게 친절하다.			
18	나는 종종 거짓말을 하거나 속인다.			
19	나는 다른 아이들에게 놀림을 받거나 괴롭힘을 당한다.			
20	나는 자주 부모나 선생님, 또는 다른 아이들을 자진해서 돕는다.			
21	나는 곰곰이 생각한 다음에 행동한다.			
22	나는 다른 사람의 물건을 훔친 적이 있다.			
23	나는 또래 아이들보다 어른들과 더 잘 지낸다.			
24	나는 두려움이 많고 쉽게 놀란다.			
25	나는 주어진 일을 끝까지 마치고, 주의집중을 잘한다.			

〈부록〉

▶ 축약형 약물 남용검사

번호	내용	예	아니요
1	당신은 의학적인 사용 이외에 약물을 사용한 적이 있습니까?		
2	당신은 처방약물을 남용한 적이 있습니까?		
3	당신은 동시에 한 약물 이상을 남용한 적이 있습니까?		
4	당신은 약물을 사용하지 않고 주말을 지낸 적이 있습니까?		
5	당신은 언제나 원하면 약물을 끊을 수 있습니까?		
6	당신은 지속적으로 약물을 남용합니까?		
7	당신은 어떤 상황에서는 약물사용을 제한하려고 한 적이 있습니까?		
8	당신은 약물 사용으로 인해서 필름이 끊기거나 기억이 나지 않는 경우가 있습니까?		
9	당신은 약물 사용 시 불쾌합니까?		
10	당신의 배우자나 부모가 당신의 약물사용에 대해 불만을 이야기한 적이 있습니까?		
11	당신의 친구나 친척이 당신의 약물 남용에 대해 알거나 의심합니까?		
12	약물남용이 당신과 배우자 사이에 문제를 야기합니까?		
13	가족 중 누구인가가 당신의 약물문제로 도움을 청한 적이 있습니까?		
14	당신은 약물사용으로 인해 친구를 잃은 적이 있습니까?		
15	당신은 약물사용으로 인해 친구를 등한시하거나 일을 소홀히 한 적이 있습니까?		
16	약물남용으로 인해 직장에서 문제가 된 적이 있습니까?		
17	약물남용으로 인해 실직한 적이 있습니까?		
18	약물의 영향 하에 싸움을 한 적이 있습니까?		
19	약물의 영향 하에 이상한 행동으로 구속된 적이 있습니까?		
20	약물의 영향 하에 운전하여 구속된 적이 있습니까?		
21	당신은 약물을 얻기 위해 불법적인 활동에 가담한 적이 있습니까?		
22	위험한 약물을 소지하여 구속된 적이 있습니까?		
23	강도가 높은 약물의 사용으로 금단증상을 겪은 적이 있습니까?		
24	약물사용으로 의학적인 문제(금전적 손실, 간염, 간질, 출혈 등)를 겪은 적이 있습니까?		
25	당신은 약물 문제로 누군가에게 도움을 청한 적이 있습니까?		
26	약물사용과 관련된 의학적인 문제로 병원에 입원한 적이 있습니까?		
27	당신은 특히 약물치료를 위해 치료프로그램을 받았던 적이 있습니까?		
28	당신은 약물사용과 관련된 문제로 외래치료를 받았던 적이 있습니까?		

▶ 약물남용선별검사 결과 해석

–예: 1점, 아니요: 0점

–4번, 5번, 7번 문항 역문항

–5점 이하: 정상, 6점 이상: 약물남용문제

〈부록〉

▶ 도박중독선별검사

1. 귀하가 도박을 하는 경우, 잃은 돈을 되찾기 위해서 얼마나 자주 도박을 하게 됩니까?	없음 0	가끔 1	대부분 1	매번 1
2. 도박에서 실제로는 그렇지 않은데 돈을 땄다고 이야기한 적이 있습니까?	없음 0	가끔 있음 1	대부분 1	
3. 귀하는 돈을 걸거나 내기를 하는 데 있어 그것이 문제라고 느껴 본 경험이 있습니까?	없음 0	가끔 있음 1	대부분 1	
※ 각각의 질문에 대해 '예' '아니요' 칸에 ✓로 대답해 주십시오.	예 1	아니요 0		
4. 귀하는 의도했었던 것보다 내기나 게임에 시간이나 돈을 더 쓴 적이 있습니까?	예	아니요		
5. 귀하는 도박으로 인해 사람들에게 비난을 받거나 평판이 나빠진 적이 있습니까?	예	아니요		
6. 귀하의 도박하는 방식이나 도박 때문에 벌어진 여러 일로 인하여 죄책감을 느낀 적이 있습니까?	예	아니요		
7. 귀하는 도박을 중단해 보려고 노력했지만, 잘 안 된 적이 있습니까?	예	아니요		
8. 귀하는 배우자나 자녀 또는 다른 중요한 사람들에게 도박한다는 사실이 들통날까 봐 마권, 배팅전표, 복권, 도박관련 자료, 도박할 돈 등을 숨긴 적이 있습니까?	예	아니요		
9. 귀하는 돈을 사용하는 문제와 관련해서 배우자 등 좋아하는 사람들과의 다툼에서 도박이 주요 원인이었습니까?	예	아니요		
10. 도박대문에 누군가로부터 돈을 빌린 후 갚지 못한 적이 있습니까?	예	아니요		
11. 도박으로 인해 직장(학교)에서 일(공부)할 시간을 빼앗긴 적이 있습니까?	예	아니요		
12. 도박할 돈이나 도박 빚을 갚기 위해 살림할 돈(생활비)에서 돈을 구했습니까?	예	아니요		
13. 도박할 돈이나 도박 빚을 갚기 위해 배우자로부터 돈을 구했습니까?	예	아니요		
14. 도박할 돈이나 도박 빚을 갚기 위해 친척이나 친구로부터 돈을 구했습니까?	예	아니요		
15. 도박할 돈이나 도박 빚을 갚기 위해 은행, 금융회사, 신용조합에서 돈을 구했습니까?	예	아니요		
16. 도박할 돈이나 도박 빚을 갚기 위해 신용카드(현금서비스)에서 돈을 구했습니까?	예	아니요		

17. 도박할 돈이나 도박 빚을 갚기 위해 사채업자(고리대금업자)로부터 돈을 구했습니까?	예	아니요
18. 도박할 돈이나 도박 빚을 갚기 위해 주식, 채권, 기타 유가증권 등을 해약해서 돈을 구했습니까?	예	아니요
19. 도박할 돈이나 도박 빚을 갚기 위해 자신 및 가족의 물건, 돈산, 부동산 등을 팔아서 돈을 구했습니까?	예	아니요
20. 도박할 돈이나 도박 빚을 갚기 위해 부도수표를 발행해서 돈을 구했습니까?	예	아니요
	총 점	점

▶ 한국형 도박중독 선별검사(K-SOGS) 해석

한국형 도박중독선별검사도구(K-SOGS)는 병적도박 판별을 위해 임상진단용으로 설계된 것으로 20문항 중 2점 이하는 정상, 3~4점은 문제성도박, 5점 이상으로는 병적도박으로 분류함.

〈부록〉

▶ 위험음주자 선별척도

질문	0점	1점	2점	3점	4점
1. 얼마나 자주 술을 마십니까?	전혀 안 마심	월 1회 미만	월 2~4회	주 2~3회	주 4회 이상
2. 술을 마시는 날은 1번에 몇 잔 정도 마십니까?	전혀 안 마심	소주 1~2잔	소주 3~4잔	소주 7~8잔	소주 10잔 이상
3. 한 번에 좌석에서 소주 1병 또는 맥주 4병 이상 마신 경우는 얼마나 자주 있습니까?	없음	월 1회 미만	월 1회	주 1회	거의 매일
4. 한번 술을 마시기 시작하면 멈출 수 없었던 때가 1년 동안 얼마나 자주 있었습니까?	없음	월 1회 미만	월 1회	주 1회	거의 매일
5. 지난 1년간 평소 같으면 할 수 있었던 일을 음주 때문에 실패한 적이 얼마나 자주 있었습니까?	없음	월 1회 미만	월 1회	주 1회	거의 매일
6. 지난 1년간 술 마신 다음날 일어나기 위해 해장술이 필요했던 적은 얼마나 자주 있었습니까?	없음	월 1회 미만	월 1회	주 1회	거의 매일
7. 지난 1년간 음주 후에 죄책감이 든 적이 얼마나 자주 있었습니까?	없음	월 1회 미만	월 1회	주 1회	거의 매일
8. 지난 1년간 음주 때문에 전날 밤 일이 기억나지 않았던 적이 얼마나 자주 있었습니까?	없음	월 1회 미만	월 1회	주 1회	거의 매일
9. 음주로 인해 자신이나 다른 사람이 다친 적이 있습니까?	없음		지난 1년간 없었음		지난 1년간 있었음
10. 가족/친구/전문가/의사가 당신이 술 마시는 것을 걱정하거나 당신에게 술 끊기를 권유한 적이 있었습니까?	없음		지난 년간 없었음		지난 1년간 있었음

위험음주자 선별척도 검사결과 해석(김종성 외, 1999)

- 9점 이하: 당신의 음주는 아직 위험 수준에는 이르지 않았습니다. 매주 술을 아주 조금밖에 마시지 않으며, 술 때문에 주변 사람들과 문제를 일으키는 일도 없습니다.

- 10점 이상~15점 이하: 습관적으로 과음을 하며 주의가 필요합니다. 자신이 마시는 술의 양과 그로 인해 다른 사람에게 미치는 영향에 좀 더 많은 주의를 기울여야 할 것입니다.

- 16점 이상~19점 이하: 당신의 음주는 현재 해롭고 위험한 수준(남용)에 있습니다. 당신은 매일 술을 마시며, 일시적인 기억상실을 경험하며(지난밤에 있었던 일을 기억하지 못함), 술 마신 뒤 죄책감을 느끼거나 후회를 합니다. 술을 마시기 시작하면 자신이 생각했던 양보다 더 많이 마시거나 그만 마시기가 힘들고, 술을 마셔서 당신이 맡은 역할을 수행하는 데 어려움을 겪고 있습니다(직장에 지각, 결근을 하거나 업무 수행 능력이 떨어짐, 직장을 자주 옮김, 술 때문에 해고당함, 아이들과 약속을 지키지 못함, 부인과 문제가 생김, 친구와 멀어짐 등). 당신은 술로 인해 주변 사람에게 상처를 입히기도 합니다. 일차적으로 술로 인해 문제가 생겼으므로 음주행동에 대한 적절한 조치가 필요합니다.

- 20점 이상~40점 이하: 당신의 음주는 현재 매우 위험한 수준에 있습니다. 알코올 사용 장애 검사의 모든 질문이 자신의 이야기를 하고 있는 것처럼 느껴질 것입니다. 당신은 술을 마셔서 일어나지 못하는 날도 있을 것이며, 다른 모든 일에 대해 문제가 있다고 생각할 것입니다. 과음으로 인해 많은 건강상의 문제를 경험하고 있을 것입니다. 알코올 의존증을 앓고 있을 가능성이 아주 많으며, 전문적인 입원치료가 필요합니다.

♧ 여성과 65세 이상 노인은 7점을 절단점으로 사용하도록 권고하고 있음

〈부록〉

▶ 니코틴 의존검사

문항		대답	점수
1	아침에 일어나서 얼마 만에 첫 담배를 피우십니까?	5분 이내	3
		6~30분 사이	2
		31~60분 사이	1
		60분 이후	0
2	금연구역(도서관, 극장, 병원 등)에서 담배를 참기가 어렵습니까?	예	1
		아니요	0
3	하루 중 담배 맛이 가장 좋은 때는 언제입니까?	아침 첫 담배	1
		그 외의 담배	0
4	하루에 보통 몇 개피나 피우십니까?	10개피 이하	0
		11~20개피	1
		21~30개피	2
		30개피 이상	3
5	오후와 저녁시간보다 오전 중에 담배를 더 자주 피우십니까?	예	1
		아니요	0
6	몸이 아파 하루 종일 누워 있을 때에도 담배를 피우십니까?	예	1
		아니요	0
총점			

채점 방법 및 해석 지침

분류	점수
경한 니코틴 중독	0~3
중증도 니코틴 중독	4~6
심한 니코틴 중독	7점 이상

〈부록〉

▶ 스마트폰 중독 자가진단(청소년용)

<table>
<tr><td rowspan="2">채점 방법</td><td>[1단계]
문항별</td><td>전혀 그렇지 않다: 1점, 그렇지 않다: 2점, 그렇다: 3점, 매우 그렇다: 4점
※ 단, 문항 8번, 10번, 13번은 다음과 같이 역채점 실시
〈전혀 그렇지 않다: 4점, 그렇지 않다: 3점, 그렇다: 2점, 매우 그렇다: 1점〉</td></tr>
<tr><td>[2단계]
총점 및
요인별</td><td>총점 ▶ ① 1~15번 합계
요인별 ▶ ② 1요인(1, 5, 9, 12, 13번) 합계
③ 3요인(3, 7, 10, 14번) 합계
④ 4요인(4, 8, 11, 15번) 합계</td></tr>
<tr><td rowspan="3">고위험 사용자군</td><td colspan="2">총점▶ ① 45점 이상
요인별▶ ② 1요인 16점 이상 ③ 3요인 13점 이상 ④ 4요인 14점 이상</td></tr>
<tr><td colspan="2">판정: ①에 해당하거나, ②~④ 모두 해당되는 경우</td></tr>
<tr><td colspan="2">스마트폰 사용으로 인하여 일상생활에서 심각한 장애를 보이면서 내성 및 금단 현상이 나타난다. 스마트폰으로 이루어지는 대인관계가 대부분이며, 비도덕적 행위와 막연한 긍정적 기대가 있고 특정 앱이나 기능에 집착하는 특성을 보이기도 한다. 현실 생활에서도 습관적으로 사용하게 되며 스마트폰 없이는 한순간도 견디기 힘들다고 느낀다. 따라서 스마트폰 사용으로 인하여 학업이나 대인관계를 제대로 수행할 수 없으며 자신이 스마트폰 중독이라고 느낀다. 또한, 심리적으로 불안정감 및 대인관계 곤란감, 우울한 기분 등이 흔하며, 성격적으로 자기조절에 심각한 어려움을 보이며 무계획적인 충동성도 높은 편이다. 현실세계에서 사회적 관계에 문제가 있으며, 외로움을 느끼는 경우도 많다.
▷ 스마트폰 중독 경향성이 매우 높으므로 관련 기관의 전문적 지원과 도움이 요청된다.</td></tr>
<tr><td rowspan="3">잠재적 위험 사용자군</td><td colspan="2">총점▶ ① 42점 이상~44점 이하
요인별▶ ② 1요인 14점 이상 ③ 3요인 12점 이상 ④ 4요인 13점 이상</td></tr>
<tr><td colspan="2">판정: ①~④ 중 한 가지라도 해당되는 경우</td></tr>
<tr><td colspan="2">고위험사용자군에 비해 경미한 수준이지만 일상생활에서 장애를 보이며, 필요 이상으로 스마트폰 사용시간이 늘어나고 집착을 하게 된다. 학업에 어려움이 나타날 수 있으며, 심리적 불안정감을 보이지만 절반 정도는 자신이 아무 문제가 없다고 느낀다. 다분히 계획적이지 못하고 자기조절에 어려움을 보이며 자신감도 낮게 된다.
▷ 스마트폰 과다 사용의 위험을 깨닫고 스스로 조절하고 계획적인 사용을 하도록 노력한다. 스마트폰 중독에 대한 주의가 요망된다.</td></tr>
</table>

<table>
<tr><td rowspan="3">일반
사용자군</td><td colspan="2">총점▶ ① 41점 이하
요인별▶ ② 1요인 13점 이하 ③ 3요인 11점 이하 ④ 4요인 12점 이하</td></tr>
<tr><td colspan="2">판정: ①~④ 모두 해당되는 경우</td></tr>
<tr><td colspan="2">대부분이 스마트폰 중독문제가 없다고 느낀다. 심리적 정서문제나 성격적 특성에서도 특이한 문제를 보이지 않으며, 자기행동을 관리한다고 생각한다. 주변 사람들과의 대인관계에서도 자신이 충분한 지원을 얻을 수 있다고 느끼며, 심각한 외로움이나 곤란감을 느끼지 않는다.
▷ 때때로 스마트폰의 건전한 활용에 대하여 자기 점검을 지속적으로 수행한다.</td></tr>
<tr><td rowspan="2">채점
방법</td><td>[1단계]
문항별</td><td>전혀 그렇지 않다: 1점, 그렇지 않다: 2점, 그렇다: 3점, 매우 그렇다: 4점
※ 단, 문항 8번, 10번, 13번은 다음과 같이 역채점 실시
〈전혀 그렇지 않다: 4점, 그렇지 않다: 3점, 그렇다: 2점, 매우 그렇다: 1점〉</td></tr>
<tr><td>[2단계]
총점 및
요인별</td><td>총점 ▶ ① 1~15번 합계
요인별 ▶ ② 1요인(1, 5, 9, 12, 13번) 합계
③ 3요인(3, 7, 10, 14번) 합계
④ 4요인(4, 8, 11, 15번) 합계</td></tr>
<tr><td rowspan="3">고위험
사용자군</td><td colspan="2">총점▶ ① 45점 이상
요인별▶ ② 1요인 16점 이상 ③ 3요인 13점 이상 ④ 4요인 14점 이상</td></tr>
<tr><td colspan="2">판정: ①에 해당하거나, ②~④ 모두 해당되는 경우</td></tr>
<tr><td colspan="2">스마트폰 사용으로 인하여 일상생활에서 심각한 장애를 보이면서 내성 및 금단 현상이 나타난다. 스마트폰으로 이루어지는 대인관계가 대부분이며, 비도덕적 행위와 막연한 긍정적 기대가 있고 특정 앱이나 기능에 집착하는 특성을 보이기도 한다. 현실 생활에서도 습관적으로 사용하게 되며 스마트폰 없이는 한 순간도 견디기 힘들다고 느낀다. 따라서 스마트폰 사용으로 인하여 학업이나 대인관계를 제대로 수행할 수 없으며 자신이 스마트폰 중독이라고 느낀다. 또한, 심리적으로 불안정감 및 대인관계 곤란감, 우울한 기분 등이 흔하며, 성격적으로 자기조절에 심각한 어려움을 보이며 무계획적인 충동성도 높은 편이다. 현실세계에서 사회적 관계에 문제가 있으며, 외로움을 느끼는 경우도 많다.
▷ 스마트폰 중독 경향성이 매우 높으므로 관련 기관의 전문적 지원과 도움이 요청된다.</td></tr>
</table>

잠재적 위험 사용자군	총점▶ ① 42점 이상~44점 이하 요인별▶ ② 1요인 14점 이상 ③ 3요인 12점 이상 ④ 4요인 13점 이상
	판정: ①~④ 중 한 가지라도 해당되는 경우
	고위험사용자군에 비해 경미한 수준이지만 일상생활에서 장애를 보이며, 필요 이상으로 스마트폰 사용시간이 늘어나고 집착을 하게 된다. 학업에 어려움이 나타날 수 있으며, 심리적 불안정감을 보이지만 절반 정도는 자신이 아무 문제가 없다고 느낀다. 다분히 계획적이지 못하고 자기조절에 어려움을 보이며 자신감도 낮게 된다. ▷ 스마트폰 과다 사용의 위험을 깨닫고 스스로 조절하고 계획적인 사용을 하도록 노력한다. 스마트폰 중독에 대한 주의가 요망된다.
일반 사용자군	총 점▶ ① 41점 이하 요인별▶ ② 1요인 13점 이하 ③ 3요인 11점 이하 ④ 4요인 12점 이하
	판정: ①~④ 모두 해당되는 경우
	대부분이 스마트폰 중독문제가 없다고 느낀다. 심리적 정서문제나 성격적 특성에서도 특이한 문제를 보이지 않으며, 자기행동을 관리한다고 생각한다. 주변 사람들과의 대인관계에서도 자신이 충분한 지원을 얻을 수 있다고 느끼며, 심각한 외로움이나 곤란감을 느끼지 않는다. ▷ 때때로 스마트폰의 건전한 활용에 대하여 자기 점검을 지속적으로 수행한다.

문항	전혀 그렇지 않다	그렇지 않다	그렇다	매우 그렇다
1. 스마트폰의 지나친 사용으로 학교성적이 떨어졌다.	1	2	3	4
2. 가족이나 친구들과 함께 있는 것보다 스마트폰을 사용하고 있는 것이 더 즐겁다.	1	2	3	4
3. 스마트폰을 사용할 수 없게 된다면 견디기 힘들 것이다.	1	2	3	4
4. 스마트폰 사용시간을 줄이려고 해 보았지만 실패한다.	1	2	3	4
5. 스마트폰 사용으로 계획한 일(공부, 숙제 또는 학원수강 등)을 하기 어렵다.	1	2	3	4
6. 스마트폰을 사용하지 못하면 온 세상을 잃은 것 같은 생각이 든다.	1	2	3	4
7. 스마트폰이 없으면 안절부절못하고 초조해진다.	1	2	3	4
8. 스마트폰 사용시간을 스스로 조절할 수 있다.	1	2	3	4
9. 수시로 스마트폰을 사용하다가 지적을 받은 적이 있다.	1	2	3	4
10. 스마트폰이 없어도 불안하지 않다.	1	2	3	4
11. 스마트폰을 사용할 때 그만해야지라고 생각은 하면서도 계속한다.	1	2	3	4
12. 스마트폰을 너무 자주 또는 오래한다고 가족이나 친구들로부터 불평을 들은 적이 있다.	1	2	3	4
13. 스마트폰 사용이 지금 하고 있는 공부에 방해가 되지 않는다.	1	2	3	4
14. 스마트폰을 사용할 수 없을 때 패닉상태에 빠진다.	1	2	3	4
15. 스마트폰 사용에 많은 시간을 보내는 것이 습관화되었다.	1	2	3	4

〈부록〉

인지 기능 검사(치매 선별용 간이정신상태 검사, MMSE-DS)

<table>
<tr><td>척도 내용</td><td>총 19문항으로 이루어진 인지기능 검사로 우리나라에서 일반적으로 가장 널리 이용되고 있는 치매 선별 검사 도구임</td></tr>
<tr><td>실시 방법</td><td>1) 검사자가 피검자를 대상으로 일대일로 실시함
2) 시간지남력(5점), 장소지남력(5점), 주의력(5점), 기억력(기억등록 3점, 기억회상 3점), 언어능력능력(이름대기 2점, 따라 말하기 1점, 3단계 명령이행 3점), 구성능력(1점), 판단력(2점)되어 각각의 질문에 응답함</td></tr>
<tr><td>책정 방법</td><td>1.각 문항은 2점 척도로서 수행하면 1점, 수행하지 못하면 0점을 줌
2.각 문항 점수를 합산하여 총점을 구함
3.총 19문항, 총점 30점</td></tr>
<tr><td>해석 지침</td><td>
<table>
<tr><th rowspan="2">연령</th><th rowspan="2">성별4</th><th colspan="4">교육 연수</th></tr>
<tr><th>0~3년</th><th>4~6년</th><th>7~12년</th><th>13년 이상</th></tr>
<tr><td rowspan="2">60~69세</td><td>남</td><td>20</td><td>24</td><td>25</td><td>26</td></tr>
<tr><td>여</td><td>19</td><td>23</td><td>25</td><td>26</td></tr>
<tr><td rowspan="2">70~74세</td><td>남</td><td>20</td><td>23</td><td>25</td><td>26</td></tr>
<tr><td>여</td><td>18</td><td>21</td><td>25</td><td>26</td></tr>
<tr><td rowspan="2">75~79세</td><td>남</td><td>20</td><td>22</td><td>25</td><td>25</td></tr>
<tr><td>여</td><td>17</td><td>21</td><td>24</td><td>26</td></tr>
<tr><td rowspan="2">80세 이상</td><td>남</td><td>18</td><td>22</td><td>24</td><td>25</td></tr>
<tr><td>여</td><td>16</td><td>20</td><td>24</td><td>26</td></tr>
</table>
위 표에 제시된 점수 미만일 경우 진단검사로 의뢰함 (치매예방센터 홈페이지)
</td></tr>
</table>

치매 선별용 한국어판 간이정신상태검사(Korean version of MMSE for Dementia Screening: MMSE-DS)

시행일 ____________ 검사자 이름 ____________ 학력 ____________ 성별 ____________

1.	올해는 몇 년도 입니까?	0	1
2.	지금은 무슨 계절입니까?	0	1
3.	오늘은 며칠입니까?	0	1
4.	오늘은 무슨 요일입니까?	0	1
5.	지금은 몇 월입니까?	0	1
6.	우리가 있는 이곳은 무슨 도/특별시/광역시입니까?	0	1
7.	여기는 무슨 시/군입니까?	0	1
8.	여기는 무슨 구/동/읍/면입니까?	0	1
9.	우리는 지금 이 건물의 몇 층에 있습니까?	0	1
10.	이 장소의 이름이 무엇입니까?	0	1
11.	제가 세 가지 물건의 이름을 말씀드리겠습니다. 끝까지 다 들으신 다음에 세 가지 물건의 이름을 모두 말씀해 보십시오. 그리고 몇 분 후에는 그 세 가지 물건의 이름을 다시 물어볼 것이니 들으신 물건의 이름을 잘 기억하고 계십시오.		
	나무　　자동차　　모자		
	이제 ○○○님께서 방금 들으신 세 가지 물건의 이름을 모두 말씀해 보세요.		
	나무	0	1
	자동차	0	1
	모자	0	1
12.	100에서 7일 빼면 얼마가 됩니까?	0	1
	거기에서 7을 빼면 얼마가 됩니까?	0	1
	거기에서 7을 빼면 얼마가 됩니까?	0	1
	거기에서 7을 빼면 얼마가 됩니까?	0	1
	거기에서 7을 빼면 얼마가 됩니까?	0	1
13.	조금 전에 제가 기억하라고 말씀드렸던 세 가지 물건의 이름이 무엇인지 말씀하여 주십시오.		
	나무	0	1
	자동차	0	1
	모자	0	1
14.	(실제 시계를 보여 주며) 이것을 무엇이라고 합니까?	0	1
	(실제 연필을 보여 주며) 이것을 무엇이라고 합니까?	0	1
15.	제가 하는 말을 끝까지 듣고 따라해 보십시오. 한 번만 말씀드릴 것이니 잘 듣고 따라 하십시오.		
	간장공장공장장	0	1
16.	지금부터 제가 말씀드리는 대로 해 보십시오. 한 번만 말씀드릴 것이니 잘 들으시고 그대로 해 보십시오. 제가 종이를 한 장 드릴 것입니다. 그러면 그 종이를 오른손으로 받아, 반으로 접은 다음, 무릎 위에 올려놓으십시오.		
	오른손으로 받는다.	0	1
	반으로 접는다.	0	1
	무릎 위에 놓는다.	0	1
17.	(겹친 오각형 그림을 가리키며) 여기에 오각형이 겹쳐져 있는 그림이 있습니다. 이 그림을 아래 빈 곳에 그대로 그려 보십시오.	0	1
18.	옷은 왜 빨아서 입습니까?	0	1
19.	'티끌 모아 태산'은 무슨 뜻 입니까?	0	1
	총 점		/30

평가자 이름: ____________

COUNSELING

제8장

사설 상담기관에서의 행정 2: 국가사업대행-민간단체에서의 범죄피해자 상담 행정

「범죄피해자보호법」에 규정된 사업내용에 민간단체의 재원을 마련할 수 있게 하여 민간단체에서의 범죄피해자 지원토대를 마련하는 계기를 마련하게 되었다(「범죄피해자보호법」 제12조 및 제33조~40조). 범죄피해상담사는 심리상담 외에 피해자 수사기관 및 법정 동행, 경제적 지원, 긴급구호 및 의료비 지원 등 피해 회복을 위한 기타 활동을 포함하고 있다.

1. 민간단체에서의 범죄피해자 상담의 이해

대한민국의 범죄피해자상담은 범죄피해자의 기본법인 「범죄피해자보호법」 제정으로 활발하게 전개되었다. 「범죄피해자보호법」은 2015년 4월 16일 개정한 후 범죄피해자 보호 · 지원은 검찰 및 경찰 등 관 주도의 적극적인 정책 아래 민간단체로도 영역이 확대되어 활발하게 이루어질 수 있도록 규정하였다. 즉, 「범죄피해자보호법」에 규정된 사업내용에 민간단체의 재원을 마련할 수 있게 하여 민간단체에서의 범죄피해자 지원토대를 마련하는 계기를 마련하게 되었다(「범죄피해자보호법」 제12조 및 제33조~40조). 미국이나 유럽국가에 비해 상대적으로 늦게 출발한 대한민국의 범죄피해자지원은 비교적 단기간에 피해자지원 관련 정책수립을 통해 빠른 성장을 하고 있다. 기존의 민간범죄피해자지원은 주로 아동, 여성, 학교폭력 중심의 지원으로 이루어졌다면 실질적으로 범죄피해자를 통합적으로 지원하는 법무부 등록 피해자 지원 단체는 범죄피해자지원센터와 한국피해자지원협회(Korea Organization for Victim Assistance: KOVA)를 꼽을 수 있을 것이다.

이 장에서는 이하 '한국피해자지원협회(Korea Organization for Victim Assistance: KOVA)'를 '한국피해자지원협회(KOVA)'로 지칭한다. 한국피해자지원협회(KOVA)와 범죄피해자지원센터는 각기 다른 출발점에서 시작하고, 정부 지원 및 운영체계와 활동영역에도 많은 차이를 나타내고 있다. 국가의 필요를 위해 주도적으로 설립된 단체인 범죄피해자지원센터와 달리 한국피해자지원협회는 기존 단체의 한계를 극복하고 심리적 지원에 체계적이고 적극적이라고 할 수 있을 것이다(2016, 김소라). 이에 범죄피해자지원단체이며 본인이 소속된 한국피해자지원협회(KOVA)의 범죄피해자 상담 지원을 중심으로 민간단체에서의 범죄피해자 상담 행정에 대한 전반적인 이해를 넓히고자 한다.

1) 범죄피해자 보호 · 지원 정책

대한민국의 범죄피해자 보호 및 지원 근거 법률은 「범죄피해자보호법」이다. 「범죄피해자보호법」은 국가와 지방자치단체가 범죄피해자를 보호하고 지원하기 위한 기본정책을 정하고 범죄피해자의 복지증진에 기여할 것을 목적으로 다양한 노력을 기울일 것을 '책무'로서 정하고 있다. 또한,「범죄피해자보호법」은 이러한 기본정책들이 제대로 추진될 수 있도록 법무부장관이 범죄피해자 보호·지원에 관한 기본계획을 5년마다 범죄피해자보호위원회의 심의를 거쳐 수립하도록 규정하고 있는데 2007년부터 2021년까지 3회의 기본계획이 시행되었고 2022년부터 제4차 기본계획이 시행될 예정이다(장응혁, 2022). 2010년「범죄피해자구조법」을「범죄피해자보호법」으로 통합하면서 범죄피해자의 보호 및 지원에 관한 기본정책을 수립하였다. 나아가 타인의 범죄행위로 인해 생명이나 신체에 피해를 받은 범죄피해자를 구조하고자 했으며 범죄피해자의 복지증진을 위해 기여하게 되었다. 즉, 대한민국의 '범죄피해상담제도'는 해외 각국 사례처럼 범죄피해자의 손실을 복구하고 정당한 권리를 행사하며 복지증진에 기여하는 범죄피해자를 위한 '보호지원체계'에 포함된다. 2017년 총 9개 중앙행정기관과 17개 지방자치단체가 참여하여 범죄피해자 보

표 8-1 「범죄피해자보호법」 제2장 및 시행령 제9조

제2장 범죄피해자 보호·지원의 기본 정책
제7조(손실 복구 지원 등)
① 국가 및 지방자치단체는 범죄피해자의 피해정도 및 보호·지원의 필요성 등에 따라 상담, 의료제공(치료비 지원을 포함한다), 구조금 지급, 법률구조, 취업 관련 지원, 주거지원, 그 밖에 범죄피해자의 보호에 필요한 대책을 마련하여야 한다. 〈개정 2014. 12. 30.〉 ② 국가는 범죄피해자와 그 가족에게 신체적·정신적 안정을 제공하고 사회복귀를 돕기 위하여 일시적 보호시설(이하 "보호시설"이라 한다)을 설치·운영하여야 한다. 이 경우 국가는 보호시설의 운영을 범죄피해자 지원법인,「의료법」에 따른 종합병원,「고등교육법」에 따른 학교를 설립·운영하는 학교법인, 그 밖에 대통령령으로 정하는 기관 또는 단체에 위탁할 수 있다. 〈개정 2014. 12. 30.〉 ③ 국가는 범죄피해자와 그 가족의 정신적 회복을 위한 상담 및 치료 프로그램을 운영하여야 한다. ④ 보호시설의 설치·운영 기준, 입소·퇴소의 기준 및 절차, 위탁운영의 절차, 감독의 기준 및 절차와 제3항에 따른 상담 및 치료 프로그램의 운영 등에 관한 사항은 대통령령으로 정한다.
제9조(상담 및 치료 프로그램 운영) 보호시설의 장은 법 제7조 제3항에 따라 입소자의 심신의 안정을 위하여 입소자의 특성 등을 고려한 상담 및 치료 계획을 수립·실시하고 그 내용을 기록·유지하여야 한다. 「범죄피해자 보호법 시행령」

호 · 지원 제3차 범죄피해자 기본계획을 수립하여 범죄피해자의 신속한 경제적 지원과 폭넓은 지원제도를 정비하여 피해 회복을 강조하였다(박미숙 외, 2020).

이와 같이 경제적 지원뿐만 아니라 범죄로 인한 신체적 · 심리적 피해를 회복하고 자립 지원을 통해 후유증에서 벗어나도록 하는 것 등이 주요 핵심적인 내용이라고 할 수 있다. 현재 범죄피해자 보호와 지원 중 범죄피해자상담제도와 관련해서는 「범죄피해자보호법」 제2장 범죄피해자 보호 · 지원의 기본정책 제7조 제1항, 제2항, 제3항, 제4항 및 동법 시행령 제9조에 근거를 두고 있다. 내용은 〈표 8-1〉과 같다.

2) 범죄피해자 보호 · 지원 운영 및 활동

대한민국은 범죄피해자 보호법과 시행령에 따라 범죄피해자를 지원하기 위해 다음과 같은 제도를 실시하고 있다.

경찰청은 2006년 8월 처음으로 피해자심리전문요원을 선발하여 사건 초기에 개입하여 피해자에게 정신적 또는 심리적으로 지원을 하도록 하고 있으며, 2015년을 '피해자보호 원년의 해'로 선언하면서 범죄피해자 지원 단체와의 협력을 통해 범죄 발생 초기부터 다양한 피해자 보호 및 지원 활동을 전개하고 있다. 2018년에는 경찰청이 41명의 '위기개입상담관(2018~2021년 12월 종료)'을 위촉하여 2021년 12월까지 피해자들이 지방경찰서나 지구대 등에 방문하여 범죄피해상담을 받을 수 있는 정책을 시행하기도 하였다. 또한, 강력범죄피해자가 입은 피해 전반에 대해 전문가의 판단 및 평가의견을 사건기록에 첨부하는 '범죄피해평가제도'를 토대로 2016년 시범 운영하면서 2020년 8월 3일부터 전국적으로 확대 시행하고 있다. 민간단체인 한국피해자지원협회(KOVA)도 2015년 경찰청과 MOU를 체결하여 현재까지 흐름을 함께 해 오고 있다. 범죄피해자의 회복과 지원을 위해서는 경제적 지원제도인 범죄피해자구조금제도, 법률 홈닥터, 스마일센터를 통한 심리치료 지원 요청을 비롯해 기타 피해자 임시숙소 제공, 성폭력 · 가정폭력피해자 보호시설 연계 등의 다양한 피해자 지원제도를 수행하고 있다(경찰청 홈페이지, 2022).

법무부에서는 심리상담 및 치료를 전문적으로 하는 기관으로 스마일센터를 설립하여 범죄피해자지원센터와 연계되어 전문 상담과 임시 주거 제공의 활동을 하고 있다. 모든 서비스는 정기적 혹은 비정기적으로 센터를 방문하거나 센터 내에 설치되어 있는 임시주거시설입소를 통해 제공받을 수 있다(원혜욱, 2017). 범죄피해자지원센터는 법무부에 등록된 민간 법인 중 하나로 국가와 지방자치단체로부터 보조금을 지원받아 취업지원, 간병비 및 부대비용 지원, 긴급생계비, 장례비, 학자금 등 경제적 지원을 하고 법정 동행을 하는 활동을 하고 있다(강동욱, 송귀채, 2015). 이 밖에 해바라기센터, 가정폭력센터, 성폭력상담소, 아동보호전문기관은 단체 설립 목적에 부합하는 피해자를 지원하고 있으며 이 기관들은 주로 업무 시간에 피해자 지원 업무를 하고 있다(원혜욱, 2017). 대한민국은 법무부 주도로 여성가족부, 보건복지부, 경찰청에서 부처의 특성에 부합한 범죄피해범죄피해상담을 위한 체계 및 인력은 마련되어 있으며, 한국피해자지원협회와 같은 민간단체와 기관에서도 단체와 기관 성격에 따른 유형의 피해자를 위한 심리상담 및 치료프로그램을 운영하고 있다.

3) 민간단체에서의 범죄피해자 상담의 절차 및 과정

(1) 민간단체에서 범죄피해상담의 절차

민간단체에서의 범죄피해상담은 국가기관인 검찰청, 경찰청의 의뢰를 받은 사건에 대해서 이루어진다. 특히, 범죄피해 발생 직후부터 이루어지는 피해상담은 범죄피해자의 일상회복 시기를 앞당길 수 있다. 즉, 경찰서에 범죄 사건이 접수되고 사건 수사를 하는 과정에서부터 피해자전담경찰관의 안내와 의뢰로부터 시작된다. 범죄피해상담의 진행은 주로 범죄피해상담사들에 의해 이루어지며 정신건강 및 위기상담 전문가 대상의 가이드라인을 참조하여 과정에 적절한 조치를 취한다(김동일 외, 2015). 대한민국에서 활동하고 있는 범죄피해상담사는 범죄피해자 보호 및 지원 기관의 보충적 역할과 피해자지원의 전문적인 활동을 한다(김경인, 2022). 이들은 각 지방경찰청의 지원의뢰를 받아 범죄피해 당사자와 그 가족을 상담하는 전문상담사로 민간단체의 재능기부자라고 할 수 있다. 범죄피해상담은 심리적인 징후들을 해결하면서 동시에 경제적 · 법률적 · 의료적 처치와 사회복지적 조치 등이 동시다발적으로 필요하다(이은아, 고은영, 2017).

이렇게 진행되는 상황에서 대부분으로 위기개입(기본상담) 조치를 한다. 위기개입 조치가 접수 상담이나 초기상담 단계에서 이루어지며 피해자의 당면한 어려움을 파악한다. 피해자에 대한 조치와 동시에 심리상담이 진행되거나, 의료적 · 법률적 · 경제적 지원 이후 심리상담 접근이 가능한 경우가 일반적 사례가 될 수 있다. 범죄피해를 입은 피해자는 경제적 활동을 해야 하고 심리적으로 부적응 상태에서 경계심과 공포심이 강화되는 특성으로 각종 센터나 경찰서 등을 직접 방문하여 심리상담을 받지 못하는 사각지대에 놓이게 되는 경우가 많다(장은진, 2018). 이런 범죄피해자들에 대한 지원을 위해서 범죄피해상담사들이 범죄피해자가 있는 곳으로 직접 방문하는 심리상담을 주로 하고 있다. 대부분의 피해상담은 피해상담사의 방문으로 대면상담을 진행하고 있으나, 전화 상담도 피해자의 상황에 따라 실시하고 있다. 위기개입적 조치 단계에서는 심리상담 장소를 상담실로 한정하지 않고 피해자가 입원한 병원이나 피해자 주거지가 상담 장소가 될 수 있다(문현실, 2020).

위기개입 이후 상담은 피해자의 심리상태에 따라 피해자의 주거지나 피해자 주거지 근처에서 진행되는 경우도 많다. 위기개입적 조치가 끝나고 난 이후의 상담 진행 과정은 일반 상담과 비슷하다고 할 수 있다. 상담내용은 일반 상담내용과 달리 트라우마와 병리적인 증상으로 확대되는 것을 예방하고, 범죄피해 발생 이전 상태로 회복하는 것에 초점을 두고 있다(Miller, 2015).

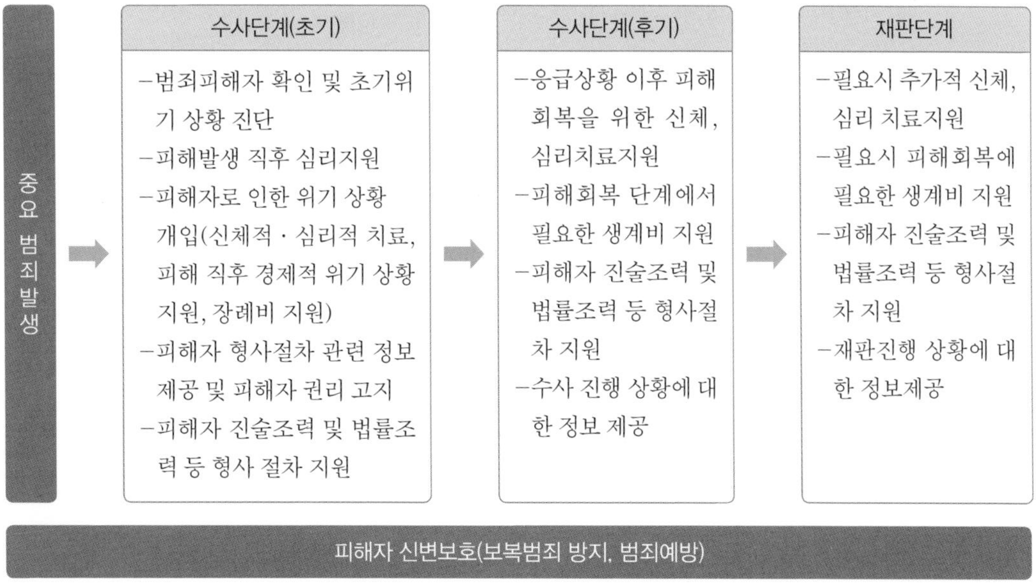

[그림 8-1] 형사사법 단계별 피해자 보호 지원 활동

범죄피해상담은 단계에 따라 각 과정에서 문제해결을 위한 단기목표를 세운 후 그에 맞는 상담이 지속적으로 4개의 단계로 이루어진다고 할 수 있다. 피해유형과 피해자 특성 등 경우에 따라 현재 상태의 인지, 정서, 행동의 문제를 정확하게 파악하여 진단하는 것이 필요할 경우, 진단 및 평가의 과정이 초기상담 과정에 포함되기도 한다. 범죄피해상담은 그에 부합되는 단계를 통해서 진행되며 그 절차는 [그림 8-1]과 같다(박미숙 외, 2020).

(2) 민간단체에서 범죄피해상담의 과정

① 접수상담

경찰서 피해자전담경찰관이 피해자의 범죄피해상담에 대한 동기를 파악하고 MOU를 맺은 민간단체에 피해상담 의뢰서를 공문으로 보내는 것으로 범죄피해상담이 접수된다. 대부분 팩스로 '사건사실확인원' 등을 첨부해 서면으로 사건의뢰서를 받은 민간단체는 각 경찰서 관할 지역기관으로 이관 후 지역기관 소속으로 활동하고 있는 범죄피해상담사에게 사건의뢰 및 피해자에 대한 상담을 의뢰한다. 사건의뢰를 받은 범죄피해상담사는 피해자와 전화 통화를 하고 대면상담이나 전화상담이 이루어질 수 있도록 안내 후 상담 약속을 한다. 실제 담당 상담사가 피해자와 전화 통화를 통해 성명, 상담 의뢰, 범죄피해상담의 목적과 간단한 절차에 대해 설명하고 피해자의 현재 상태 등에 대한 정보를 수집하고 방문상담 일정을 확정하는 경우이다.

② 초기상담

초기상담은 1~2회기의 위기개입상담인 기본상담으로 마무리할 것인지, 중기상담으로 지속될 수 있을지를 판단하고 심리적 개입을 결정할 중요한 회기이다. 처음 피해자를 대면하는 장소에 따라서 초기상담내용에 차이가 있을 수 있지만, 대부분 범죄피해상담의 목적과 간단한 절차를 설명하고 개인정보 수집 및 활용 동의서와 상담 동의서를 작성한다. 피해자의 현재 신체적·경제적·법률적 상태와 피해자의 욕구를 파악하고 심리적 상태를 진단하기 위한 심리평가를 실시한다. 상담목표를 설정하고, 상담목표를 달성하기 위한 장·단기 상담목표 및 치료 계획을 수립한다.

피해자가 처한 상황적 특성으로 인해 상담이 지속적으로 이루어지지 않고 단 회기로 마무리되기도 하고, 초기상담에서 내담자가 상담을 거부하여 진행하지 못하기도 한다. 피해자 문제가 급성으로 발생한 상황인지 범죄피해 이전부터 지속적으로 발생했던 상황이었는지 살펴보고, 단기상담으로 정보제공을 할 것인지 장기상담으로 진행하기 위한 상담목표를 설정하고 상담 환경을 조성할 것인지를 판단한다(고기홍, 2019). 피해자가 상담 약속시간을 지키고 약속 변경 및 취소 시 소속기관에 미리 연락하는 등 상담사가 피해자에게 갖는 기대와 요구하는 행동을 설명한다. 상담의 실제 진행과 관련한 측면에 대한 정보제공으로 상담 시간, 횟수, 연락방법, 장소, 재능기부 등에 대한 전반적인 상담을 소개하고, 비밀보장과 비밀보장의 한계, 이중관계 금지, 피해자의 알 권리 등에 대해 알려 주는 구조화 과정을 진행한다(고기홍, 2019). 피해자의 피해 경험의 유형과 정도에 따라 피해자로부터 수집하는 정보가 달라질 수 있으나 공통적으로 기본정보, 가족사항, 신체적 건강, 교육정도 및 학력, 소득수준, 사회적 관계, 정서적 특성, 심리적 문제와 관련한 정보 등을 수집한다(공정식, 2015; 한국피해자지원협회, 2016). 피해자의 심리적 불안감을 해소하고 피해자가 어떤 대응책을 원하고 있는지 확인하여 법적 처벌, 의료적 조치, 경제적 보상 등을 할 수 있는 지원체계를 알아내어 피해자 수준에 적합한 계획을 스스로 설정할 수 있도록 조력한다(Miller, 2015).

③ 중기상담

중기상담에서는 범죄피해자에 대한 심리상담은 두 가지 일반적 단계를 통해 개념화된다. 안정단계에서는 범죄피해자 트라우마 경험의 정서적 강도를 조금씩 감소시켜 범죄피해를 효과적으로 대처하기 위한 안전하고 안정적인 심리적 환경을 만드는 단계이다(공정식, 2015; 전명주, 2021; Miller, 2015). 이 단계에서의 상담전략 및 활동은 범죄피해자를 격려하고 실질적인 지지를 가능한 한 많이 제공하며 범죄피해자들이 가족과 관계자로부터 긍정적인 심리적 지지를 받을 수 있도록 격려하도록 한다. 이후 탐색과정에서는 범죄피해자가 자신에게 일어난 일을 충분히 이해하도록 하고 자신의 경험을 통합시킬 수 있도록 한다. 이런 과정을 통해 자신이 기존에 갖고 있던 신념들을 점검하고 수정하여 트라우마 사건을 수용하는 것이다(노바울, 2018; Miller, 2015). 범죄피해자들은 자신이 겪은 트라우마 경험에 대해 스스로 애석해 하고 직장인, 가족구성원, 그리고 사회구성원으로 역할을 할 수 있도록 새로운 영역으로 나가기 위한 계획을 세워야 한다. 처음부터 범죄피해자의 문제를 해결할 것을 목표로 하지는 않고 범죄피해자가 트라우마 사건에서 벗어나고 스트레스를 줄여 나가는 데 심리적 지원을 한다(노바울, 2018; Miller, 2015). 범죄피해상담은 피해자 변화를 도모한다. 피해자에게 한 번에 너무 많은 요구나 부담을 주지 않고 피해자 수준에 맞추어 지시와 지지의 수준을 다양화하며 변화를 위한 대화를 나눈다(Jon G Allen, 2013).

④ 종결상담

종결상담에서는 피해자와 서로 동의하에 종결을 결정하고 상담의 성과와 변화를 평가하고 종결 이후의 삶에 대처할 수 있는 적응도를 평가한다. 범죄피해상담은 법률에 근거하여 국가 주도하에 시행되고 있는 제도로써 범죄피해자 보호 및 지원체계 속에 포함되어 있다(김경인, 2022). 범죄피해상담은 일반 상담과는 달리 범죄피해자의 특성에 맞춰 피해자 주거지로 방문하여 진행되는 경우가 대부분이다. 범죄피해상담의 목표는 피해자의 현재 욕구를 파악하고 심리적 상태를 평가하고 경제적, 신체적 · 법률적 지원체계와 연계하거나 위기 상황의 심리적 상태를 안정시키는 것이다. 위기개입 단계를 벗어나 초기 이후 상담목표는 범죄피해를 효과적으로 대처하기 위한 것이다. 현재 범죄피해상담에서 범죄피해자의 신체적 · 경제적 피해 등에 대한 보전과 지원제도는 어느 정도 현실화되고 있다. 반면에 정신적 피해에 대한 지원서비스는 정신적 피해의 지속성과 트라우마 가능성, 트라우마 되는 정도에 비해 부족한 점이 있다. 제도상으로 보완되어야 하는 측면과 재정적 안정을 바탕으로 지속적이며 장기적인 심리상담 서비스 지원이 필요하다(장은진, 2019).

4) 민간단체에서의 범죄피해상담의 행정 실무

민간단체에서의 범죄피해상담 행정 실무는 본부 사무국 및 관할 지역 지부로 경찰서, 수사기관, 언론 등으로부터 범죄피해상담의뢰가 되는 시점부터 시작되며 9개의 단계를 거치면서 발생된다([그림 8-2] 참조).

① 본부 사무국의 사건 접수

- 사무국에서는 지부 또는 유족의 신청, 수사기관이나 언론으로부터 피해자지원 의뢰를 받는다.

② 본부의 사무국지원 여부에 대한 심의

- 피해자 진술을 토대로 담당 경찰관(피해전담경찰관, 피해자심리전문요원)이나 사무국에 의뢰받은 사건에 대해 지원을 하는 것이 타당한지에 대해 심의과정(상담 회기수 및 긴급지원 가능 여부 심의)을 거친다.

③ 관할 지역 지부에 사건 이관

- 심의를 통해 지원이 필요하다고 인정된 경우, 사건 해당 지역 지부(지부장)에게 피해상담 관련 승인 절차(민간단체 시스템을 이용해 등록, 입력)를 밟도록 한다.

④ 피해상담사 배정

- 관할지역 지부(지부장)가 피해자의 주거지와 적합한 2급 이상의 피해상담사를 피해 사실 및 피해자의 상황을 고려하여 배정한다.

⑤ 위기개입 상담 진행 (위기개입 상담=기본상담)

- 배정된 피해상담사가 피해자 상담 진행한다.

⑥ 피해상담사가 실시한 기본 상담보고서 작성

- 피해상담사는 위기개입 상담을 통해 심리상담 또는 경제적 지원 등 기타 지원의 필요성을 파악하고 위기개입 상담보고서를 작성해 지부장과 사무국에 우선 보고한다.
- 위기개입상담보고서를 작성할 때는 피해자의 피해내용 및 심리평가, 사건충격척도 등의 기본 검사들을 통해 피해자의 상황을 정확하고 상세하게 보고한다. 이에 따라 최초 승인된 지원의 내용이 수정 · 보완될 수 있다.

⑦ 외상심리상담 지원 여부 판단

- 피해상담사가 위기개입 상담을 통해 피해자에게 심리상담이 필요하다고 판단될 경우, 사무국의 승인을 받아 3회기까지 '외상심리상담'을 실시할 수 있으며 상담 회기마다 외상상담 기록지를 작성한다.

⑧ 추가적인 상담 필요시, 회복지원 상담지원

- 3회기까지의 외상심리상담 이후에도 추가적인 상담이 필요할 경우, '회복지원상담'을 지원할 수 있다. 특별히 외상후스트레스장애(PTSD)로 고통받는 피해자의 경우, 지부를 통해 사무국에 보고하고 피해자지원심의위원회로부터 추가 매 3회기마다 별도의 승인을 받음으로써 회복지원상담이 이루어진다.

⑨ 외상심리평가서와 범죄피해영향진술서 작성

- 피해자의 심리적 외상에 대한 객관적인 평가나 사건에 대한 재판이 진행될 경우, 외상심리평가 도구를 이용하여 검사를 실시할 수 있다. 외상심리평가 도구를 사용한 경우에는 반드시 외상심리평가서를 작성하여야 한다. 또한, 필요시에는 피해자의 범죄피해 영향 진술서(범죄로 인한 신체적·심리적 외상 및 경제적 손해, 기타 피해관련 정보)에 대해서도 작성을 하여 피해자나 사건 해결을 위해 조력해야 한다.
- 범죄피해영향진술서는 기소된 이후부터 재판종료 전까지 흉악범죄의 피해자(유가족)가 원하는 경우 피해상담사의 조력을 받아 작성하고, 가능한 1심 선고 전에 제출될 수 있도록 하며, 피해자가 필요시 2심 법원에도 제출할 수 있는 중요 문서이다.
- 범죄피해영향진술서는 피해상담사가 피해자(유가족)를 최소한 3번 이상 조력하면서 작성방법 등을 지속적으로 알려주고, 필요시 가족구성원별로 직접 면담을 통해 피해사실을 확인(가능한 입증자료 첨부)하여 작성하되, 가족구성원의 진술내용을 1개의 진술서로 통합하여 작성하고 최종 범죄피해영향진술서는 감독자의 승인을 받은 후 피해자가 직접 형사사법기관에 제출하도록 한다.
- 범죄피해영향진술서 중 경제적 피해에 대한 부분은 피해자들이 실질적으로 입은 경제적 피해에 대한 것을 기술하는 것이고, 이는 피해자들이 기술한 것을 기

초로 법원에 객관적인 경제적 손실을 알리는 기능과 더불어 법원에 가해자를 대상으로 배상신청을 하는 것에 해당하지만, 이것을 작성하였다고 하여 피해자들이 입은 경제적 손실에 대하여 실질적 보상이 주어지는 것은 아니다.

– 피해자가 피해영향보다 피해의견(형사사법기관에 대한 불만, 피고인 엄벌요청, 범죄사실 왜곡에 대한 반론, 피고인에 대한 사적 의견 등)을 제시하기 원할 경우는 해당 형사사법기관에 범죄피해영향진술서가 아니라 별도의 '탄원서'나 '진정서'를

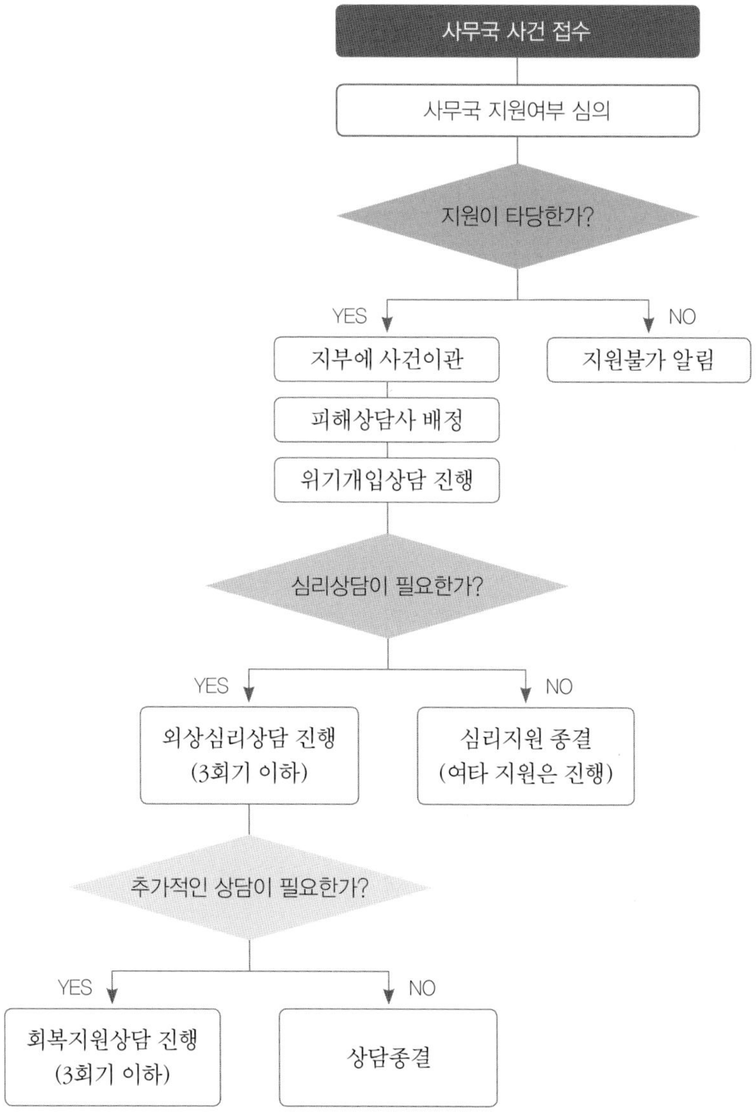

[그림 8-2] 한국피해자지원협회(KOVA)의 범죄피해자상담 행정 실무절차

작성하여 제출할 수 있도록 조력하고, 범죄피해영향진술서의 목적은 피해영향이라는 점을 명확히 하여 진행하도록 한다.

5) 민간단체에서의 피해상담보고서 작성

피해상담사는 위기개입 상담 이후 '위기개입 상담 기록지'를 작성하여 본부에 보고하는 과정을 거친다. 보고서에는 사건의 내용이나 피해자의 심리상태를 포함한 경제적 여건, 심리상담 지속 여부, 경제적 지원 및 기타 지원 요청 여부 등이 포함되어야 한다. 피해상담사가 위기개입 상담만 진행하고 상담을 종료할 경우, 자격감독자가 보고서를 승인하고, 협회 사무국은 승인 시점에서 기본상담비가 지급된다.

반면, 외상심리상담 진행은 기본 3회기 이하로 진행이 가능하며 매 회기마다 '외상심리기록지'를 추가로 작성하여 보고한다. 이후 자격감독자가 보고서의 적정성을 감독해 승인하고, 협회 사무국은 승인 시점에서 일주일 이후 상담비를 지급한다. 피해자의 심리적 외상에 대한 객관적인 평가가 필요하거나 사건이 재판에 회부될 경우에는 필요에 따라 평가도구를 이용하여 '외상심리평가서'를 작성하고 피해자가 '범죄피해영향진술서'를 작성하는 것을 조력할 수 있다. 마찬가지로 이 문서들을 보고한다. 이후 자격감독자가 보고서의 적정성을 감독해 승인하고, 협회 사무국은 승인 시점에서 일주일 이후 상담비가 지급된다.

외상심리상담 3회기를 마친 후에도 피해상담사가 추가적인 상담이 더 이루어져야 하겠다고 판단하면 회복지원 상담이 이루어질 수 있다. 이 경우에는 '회복지원상담 기록지'를 추가로 작성해야 한다. 그 후 절차는 외상심리상담과 동일하게 진행된다.

6) 민간단체에서의 범죄피해상담 시 의무사항

민간단체에서의 범죄피해상담 시 의무사항에 대해서 한국피해자지원협회(KOVA)의 행정 실무 절차에서는 다음과 같이 서술하고 있다.

첫째, 피해상담사는 협회 사무국에서 제공되는 다양한 지원을 조력할 경우, 피해자에게 경제적·기타 법률·의료 지원 등의 내용에 맞추어서 지원할 수 있다. 경제적인 지원의 경우, 협회 담당자를 통해 피해자지원심의위원회에 상정하여 경제적 지원을 요청할 수 있다. 만일, 기타 법률 및 의료지원이 필요하다고 판단되면 법률지원본부 및 의료복지상담본부 등 협회 조직을 활용할 수 있다. 피해상담사는 지원 결과에 따른 내용을 피해자에게 전달하여 어떤 부분에 대해 지원을 받을 수 있는지 설명 및 안내하도록 한다. 둘째, 피해상담사는 협회가 지정한 자격감독자 중 감독자에게 감수를 받아야 한다. 자격감독자는 피해상담사의 각종 보고서 내용을 감수하고 적정하지 않다고 판단할 경우 재작성 요청을 할 수 있으며 피해상담사가 수준 높은 보고서를 작성할 수 있도록 지도해야 한다.

셋째, 협회 사무국은 피해상담사들의 상담 현황 등을 정확하게 파악하고, 자격 감독승인, 관계기관 서류 발송, 규정된 기간 내 (협회장의 결재를 거쳐) 수당 지급 등을 철저히 관리해야 한다. 또한, 종료된 사건별로 파일을 개별 관리하며, 특히 개인정보가 유출되지 않도록 관리에 주의해야 한다.

2. 피해상담사

1) 피해상담사 소개

피해상담사는 협회의 회원으로 (사)한국피해자지원협회(KOVA)에서 인정한 피해상담사 자격을 취득한 자이며, 피해상담사는 2012년 9월 14일에 국가등록 민간자격증으로 등록되었다. 피해상담사는 다른 분야의 심리지원상담보다 범죄피해자 심리상담은 특수한 분야로 일반 상담지식을 습득한 상담사들이 보다 전문적이고 효과적인 피해자 지원 상담을 위해 일정한 자격요건을 갖추고 피해상담사로 지원하여 현장에서 투입된다. 여기서는 이론적인 상담기법을 통해 심리지원뿐 아니라 경제적 지원, 기타 법률정보 등 피해자 욕구에 맞는 효율적인 피해자 지원서비스를 위해 유관기관과의 지원서비스를 파악하는 것도 상담사의 업무라고 볼 수 있다. 현재 국내에서 범죄피해자와 관련한 민간자격인증제도로는 가장 먼저 도입되었다(김소라, 2015).

피해상담사는 피해자 관련 보호 · 지원기관과 연계하여 사건의뢰를 받고, 피해

표 8-2 한국피해자지원협회(KOVA) 피해상담사 현황 (단위: 명)

구분(년)	2011	2012	2013	2014	2015	2016	2017	2018	2019	2020	2021	누계
1급	30	96	27	49	43	57	54	64	0	6	8	434
2급	0	81	85	70	36	36	12	65	0	5	7	397
3급	0	29	7	13	93	4	8	7	0	6	1	168
계	30	206	119	132	172	97	74	136	0	17	16	999

※ 참고자료 : 한국피해자지원협회(KOVA)

자 거주지에 근접한 지역의 피해상담사 네트워크를 활용하여 위기개입 상담과 전문 상담을 제공한다. 피해상담사의 자격요건으로는 피해상담사 전문 교육 과정(총 5개 과목 88차시)을 통해 상담 및 형사사법 행정에 관한 지식을 습득하고 이후 전문 수련기관에서 수련 과정(100~200시간)을 통해 실습 후 자격증이 발급된다(이론교육-자격검정시험-전문수련-면접, 총 4단계 구성). 피해상담사로서 피해자지원을 하는 데 부족함이 없도록 다방면의 능력을 확보한다. 교육과정 이수에 따라 피해상담사 1급, 피해상담사 2급, 피해상담사 3급으로 구분하고 있다. 한국피해자지원협회(KOVA)에서는 '범죄피해'라는 특수성에 기초하여 피해자들의 심리 정서 지원 등을 비롯해 적시에 효과적으로 지원하기 위하여 전문 '피해상담사(1~3급)'를 양성 및 배출하였으며 2021년 18기를 배출해 지금까지 약 999명의 피해상담사가 배출되어 활동하고 있다(〈표 8-2〉 참고).

2) 피해상담사 역할

다른 분야의 심리지원상담보다 범죄피해자 심리상담은 특수한 분야로 일반 상담지식을 습득한 상담사들이 전문적이고 효과적인 피해자지원 상담을 위해 일정한 자격요건을 갖추고 피해상담사로 지원하여 현장에 투입된다. 여기서는 이론적인 상담기법을 통해 심리지원뿐 아니라 경제적 지원, 기타 법률정보 등 피해자 욕구에 맞는 효율적인 피해자 지원서비스를 위해 유관기관과의 지원서비스를 파악하는 것도 상담사의 업무라고 볼 수 있다. 피해상담사는 범죄 및 재난 등의 피해로부터 심리적 피해를 입은 피해자들을 상담하고, 범죄피해자지원 민간단체인 한국피해자지원협회(KOVA)와 함께 의료, 형사사법, 경제, 문화 등 분야별 지원 네트워크를 활용하여 피해자의 삶을 회복하기 위한 활동을 함께 펼치게 된다. 이에 각각의 피해상담사 역할을 살펴보면 다음과 같다.

① 피해상담사 1급: 피해자를 지원할 수 있는 전문지식, 실제적인 피해상담 능력, 교육 및 훈련 능력을 보유하고 다음 각 목의 사항을 수행할 수 있는 사람
가. 피해자들의 심리적 치유를 위한 전문적인 조력 및 지도
나. 피해상담사 수련 중인 자를 위한 교육 · 수련감독과 지도
다. 범죄피해 후유증과 심리적 부적응을 겪는 개인 · 집단에 대한 심리평가 및 상담
라. 피해자들에 대한 구호 및 법률 자문 활동 지원
마. 피해자 관련 학술 활동과 피해 관련법 제의 개정 · 연구 등을 수행
바. 국가 및 지역사회 등의 피해자 상담 활동에 대한 정책적 참여와 자문
② 피해상담사 2급: 피해자를 지원할 수 있는 실무지식과 충분한 수련 경험, 상담 실무능력을 보유하고 다음 각 목의 사항을 수행할 수 있는 사람
가. 피해자들의 심리적 치유를 위한 전문적인 상담 및 조력
나. 범죄피해 후유증과 심리적 부적응을 겪는 개인 · 집단에 대한 심리평가 및 상담
다. 피해자들에 대한 구호 및 법률 자문 활동 지원
③ 피해상담사 3급: 피해자를 지원할 수 있는 기초지식을 갖추고 다음 각 목의 사항을 수행할 수 있는 사람
가. 피해상담사 1급의 지도 감독 아래 피해상담사 보조 활동
나. 피해상담 현장에서의 봉사자 역할

3) 피해상담사 자격규정

피해상담사 교육과정은 크게 이론교육–자격검정(시험)–전문수련–면접의 4단계로 구성되어 있다.

(1) 이론교육

공통과목(3급), 심화과목I(2급), 심화과목II(1급)의 세 단계로 나뉘며, 공통과목은 '피해상담의 이론과 실제'(5강좌 17차시), '피해법제의 이해'(4강좌 17차시), 심화과목 I은 '심리평가 및 보고서 작성'(5강좌, 18차시), '위기사례관리'(4강좌, 18차시), 심화과목II는 '피해상담 슈퍼비전'(4강좌, 18차시)으로 구성되어 있다. 각 강좌는 (상담학, 범죄학, 법학, 심리학 등)교수진, 슈퍼바이저(전문상담사), 경찰, 연구자 등 각 분야에서 활동하는 전문가로 구성, 최근 2년간 코로나19 사태로 온라인과정만 운영되는 가운데 이론교육은 2~2.5개월간 개인학습으로 진행한다.

(2) 자격검정

자격검정은 각 급수별 이론교육을 80% 이상 수료한 수강생을 대상으로 오프라인에서 치러진다. 시험은 각 강좌 담당 교수들이 출제한 문제은행에서 자격관리위원회가 선별한 문항으로 구성되며, 각 과목마다 60점 이상이면 합격할 수 있다.

(3) 전문수련

자격검정을 통과한 예비 피해상담사들은 전문수련기관에서 각 급수별 전문수련 실습을 수강할 수 있다. 전국 전문수련기관(지부)에서 진행되는 전문수련과정은 5개월의 시간동안 1급 200시간, 2급 100시간, 3급 50시간의 수련시간을 이수해야 하며, 수련시간은 ① 본 협회나 지부 업무 조력활동(수련시간의 20%), ② 세미나 및 캠프, 학술대회, 캠페인, 사례발표회 참여(수련시간의 20%), ③ 법정동행, 가사도움, 지역 네트워크 구축(수련시간의 10%), ④ 피해상담사례 슈퍼비전, 사례분석, 현장 동행(수련시간의 50%) 등으로만 인정되며, 전문수련과정은 각 수련생이 받은 수련과정을 직접 적은 '수련수첩 심사'를 자격관리위원회에서 심사하여 인정되어야 인증되며, 추가로 개별 유관기관 활동 및 경력 등을 인정받고자 할 때는 추가로 서류를 제출하여 심사받아야 한다.

(4) 면접

전문수련과정을 통과하면 최종적으로 면접시험에 응시할 수 있다. 면접시험은 자격관리위원들이 주관하며, 피해상담사의 윤리, 인성, 전문지식, 긴급상황 대처 등으로 치러진다. 면접시험을 통과한 피해상담사에게는 합격증 및 자격증이 주어지며, 각 급수에 맞게 주어진 영역에서 활동할 수 있다.

(5) 특별면제 규정

피해상담사 자격 규정 5조 제1항 1에 의거 2급 소지 후 2년 이상 경과 후 최소 5건 이상 사례자료를 제출한 경우, 1급 교육훈련, 자격검정, 심사(면접)을 통과하면 2급에서 1급으로 승급이 가능하다. 단, 전문수련은 면제된다.

피해상담사 자격 규정 제5조 2항 1에 의거한 3급 소지 후 2년 이상 경과, 10건 이상 피해상담사례를 제출한 경우, 2급 교육훈련, 자격검정, 심사(면접)을 통과하면 3급에서 2급 승급이 가능하다. 단, 전문수련은 면제된다.

피해상담사 자격 규정 제5조 1항 4에 의한 의사 · 변호사 · 대학(교)의 전임교수는 자격검정 및 전문수련이 면제되고 교육훈련과 심사(면접)만으로 1급 취득이 가능하다.

피해상담사 자격 규정 제5조 제1항 5에 의해 상담관련 국가자격증(국가공인자격

표 8-3 피해상담사 특별 면제 규정

구분	교육훈련	자격검정	전문수련	심사(면접)
제5조 제1항 1 2급소지 + 2년 이상 경과, 최소 5건 이상 사례제출 / (2 → 1급) 승급	○	○	×	○
제5조 제2항 1 3급소지 + 2년 이상 경과, 최소 10건 이상 사례제출 / (3 → 2급) 승급	○	○	×	○
제5조 제1항 4 의사 · 변호사 · 대학(교)의 전임교수	○	×	×	○
제5조 제1항 5 상담관련 국가자격증(국가공인자격증, 국가등록 민간자격증 포함) 1급 이상 소지하고 3년 이상 활동경력	○	×	×	○
제5조 제5항 피해상담 관련분야 박사학위를 소지하고 상담 경력 20년 또는 대학교수 경력 10년 이상	특별교육	×	×	○

증, 국가등록 민간자격증 일부 포함) 1급 이상 소지하고 3년 이상 활동경력자는 교육훈련과 심사(면접)만으로 1급 취득이 가능하다.

피해상담사 자격 규정 제5조 제5항 피해상담 관련분야 박사학위를 소지하고 상담 경력 20년 또는 대학교수 경력 10년 이상인자는 특별교육과 심사(면접)만으로 1급 취득이 가능하다.

피해상담사 특별면제 규정을 정리하면 〈표 8-3〉과 같다.

3. 민간단체에서의 범죄피해상담 행정 실무에서의 한계 및 과제

한국피해자지원협회(KOVA)는 순수 민간단체로 2011년 이후 현재까지 피해자지원을 위해 최초로 피해상담사 자격제도를 만들어 오늘에 이르고 있다. 하지만「범죄피해자지원법」에서의 '범죄피해자지원 단체'들의 사업 및 운영을 보조하도록 규정하고 있음에도 불구하고, 국가가 피해자들을 위해 사용하는 예산의 대부분이 법무부와 검찰청이 주도하는 국가기관에 배정되어 순수 민간단체들의 경우 기부(donation)에만 의존하여 목적사업을 수행해야 한다. 따라서「범죄피해자보호법」이 규정하는 공인된 민간단체들의 사업 및 운영을 위한 적절한 예산 배정이 절실하게 필요한 상황이며 각 지자체별로 '범죄피해자지원 조례' 등을 통하여 민간 피해자지원 단체들이 더욱 적극적으로 범죄피해자 상담 및 지원 활동할 수 있도록 제도적 보완이 이루어질 필요가 있다. 또한, 범죄피해는 피해자에게 심각한 외상 및 내상, 그리고 정서–심리의 복합적인 상처를 남기기 때문에 심리상담 외에도 필요한 지원에 대해 빠르게 대응하는 전문지식 및 경험이 요구된다. 이에 피해자학, 피해법제, 피해자심리 등의 전문지식을 통해 현장에서 수련한 범죄피해상담사의 역할이 크다. 상담의 전문성을 존중하고 분업을 통해 시너지를 발휘하듯, 피해상담분야 역시 전문 피해상담사들이 수급되고 이로부터 전문적인 상담이 이루어져 범죄피해상담제도가 활성화될수록 많은 범죄피해상담사의 역할이 확대되고 업무환경개선, 전문성 향상, 지속적인 범죄피해자를 위한 지원이 확대된다면 관련 상담사들의 관심도 높아질 수 있을 것이다.

이에 저자가 경험한 범죄피해상담 행정 실무에 대해 어려운 점을 구체적으로 나열하면 다음과 같다.

첫째, 범죄피해상담사의 보상구조가 미흡하다는 점이다. 한국피해자지원협회(KOVA)의 피해자지원 운영규정의 제3조 제1호에 따르면 '기본상담(위기개입상담)'은 피해자에 대한 긴급대응 지원으로서 피해자와 방문상담을 통해 긴급히 심리적 안정과 물리적 구조를 제공하는 것으로 심리 안정상담을 중심으로 긴급경제지원, 신변보호, 의료지원, 관련기관 연계, 형사사법절차 안내, 피해자 권리안내, 지원기관 정보제공, 법정동행으로 구성되어 있다. 이 규정을 수행하기 위해서는 범죄피해상담사 개인의 시간, 노력, 전문성이 요구되고 있지만 범죄피해에 대한 상담료는 협회의 승인이 난 사건에 대해서만 지급되고 있다. 즉, 피해상담사에 대한 보상구조가 매우 미미하여 승인이 나지 않은 그 밖의 피해상담, 일부 회기만 승인된 사건에 해당되더라도 피해자의 요청에 의해 피해상담의 회기수는 늘어날 수밖에 없다. 따라서 이와 관련된 행정 실무도 확대된다는 것이다.

둘째, 법률전문가 또는 담당 형사를 통해 공유받은 정보를 피해자 상담에서 제공하는 것으로는 피해자의 욕구를 충족시키기에는 한계가 있다는 것이다. 범죄피해상담사는 피해자 상담 과정 중 가해자의 수사단계 및 재판단계의 절차를 비롯해 관련 정보에 대해 질문하는 경우 수사 → 공소제기 → 공판 → 형집행단계 별로 상담과정과 관련된 정보가 필요하다. 피해자들 또한 일반 상담기술 외 실질적인 형사체계에 관련한 정보를 요구하는 경우가 많다. 피해자가 필요로 하는 정보를 제공하는 포털사이트가 있으나 접근에 한계가 있고 특히 범죄피해상담사는 피해당사자가 아닌 관계로 접근조차 어렵다. 이 같이 통일된 지원업무시스템의 미비, 피해자인권과 보호관련 정보제공에 대한 홍보 부족 등은 범죄피해상담사의 행정 실무가 가중되는 결과를 가져오게 된다.

셋째, 민간단체에서의 피해상담기록이 범죄피해상담사에게 효율적이고 편리한 방법이 아닌 공식기관의 상황에 맞춰져 있다는 점이다. 민간단체인 한국피해자지원협회(KOVA)의 피해상담사는 피해상담관련 절차에 따라 피해상담을 진행하고 피해상담기록을 하고 보고하도록 하고 있다. 하지만 피해상담을 의뢰한 국가기관에서 자체 피해상담기록지 외 각 지자체 국가기관 등에서 의뢰한 상담결과지를 공문형식으로 요청하고 있어 민간단체에서의 범죄피해상담 보고서와 국가기관에서 요청하는 피해상담보고서를 다시 형식과 틀에 맞게 작성해야 하는 번거로움이 있다.

넷째, 범죄피해상담사가 상담 과정에서 겪을 수 있는 예기치 못한 상황에 대해 보호받을 수단과 방법이 미흡하다는 점이다. 민간단체에서의 범죄피해상담은 국가기관과 협력해 이루어지는 상담으로 정보관리가 매우 중요하다. 하지만 범죄피해를 의뢰한 국가기관에서는 관련 범죄피해상담자료를 1년 단위로 폐기 요청을 받고 있어 일반 상담기록지의 보관 3~5년 정도에 비해 짧다. 범죄피해상담종료 1년 이후 발생되는 피해상담사의 윤리적인 문제 및 범죄피해자상담을 받은 피해자의 자살 등 문제 발생 시 범죄피해상담사로서 방어하거나 보호받을 수 있는 근거자료가 남아 있지 않다는 점이다.

다섯째, 민간단체에서의 범죄피해상담은 대부분 '찾아가는 상담'으로 중장거리 상담일 경우가 많다. 특히, 범죄피해상담사의 거주지에서 떨어져 있는 지역의 피해자 상담일 경우, 특정 지역의 피해상담사는 하나의 사건에 10회 이상 이동하면서 피해상담을 하기도 한다. 이러한 범죄피해상담에 대해서 범죄피해상담사의 시간, 노력을 비롯해 이동에 드는 경비도 대부분 피해상담사의 자비로 운영되고 있어 민간단체에서의 범죄피해상담사의 빠른 소진에도 한몫하고 있다는 것이다.

이와 같이 민간단체 범죄피해 상담 행정 실무에서 겪는 한계점으로부터 가장 시급하게 요구되는 과제는 범죄피해 상담사에 대한 보상구조 마련 및 효율적인 행정 실무의 통합적인 운용과 행정 실무체계 시스템을 마련하는 것이라고 할 수 있다. 피해상담사에 대한 보상구조 개선 및 원활한 행정 실무시스템 마련은 미래에 범죄피해상담사들이 조금 더 안정된 환경에서 자신의 전문성을 발휘하고 자긍심을 가질 수 있도록 하는 중요한 발판이 될 것이다.

요약

국내 범죄피해자상담은 범죄피해자의 기본법인「범죄피해자보호법」제정으로 활발하게 전개되었다. 대한민국의 '범죄피해상담제도'는 해외 각국 사례처럼 범죄피해자의 손실을 복구하고 정당한 권리를 행사하며 복지증진에 기여하는 범죄피해자를 위한 '보호지원체계'에 포함되고 있다. 특히 민간단체에서의 범죄피해상담은 국가기관의 의뢰로부터 시작된다. 이 장에서는 범죄피해자 관련 정책, 민간단체에서의 범죄피해자상담 절차와 과정, 행정 실무, 보고서 작성방법에 대해 살펴보고 민간단체의 피해상담사제도 소개를 하고 민간단체에서의 범죄피해자 상담 행정의 한계와 과제를 본인이 경험한 바를 토대로 서술하고 있다.

참고문헌

강동욱, 송귀채(2015). 범죄피해자지원시스템의 문제점 및 그 개선방안. **피해자학연구**, 23(2), 63-91.

고기홍(2014). **개인상담**. 서울: 학지사

공정 (2015). 강력범죄 사건이후 피해자들의 욕구와 지원에 관한 연구. **한국범죄학**, 9(2), 103-149.

김경인(2022). 범죄피해상담사의 대리외상경험. 국제신학대학원대학교 박사학위논문.

김동일 외(2015). 재난대응 정신건강 · 위기상담 가이드 라인의 분석: 트라우마 개입의 중다 지침을 위한 서설. **상담학연구**, 16(3), 479-483.

김소라(2017). 민간단체의 범죄피해자 지원 활성화 방안에 관한 연구. 전주대학교 박사학위논문.

김인규 외(2021). **상담 행정과 정책**. 서울: 사회평론아카데미.

노바울(2018). 애착이론 관점에서의 아동 성폭력 피해자들을 위한 목회적 돌봄과 상담. **목회와상담**, 31, 75-77.

문현실(2020). 인터넷 중독 가정방문 상담사의 상담에서의 심리적 경험과 상담진행의 어려움에 대한 질적 연구. **상담심리교육복지**, 7(1), 17-31.

박미숙 외(2020). 범죄피해자 보호 · 지원체계 개선방안. **한국형사정책연구원**, 97, 1-2.

원혜욱(2017). 범죄피해자 보호 지원제도의 개선방안. **피해자학연구**, 25(3), 57-88.

육성필, 박지란 (2019). **범죄피해의 이해와 개입**. 서울: 박영스토리.

이은아, 고은영(2017). 범죄피해케어전문가의 핵심역량모형개발을 위한 탐색적 연구. **아시아교육연구**, 18(3), 514-516.

장은진(2018). 범죄피해 외상 경험자의 심리적 어려움과 대처과정에 관한 질적 연구: 근거이론을 중심으로. **사회과학연구**, 29(1), 295-316.

장은진(2019). 범죄피해 외상자의 형사절차 및 법률지원에 따른 심리적 경험에 관한 질적 연구. **발달지원연구**, 8(3), 139-142.

장응혁(2022). 범죄피해자 보호·지원 기본계획과 배상명령제도. **경찰법연구**, 20(1).

전명주(2021). 복합외상 성폭력 피해자의 상담을 통한 자기재구성과정: Strauss와 Cobin의 근거이론 연구. 한남대학교 박사학위논문.

Allen, J. G. (2004). *Coping with trauma: hope through understanding*. 권정혜, 김정범, 조용래, 최혜경, 최윤경, 권호인 공역(2010). **트라우마의 치유**. 서울: 학지사.

Miller, L. (2008). *Counseling crime victims: practical strategies for mental health professionals*. 김태경 역(2015). **범죄피해자 상담: 정신건강 전문가를 위한 실무 전략**. 서울: 학지사.

웹사이트

경찰청 https://www.police.go.kr

국가법령정보센터 https://www.law.go.kr

한국피해자지원협회(KOVA) http://www.trykova.org

한국피해자지원협회(KOVA) http://www.edukova.org

부록 1

【개인정보 수집 및 활용 동의서】

1. 제공할 개인정보의 내용
   ㅇ개인 식별정보(성명, 주소, 생년월일, 연락처 등)
   ㅇ범죄피해 지원의뢰 자료(범죄피해사실, 의뢰 신청서, 사건사고사실확인원 등)

2. 개인정보의 수집 · 이용 목적
   ㅇ범죄피해자 보호 · 지원을 위한 상담 및 기타 구호활동에 필요한 정보를 제공하고 피해자 보호활동 업무처리를 위하여 「개인정보보호법」 제15조(개인정보의 수집 · 이용)에 따라 정보주체의 동의를 얻어 활용됩니다.
   ※ 등록된 개인정보는 개인정보 제공자가 동의한 내용 외의 다른 목적으로는 사용되지 않습니다.

3. 수집 · 활용하려는 개인정보의 항목 및 동의여부

구 분	수집 · 활용할 정보 항목	동의여부
개인식별정보	필수항목: 성명, 주소, 생년월일, 연락처 등	동의함 □ 동의하지 않음 □
범죄피해지원자료	범죄피해사실 확인서, 의뢰 신청서, 사건사고사실확인원 등	동의함 □ 동의하지 않음 □

4. 개인정보의 보유 및 이용기간
   ㅇ관련근거: 「공공기록물관리에 관한 법률 시행령」 제26조 제1항
   ㅇ보존기간: 최종 상담 종료 후 1년간 보관 후 폐기
   ※ 본 개인정보 수집에 대한 동의를 거부하실 수 있으며, 동의하지 않을 경우 향후 지원 및 상담 등이 제한될 수 있습니다.

본인은 『범죄피해자 보호 · 지원』서비스 이용과 관련하여 경찰 및 범죄피해자 보호 · 지원 기관으로 다음의 개인정보를 제공하고 활용하는 것에 대하여 내용을 이해하고 이에 동의합니다.

20　　년　월　일

이름 :　　　　　(서명 또는 인)

사)한국피해자지원협회

서울특별시 성동구 성수동2가 308-4 서울숲코오롱디지털타워1차 413호　☎ (02) 3437-8700

〈부록 2〉

【위기개입상담 기록지: 기본상담】

상담자	피해상담사 ○급 제○○○호 ○ ○ ○			감독자	
상담일시				상담장소	
피해자명		생년월일(성별)		연락처	
의뢰기관		담당자명		연락처	

사건 내용	
상담내용	

행동적 측면	감정적 측면	신체적 측면	인지적 측면	사회적 측면
□ 극도의 지남력장애 □ 과도한 약물(알콜)남용 또는 처방약사용 □ 고립이나 철수 □ 위험성 큰 행동 □ 퇴행행동 □ 격리(분리)불안 □ 폭력적 행동 □ 부적응적 대처 □ 기타행동 ( )	□ 급성스트레스장애 □ 통절한 비탄반응 □ 슬픔, 울먹거림 □ 화, 분노, 적대감 □ 불안함, 두려움 □ 절망, 가망없음 □ 죄책감, 수치감 □ 무관심 □ 당황스러움 □ 낮은 자존감 □ 감정통제능력 부족 □ 기타감정 ( )	□ 두통 □ 복통(위통) □ 불면증 □ 메스꺼움 □ 음식먹기 힘듦 □ 건강상태 악화 □ 피로나 기진맥진 □ 만성적인 초조 □ 기타신체 (과다수면)	□ 실제 현실을 부정 □ 회상 □ 과도한 각성 □ 침투적 사고나 이미지 □ 혼란/집중력 저하 □ 기억력 저하 □ 해리 □ 우유부단한 의사결정 □ 죽음/파멸에 대한 집착 □ 기타인지 ( )	□ 대인관계의 변화 □ 회피 □ 소외 □ 기타 사회 ( ) **참고사항**

경제적 지원대상자 체크리스트

피해자 성명	생년월일(성별)	연 락 처	사건접수번호

구분	중점사항	체크내용
1	• 피해자가 지원받고자 하는 항목 –피난처 제공, 육체적 보호 및 치료 –정신적 상처치유, 심리적 지원 –경제적 지원, 법률적 구조와 조언	
2	• 제3자에 의한 피해자인가? / 친족에 의한 피해자인가?	
3	• 사회적 배려대상자 / 기초생활수급자인가?	
4	• 피해자의 부양가족은 있는가?	
5	• 주택 또는 상가, 기타 부동산은 보유하고 있는가?	
6	• 자가용은 소유하고 있는가? (가족 포함) (소유하고 있다면: 경차, 중형차, 외제차, 기타)	
7	• 타 기관에서 지원금을 받은 적 있는가? (있다면 얼마 정도 지원받았는가?)	

추후 지원 설계 (경제적/ 심리적)

20 년 월 일

이름 : (서명 또는 인)

사)한국피해자지원협회

서울특별시 성동구 성수동2가 308-4 서울숲코오롱디지털타워1차 413호 ☎ (02) 3437-8700

〈부록 3〉

【외상심리상담 보고서】

피해상담사 ○급 제○○○호 ○ ○ ○ 제출일

■ 피해자 인적사항

이름		피해유형		생년월일		성별	
의뢰기관		주소					

■ 상담 과정

주 호소문제						
상담목표						
상담기간	~			총 상담횟수		
위기개입상담 (기본상담)	외상심리상담 (1회기)	외상심리상담 (2회기)	외상심리상담 (3회기)	회복지원상담 (4회기)	회복지원상담 (5회기)	회복지원상담 (6회기)
월 / 일	월 / 일	월 / 일	월 / 일	월 / 일	월 / 일	월 / 일

■ 외상 후 충격 정도 평가

		전혀 그렇지 않다 (1)	그렇지 않다(2)	약간 그렇지 않다 (3)	보통이다. (4)	약간 그렇다 (5)	그렇다 (6)	매우 그렇다 (7)
첫 면담시	내담자보고	□	□	□	□	□	□	□
	상담자평가	□	□	□	□	□	□	□
최종 상담후	내담자보고	□	□	□	□	□	□	□
	상담자평가	□	□	□	□	□	□	□

■ 상담결과 □상담종결 □조기종결 (사유:)

■ 상담소견 ※개인 사생활의 비밀 등이 드러나지 않게 과정 등 간략기재

상기와 같이 상담을 진행하였음을 확인합니다.

20 년 월 일

사)한국피해자지원협회

서울특별시 성동구 성수동2가 308-4 서울숲코오롱디지털타워1차 413호 ☎ (02) 3437-8700

〈부록 4〉

【외상심리상담기록지: 1~3회기, 회복지원상담기록지: 4회기】

1. 기본사항

상담자	피해상담사 ○급 제○○○호 ○ ○ ○			감독자	
상담일시				상담장소	
피해자명		생년월일(성별)		연락처	
의뢰기관		담당자명		연락처	

2. 상담내용

3. 평가내용

4. 조치사항 및 추후 상담계획

〈부록 5〉

【개정판 사건 충격 척도 (IES-R)】

피해자명		사건일시		평가일시	

※ 다음의 문항은 스트레스를 주는 사건을 경험한 후 사람들이 겪는 어려움에 관한 것입니다. ( )
사건과 관련하여 지난 7일 동안 얼마나 많이 경험했는지 각 문항에 표시하십시오.

문항	심각도				
	0	1	2	3	4
	전혀 없다	약간 있다	상당히있다	많이 있다	극심히 있다
1. 그 사건을 상기시켜 주는 것들이 그 사건에 대한 감정(느낌)들을 다시 되살아나게 한다.					
2. 나는 수면을 지속하는 데 어려움이 있다.					
3. 나는 다른 일들로 인해 그 사건을 생각하게 된다.					
4. 나는 그 사건 이후로 예민하고 화가 난다고 느꼈다.					
5. 그 사건에 대해 생각하거나 떠오를 때마다 혼란스러워지기 때문에 회피하려고 했다.					
6. 내가 생각하지 않으려고 해도 그 사건이 생각난다.					
7. 그 사건이 일어나지 않았거나, 현실이 아닌 것처럼 느꼈다.					
8. 그 사건들을 상기시키는 것을 멀리하며 지냈다.					
9. 그 사건의 영상이 마음속에 갑자기 떠오르곤 했다.					
10. 나는 신경이 예민해졌고, 쉽게 깜짝 놀랐다.					
11. 그 사건에 관해 생각하지 않기 위해 노력했다.					
12. 나는 그 사건에 관하여 여전히 많은 감정을 갖고 있다는 것을 알지만 신경 쓰고 싶지 않았다.					
13. 그 사건에 대한 나의 감정은 무감각한 느낌이었다.					
14. 나는 마치 사건 당시로 돌아간 것처럼 느끼거나 행동할 때가 있었다.					
15. 나는 그 사건 이후로 잠들기가 어려웠다.					
16. 나는 그 사건에 대한 강한 감정이 물 밀 듯 밀려오는 것을 느꼈다.					
17. 내 기억에서 그 사건을 지워 버리려고 노력했다.					
18. 나는 집중하는 데 어려움이 있었다.					

19. 그 사건을 떠올리게 하는 어떤 것에도 식은땀, 호흡곤란, 오심, 심장 두근거림 같은 신체적 반응이 있었다.					
20. 나는 그 사건에 관한 꿈을 꾼 적이 있었다.					
21. 내가 주위를 경계하고 감시하고 있다고 느꼈다.					
22. 나는 그 사건에 대해 이야기하지 않으려고 노력했다.					

【IES-R 척도점수 해석】

검사총점	점

- 본 척도는 총 22문항으로 8문항의 침습(intrusion) 증상, 8문항의 회피(avoidance) 증상, 6개의 과각성(hyper arousal) 증상을 측정하도록 구성되어 있음. 대상자의 스트레스 사건을 확인한 후 지난 한 주 동안의 각 증상 빈도를 0~4점으로 평가함
- 본 척도의 총점은 88점이고, 국내에서 제시된 절단점은 25점임. 즉, 총점 25점 이상이면 정신과 전문의 및 외상치료 전문가에게 연계되도록 하여야 함

〈부록 6〉

【외상 후 위기 체크리스트(PRC)】

피해자명		사건일시		평가일시	

※ 다음은 당신이 경험한 충격적인 사건과 관련된 경험에 대한 질문입니다. 문항을 읽고 ✓표 하십시오. (1) 질문지 (1~16번)는 충격적 사건 당시를 떠올리며 작성해 주시고, (2) 질문지 (17~53번)는 충격적 사건 이후를 떠올리며, 경험한 것을 작성해 주시기 바랍니다.

문항	(1) 충격적 사건 당시 경험 (1~16)	예	아니요
1	현기증이 나서 어지러웠다.		
2	몸이 부들부들 떨리고 소름이 끼쳤다.		
3	구역질 또는 복통을 경험했다.		
4	몸에서 열 또는 오한을 느꼈다.		
5	몸이 무감각하고 얼얼하게 느껴졌다.		
6	숨이 가쁘고 숨 막히는 경험을 했다.		
7	가슴의 통증으로 고통스러웠다.		
8	사건 당시 심장이 빨리 뛰어 가슴 두근거림을 자주 느꼈다.		
9	느린 화면을 보는 것처럼 시간이 느리게 가던 순간을 경험, 또는 빠르게 화면을 돌려 보는 것처럼 시간이 빨리 가던 순간을 경험하였다.		
10	몸의 감각은 둔하게 느껴지고 머리는 멍하게 느껴졌다.		
11	나는 마치 꿈속에 있는 것 같았다.		
12	나는 무력감을 느꼈다.		
13	누군가가 심각하게 다치거나 죽을 수도 있다는 생각을 했다.		
14	나는 분노를 느꼈다.		
15	나는 역겨움을 느꼈다.		
16	나는 혼란스러웠다.		
문항	(2) 충격적 사건 이후 경험 (17~53)	예	아니요
17	내 인생을 송두리째 뒤흔든 심각한 사건이다.		

18	내 인생 전반에 걸쳐 영향을 미친 사건이다.		
19	그 사건은 앞으로의 내 인생에 계속해서 영향을 미칠 것이다.		
20	세상 어디에도 안전한 곳은 없다는 생각을 했다.		
21	그 사건이 일어난 장소에 다시 간다면 또 다른 사고가 발생할 것 같은 생각이 들어 피한다.		
22	곧 또 다른 나쁜 일이 닥칠 거라는 생각이 들었다.		
23	'만약에 ~했더라면' 하는 생각을 자주 했다.		
24	내가 그 사건을 막을 방도를 찾을 수 없다면 그와 같은 사건이 다시 발생할 것 같았다.		
25	나는 죄책감을 느꼈다.		
26	사건 발생 후 둔감해진 내 감정 때문에 나는 더 이상 다른 사람들과 관계를 맺을 수가 없을 것이라고 생각했다.		
27	불쑥불쑥 떠오르는 사건에 대한 기억과 사건에 관한 악몽을 결코 극복할 수 없을 거라고 생각했다.		
28	사건 이후로 집중하기 힘든 것을 보면서 나의 뇌가 손상됐을지도 모른다는 생각을 했다.		
29	그 사고 이후로 내 인생은 되는 일이 없다고 생각했다.		
30	결코 이전의 평범한 삶으로 되돌아갈 수 없을 거라고 생각했다.		
31	스트레스를 더 많이 받게 되면 심장마비가 올 수 있다고 생각했다.		
32	사건 이후에 사건과 연관된 것들을 떠올리면 수치심을 느꼈다.		
33	그 사건에 연관된 것 또는 사람이 떠오르면 분노를 느꼈다.		
34	그 사건을 내 인생에서 깨끗이 지워버리고 싶었다.		
35	화가 폭발할 때면 내 성격이 더 나쁘게 변하고 있다는 생각이 들었다.		
36	내가 나의 감정을 확실히 조절하지 못한다면 나는 폭발하여 다른 사람들을 불쾌하게 만들 것이라고 생각했다.		
37	앞으로 나에게 위험한 상황이 닥치게 되면 잘 대처할 수 없을 것 같다고 느꼈다.		
38	내 자신이 패배자처럼 느껴졌다.		

39	내 자신이 약한 존재라고 느껴졌다.		
40	나는 아무짝에도 쓸모없는 사람이라는 생각이 들었다.		
41	내 자신에 대해서 분노를 느꼈다.		
42	나는 다른 사람을 믿을 수 없을 것 같다고 느껴졌다.		
43	다른 사람들은 나쁜 의도를 지니고 있을 거라고 생각했다.		
44	이 세상에 정의는 없다고 생각했다.		
45	이 세상은 악으로 가득 차 있다고 느꼈다.		
46	내가 친근하게 느낄 수 있는 사람이 아무도 없었다.		
47	내가 필요로 할 때 곁에 있어 줄 수 있는 사람이 내 주위에 없었다.		
48	나의 기쁨과 슬픔을 함께 나눌 수 있는 사람이 없었다.		
49	나의 어려움에 대해서 이야기할 수 있는 사람이 없었다.		
50	다른 사람들이랑 어울리기보다 혼자 있으려고 했다.		
51	가족들은 내가 그 사건에 대해서 이야기하는 것을 싫어했다.		
52	나는 사건에 관한 생각을 피하고자 술을 마셨다.		
53	나쁜 감정 혹은 좋은 감정이든지 간에 감정을 불러일으키게 만드는 것을 피했다.		

▶ 피해자가 검사를 끝낸 경우 피해상담사는 피해자가 답변한 부분들에 대하여 구체적으로 추가적인 질문을 하고 별도로 메모를 해 둔 후 외상심리평가서 작성 시에 참고합니다.

【PRC 척도점수 해석】

영역구분		하위영역	세부영역	문항번호	점수
개인 영역	외상 당시	인지 반응	해리반응	9+10+11	
			외상이후	13	
		정서 반응	부정적 정서적 반응	12+14+15+16	
		신체 반응	신체 과각성	1+2+3+4+5+6+7+8	
	외상 이후	외상과 관련된 인지적 평가	초기 외상 후 증상에 대한 부정적 평가	26+27+28+31+35+36	
			외상 영향에 대한 부정적 평가	29+30	
		자신, 타인, 세상에 대한 신념	타인에 대한 불신	42+43	
			자신의 핵심 측면에 대한 부정적 신념	37+38+39+40	
			세상의 공정과 안전에 대한 부정적 신념	20+22+44+45	
		정서반응	부정적 정서적 반응	25+32+33+41	
		대처전략 (부적응적)	회피 / 안전추구전략	21+50+52+53	
			사건부인 / 기억조작전략	23+24+34	
외상영역		외상 심각성	지각된 사건 심각성	17+18+19	
회복환경영역		사회적 지지	낮게 지각된 사회적 지지	46+47+48+49+51	

검사총점	점

총점	저위기 수준 (16점 이하)	외상 후 회복되어 PTSD 증상이 없음(무증상) 가능성이 높음
	중위기 수준 (17~26점)	외상 후 부분 PTSD 또는 full PTSD로 진전될 위험이 높으며, 증상의 심각도는 낮거나 중간 수준일 가능성이 높음
	고위기 수준 (27점 이상)	외상 후 부분 또는 full PTSD로 진전될 위험이 높으며, 증상의 심각도가 높은 수준일 가능성이 높음 → 정신과 전문의 및 외상치료 전문가에게 연계되도록 하여야 함

〈부록 7〉

【피해자 욕구 조사표】

피해자명		사건일시		평가일시	

※ 현재 피해자가 가장 필요로 하는 것을 이 양식을 사용하여 기록하십시오. 이 양식은 지속적인 보호를 촉진시키기 위해 관련 단체들과 상의하는 데 사용될 수 있습니다.

1. 피해자(유가족)가 겪고 있는 어려움에 해당하는 박스에 ✓표 하십시오.

☐ 과거나 기존했던 외상/심리적 문제들/물질남용 문제들
☐ 범죄의 결과로 손상을 입음
☐ 사랑하는 이의 실종이나 죽음
☐ 재정적인 걱정들
☐ 집을 잃음
☐ 집안 정리
☐ 직장이나 학교를 잃음
☐ 구출/복구(recovery)를 도움
☐ 신체적/감정적 장애를 가지고 있음
☐ 치료 안정화(medication stabilization)
☐ 아동/청소년에 관한 염려들
☐ 정신(종교)적인 걱정들(spiritual concern)
☐ 다른 것: ______________________

2. 피해자(유가족)가 요청하거나 긴급히 요구되는 사항을 구체적으로 기재하십시오.

구분	항목	상세 내용 (요청금액 포함)
경제 지원	☐ 사건현장청소 ☐ 생활필수품 ☐ 의료비(장례비) ☐ 교육비 ☐ 긴급 생계비 ☐ 기타	
법률 지원	☐ 법률자문(형사, 민사) ☐ 법정동행	
심리 지원	☐ 개인상담(방문) ☐ 심리치료기관연계 ☐ 집단상담 ☐ 자조모임	
기타 지원	☐ 신변안전조치 ☐ 청소년 학습지도 ☐ 주거지원 ☐ 유아 등 돌봄이 ☐ 이외 ( )	

3. 연계요청 기관(자)

☐ 목표(특정)를 가지고 ______________________
☐ 다른 피해극복지원 기관들
☐ 전문적인 정신 보건 서비스
☐ 의학적 치료
☐ 물질남용 치료
☐ 다른 지역 봉사활동자들
☐ 성직자
☐ 다른 ______________________

4. 안전한 기관으로 연계가 이루어졌습니까?

☐ 예
☐ 아니요

〈부록 8〉

【심리적 응급개입 조사표】

피해자명		사건일시		평가일시	

※ 지금까지 상담사가 피해자에게 제공한 심리적 응급개입의 내용에 ✓표 하시오.

대면과 개입	
□ 적절한 태도로 최초 접촉 시도	□ 당장 필요한 것에 관하여 물음
신변안전	
□ 신변 안전을 위한 즉각적 조치 취함 □ 신체적으로 편안하도록 돌봄 □ 부모와 격리된 아동 돌봄 □ 사랑하는 이의 실종을 극복하도록 도움 □ 긴급한 비탄반응에 대응 □ 죽음과 관련한 신앙적 문제 다룸 □ 장례(식) 문제에 관한 정보 제공 □ 사망 통지 후 생존자 지원	□ 범죄피해와 위험들에 관한 정보 제공 □ 사회적 개입 권장 □ 추가 외상으로부터 보호 □ 사랑하는 이의 사망 이후 상황 도움 □ 아동과 죽음에 관하여 이야기 □ 외상사건으로 인한 비탄에 대응 □ 시신 확인 후의 생존자 지원 □ 아동에게 죽음에 대한 확인 도움
위기상황 안정화	
□ 심리적 안정 지원 □ 안정화를 위한 약물치료 정보 수집 및 제공	□ 긴장이완 방법 사용
정보의 수집	
□ 범죄피해경험의 특성 및 심각성 □ 계속적인 위협에 관한 걱정들 □ 신체적 · 정신적 질병과 치료 □ 극도의 죄책감이나 수치스러움 □ 사회적 지원의 이용가능 여부 □ 이전 외상과 상실 전력 □ 다른 것	□ 가족 구성원이나 친구의 죽음 □ 사랑하는 이(들)의 안전에 대한 염려들 □ 범죄피해와 관계된 상실들 □ 자기 자신이나 다른 이들을 해치는 생각들 □ 이전의 알코올이나 약물 남용 여부 □ 발달상의 영향에 대한 걱정들
사회적 지원과의 연계	
□ 가족 구성원들과의 만남을 가능케 함 □ 피해지원 활동(자조모임 등) 연계	□ 문제를 해결하기 위해 도움/사회적 지원연계 □ 지원하는 행동들을 모형화
위기 대처에 대한 정보	
□ 스트레스 반응에 관한 기본적인 정보 제공 □ 간단한 긴장이완 기술을 가르쳤음 □ 발달상의 문제 상담 □ 부정적인 감정(수치/죄책감)을 다룸 □ 물질 남용 문제를 도움	□ 대처하기 위한 전략 정보 제공 □ 문제에 대처하도록 가족들을 도움 □ 분노 제어를 도움 □ 불면증 문제를 도움
공공 서비스와의 연계	
□ 추가적인 서비스와 연계를 제공 내용: □ 지속적인 케어(돌봄) 촉진 내용: □ 유인물(handouts) 제공 내용:	

〈부록 9〉

【외상심리평가서】

사건번호	
피해자명	○○○/○○○ (○○○의 부 /모 /자 /손)
제출일자	

○○○○지법 ○○부 귀중

【외상심리평가서】

피해자명		사건일시		평가일시	

1. 외상심리평가서는 가족구성원별로 작성하여야 합니다. 최종 외상심리평가서를 감독자에게 제출할 때는 하나의 외상심리평가서로 통합하여 제출(가족구성원별 외상심리 평가자료는 첨부)합니다.

2. 1회기 때는 상담을 제공하면서 외상검사, 피해자욕구조사, 심리적 응급개입조사를 실시한 것을 것을 중심으로 내용정리를 하고,
   - 외상후 위기 체크리스트, 사건충격검사, 피해자욕구조사표, 심리적 응급개입 조사표 등의 내용과 결과를 순서대로 그리고 구체적으로 서술합니다.
   - 외상후 위기 체크리스트에서 피해자가 위기를 표현하는 부분들에 대하여 필요시 그 문항에 대하여 피해자에게 자세하게 내용을 물어보고 정리해 두셔야 합니다.
   - 피해자욕구조사표의 내용을 종합적으로 판단하고 구체적으로 욕구의 내용을 자세하게 기록하셔야 합니다.
   - 심리적 응급개입 조사표의 내용을 종합적으로 판단하고 구체적으로 응급개입의 내용을 자세하게 기록하셔야 합니다.

3. 필요시에는 피해자의 특성을 더욱 정밀하게 측정할 수 있는 불안검사, MMPI, CAPS 등을 추가 추가 실시하고, 상담이 종료된 후에는 습득한 자료들을 종합하여 하나의 평가서로 작성합니다.

4. 서술한 내용이나 검사결과 중에서 특징적인 부분들에 대하여 전문적인 설명을 첨가하고, 그 부분들에 대한 전문가적 의견을 제시합니다.

5. 서술한 내용이나 검사결과 중에서 특징적인 부분에 대하여 전문적인 설명을 첨가하고, 그 부분에 대한 전문가적 의견을 제시합니다.

6. 피해자의 전체적 또는 특징적 부분을 해결하기 위하여 어떠한 조치들이 단계별로 어떻게 제공되어야 하는지에 대하여 구체적인 실행방법을 제시합니다.

7. 마지막으로 피해상담사가 전문가로서 종합소견을 제시합니다.

8. 외상심리 평가확인 및 종합소견서는 사법기관에서 주로 참고하는 부분이니 종합적이고 전문적인 소견이 포함되어야 합니다.

상기인을 대상으로 외상심리평가를 실시하였음을 확인합니다.

20 년 월 일

상담자: 피해상담사 ○급 제○○○호 ○ ○ ○

감독자: 피해상담전문가 제○○호 ○ ○ ○

〈부록 10〉

【경제적 지원 신청서】

1. 담당자

담당자 성명		자격증 급수	
소속 지부		연락처	

2. 지원 대상자

피해자 성명		생년월일(성별)	
내국인/외국인		연락처	
피해 유형		거주 지역	
의뢰 경로		지원 유형	

3. 조사 항목 (최대한 구체적인 작성 요망)

구분	항목	내용
1	• 요청하는 경제적 지원의 용도와 액수 (예: 생계비 지원-월세 30만원 3개월 분) ※ 해당 내용은 심의 진행에 참고하기 위한 내용으로 요청 금액이 모두 지원되는 것은 아닙니다.	
2	• 사회적 배려대상자 / 기초생활수급자	
3	• 가해자의 유형 가족이나 친족 / 친구나 동료 / 비면식 관계	
4	• 피해자 및 피해자 가족 현황 (성별, 연령, 직업, 수입 등)	
5	• 피해자의 가족 부양 여부	

6	• 사건으로 인한 신체적 또는 경제적인 피해 정도 (병원 입원, 액수 등 구체적으로 작성 바랍니다)	
7	• 재산 보유 현황 (월세/전세 얼마, 주택이나 상가, 부동산, 소지 자가용 등)	
8	• 지자체나 기관(법무부 범죄피해구조금, 보건복지부 긴급지원제도 등)으로부터 지원된 현황	
9	• 지자체나 기관으로 지원받지 못한 이유	
10	• 가해자 처벌 현황 (검거/미검거, 조사중, 기수, 재판 등을 명시)	
11	• 상담 진행 또는 예정 사항	
12	• 기타 지원이나 추가 사항	

20　　년　　월　　일

담당자 성명:　　　　(서명 또는 인)

사)한국피해자지원협회

서울특별시 성동구 성수동2가 308-4 서울숲코오롱디지털타워1차 413호　☎ (02) 3437-8700

〈부록 11〉

【범죄피해영향진술서】

VICTIM IMPACT STATEMENT FORM

사건번호	
피해자명	○○○/○○○ (○○○의 부 /모 /자 /손)
제출일자	

○○○○지법 ○○부 귀중

【범죄피해영향진술서】

VICTIM IMPACT STATEMENT FORM

진술서 작성기초내용	예	아니요
당신은 범죄로 인해 어떠한 영향을 받았는지 가능한 정확하게 수사기관이나 법원이 알기를 원합니까?		
당신은 법원에서 판결을 내릴 때, 가해자가 당신에게 금전적으로 배상해 줄 수 있도록 고려해 주기를 원합니까?		
만약 그렇다면 배상받기를 희망하는 총금액은 얼마인가? ________________ 만 원 (배상금액을 증명해 줄 증명서, 영수증 등을 제출해 주세요)		

만약 당신이 기소 가능한 범죄의 피해자라면, 당신의 〈범죄피해영향진술서〉를 판사의 허가를 받아 법원에서 읽을 수 있으며, 또한 당신 대신 다른 사람이 당신의 〈범죄피해영향진술서〉를 읽도록 허락할 수 있습니다. 만약 당신이 〈범죄피해영향진술서〉를 법원에서 말할 자격이 주어진다면, 어떤 방식을 선호하는지 답변해 주시기 바랍니다.

당신이 직접 법원에 참석하여 〈범죄피해영향진술서〉를 읽겠습니까?		
당신은 법원에서 〈범죄피해영향진술서〉를 대신 읽을 사람을 지명하길 희망합니까?		

▣ 범죄로 인한 신체적 외상

(피해자 및 가족 구성원별로 예상되거나 받고 있는 치료에 대한 설명, 의학적 · 치의학적 · 정신의학적 · 심리적 영역 등을 포함하여 진행 중이거나 치료 중인 내용 중심으로 기술)

▣ 범죄로 인한 심리적 외상

(피해자 및 가족 구성원별로 쇼크, 공포, 슬픔, 괴로움, 혼란스러움 등의 심리적 증상을 중심으로 기술)

▣ 범죄로 인한 경제적 손해

(피해자 및 가족 구성원별로 어떤 재산에 대한 수리나 대체비용, 병원비, 상담비, 수입 손실이나 지출 중인 비용이 있는가? 항목별 비용 중심으로 기술–영수증 첨부)

▣ 기타 피해관련 다른 정보

(사건 전후 피해자 및 가족 구성원별로 삶에 어떤 변화가 있었는지, 피해자가 사건 전에는 어떤 사람이었고 가족들에게는 어떤 사람이었는지 등을 자세히 기록하고, 필요시 사건 전후 피해자의 사진 등을 첨부해 주세요)

위 진술들은 거짓 없이 작성하였으며, 이 진술내용이
수사기관 또는 법정에서 구두 또는 서면으로 진술되기를 희망합니다.

20　　년　월　일

피해자(유가족) 성명:　　　　(서명)

피해자(유가족) 성명:　　　　(서명)

피해자(유가족) 성명:　　　　(서명)

제9장

사설 상담기관에서의 행정 3: 심리치료센터

사설 상담기관은 유료상담기관으로 내담자 만족도가 매우 중요하며, 경영마인드, 고도의 전문적 숙련도와 인격적으로 성숙한 상담자의 자질이 요구된다.

1. 사설 상담센터 개원

사설 상담센터를 운영하기 위해서 제일 먼저 해야 할 일은 사업자등록증을 개설하는 것이다. 「헌법」 제38조에서 모든 국민은 법률에 정하는 바에 의하여 납세의 의무를 진다라고 규정한다. 사설 상담기관은 당연히 납세의무가 있기 때문에 사업소득에 관한 세금을 내기 위해 사업시설을 세무서에 신고해야 한다. 세무서에서 사업자 정보를 등록한 후 받는 증서를 사업자등록증이라고 한다.

사업자등록신고는 사업개시일로부터 20일 이내 관할세무서에서 신청하면 된다. 신규로 상담센터를 개원할 경우는 사업 개시 전에도 등록이 가능하다. 사업장이 여러 개가 된다면 각 사업장마다 별도로 해야 한다. 사업자 등록신청서의 경우 사업자 본인이 자필로 서명해야 한다. 기본서류로 사업자등록 신청서, 신분증, 사업장을 임차한 경우 임대차 계약서 사본이 필요하다.

사업자등록증은 상호, 대표자 성명, 생년월일, 개업연월일, 사업장 소재지, 사업의 종류, 종목, 발급 사유 등으로 구성된다. 사업자등록신청서 구성 중 사업의 종류에는 업태와 종목이 있다. 우리나라에서는 표준산업분류에 따라 정확한 업태와 종목을 선택하여야 한다. 업태는 서비스업, 종목은 심리상담, 심리교육 등의 대표적인 종목을 표기하면 된다.

요즘은 결제수단이 대부분 신용카드결제이다. 그래서 카드결제를 위해서 카드단말기 회사에 카드단말기와 가맹점개설을 의뢰한다. 각 은행별 가맹점 개설에 대한 서비스는 카드단말기 회사에서 제공하고 있다. 단 사설 상담센터의 대표는 사업자등록증을 준비하여 주거래 은행에 직접 방문하여 카드입금통장을 개설하거나 지정하면 신용카드결제에 대한 입금통장으로 사용하게 된다.

2. 사설 상담센터 홍보

사업자등록증을 발급받았으면 어떻게 사업장을 알릴 것인지에 대한 방법이 매우 중요하다. 많은 사람이 정보 수집을 위한 수단으로 인터넷을 활용하는 것은 자연스러운 현상이다. 그래서 홍보방법으로 인터넷을 활용하는 것은 무척 효과적이고 편리한 방법 중 하나이다. 그중 많이 활용되는 방법은 홈페이지 제작이다. 심리상담 분야도 프랜차이즈로 상담센터를 개설하는 경우가 있는데 이때는 본사에서 전반적인 관리를 하고 있다. 개설지점에 대한 홍보는 본사가 체계적으로 진행하는 장점이 있으나 수수료, 홍보비용 등이 발생한다. 그래서 처음 상담센터를 개설하는 운영자 입장에서 프랜차이즈를 맺고 홍보를 하든지 개인이 직접홍보 관련 홈페이지를 제작하더라도 제작비와 관리에 대한 부담이 클 수밖에 없다.

다른 홍보방법으로 인터넷카페를 개설하는 것이 있다. 카페개설은 카페의 구성 및 내용 등 미리 자료를 준비하는 것이 필요하다. 구성항목은 심리상담 및 치료에 관한 일반적인 정보나 이슈, 사건 등으로 정보를 기재할 수 있다. 더하여 심리에 대해 궁금할 수 있는 정보들을 미리 작성해 두었다가 게시하면 일반인들에게 좋은 정보가 될 것이다. 정보를 수집하고자 하는 자가 카페를 통해 정보를 검색하기도 하고 그에 따른 궁금증을 해결하기 위해 행동으로 옮기는 경우가 빈번하므로 카페를 운영하는 방법을 적극 추천하고 싶다. 카페는 잠재적 내담자들과 소통의 창으로 활용되기도 하고 홍보뿐만 아니라 비용도 절감할 수 있는 좋은 방법이다. 개설한 이후 꾸준한 관리가 필요하다.

이러한 정보기술의 발달이 홍보를 손쉽게 하는 면도 있지만 때로는 폐해를 낳기도 한다. 지역마다 커뮤니티가 활발하게 운영되고 있다. 사람들은 지역 커뮤티니에서 필요한 정보를 얻고자 하여 이용자가 매우 많다. 지역 커뮤니티에서 간혹 잘못된 정보나 악의적인 글을 올려 낭패를 보는 경우가 발생하기도 한다. 때로는 무척 난처하고 고통스러운 경험을 하겠지만 상담을 받은 내담자는 상담자의 진솔하고 최선을 다하고 있는 모습을 기억하고 있을 것이다. 상담을 이어 나가는 데에 중심을 잡기 어려운 경우 슈퍼바이저나 동료상담자들한테 도움을 받으면서 극복할 필요가 있다. 이런 경험이 없었으면 좋겠으나 상담자는 고통을 인간적인 성숙의 자원으로 삼는 계기도 될 수 있다. 유능하고 성숙한 상담자가 되어 가다 보면 홍보가 필요 없는 경지에 오르기도 한다.

3. 사설 상담센터 운영

1) 근무형태

사업자등록증을 자세히 들여다보면 사업의 종류에 업태와 종목이 있다. 업태를 보면 서비스업으로 표기되어 있다. 서비스업이란 비물질적 생산물을 제공하는 산업을 말한다. 즉, 생활의 편의와 삶의 질 향상을 위하여 무형의 노무를 제공하는 것이다.

사설 상담센터는 상담 및 심리치료를 필요로 하는 사람에게 그에 상응하는 서비스를 제공하는 것이라고 볼 수 있다. 서비스 이용자들의 편리성을 염두에 두어야 한다. 따라서 상담사가 서비스를 제공할 시간을 정하기보다 클라이언트의 요구에 맞추어서 조율하는 경우가 많다. 공공기관처럼 오전 9시에 시작하여 오후 5~6시를 정해 두고 운영하기가 어렵다. 주로 개인 상담실의 하루 일정은 상담예약의 세팅에 따라 다르지만 오전 9시~오후 10시까지 근무하는 형태를 많이 보인다.

서비스 이용자들의 선호시간대를 보면 성인내담자의 경우 오전이나 퇴근 후 저녁 시간을 선호한다. 아동의 경우는 방과 후를 원하기도 하고 학원을 마친 뒤 저녁 시간을 원하기도 한다. 다른 지역에서 오거나 고학년의 청소년은 주말시간을 선택하는 경우도 많다. 이처럼 대상이 아동부터 성인까지 넓은 스펙트럼을 가지고 있기 때문에 선호하는 시간이 겹치기도 하고 사례가 많아 외부상담사를 초빙하는 경우도 있다.

사설 상담센터의 경우 오전에는 상담일지나 행정적인 업무와 배정된 담당 상담사와 내담자의 연결확인, 운영자가 상담사인 경우 오전상담을 병행하는 등의 일정이 다양하다. 상담자 혼자 운영하거나 여러 선생님과 함께 일을 하는 경우도 많다. 이때 무엇보다 중요한 것은 운영자, 즉 상담사(원장, 소장)의 대표 역량이 매우 중요하다. 운영자이면서 상담사가 전체 선생님들의 역량을 파악하려면 스스로 그 이상의 역량을 갖추었을 때 그들의 임상적 수준을 파악하기 용이하다. 또한 상담센터 전체의 역량도 높일 수 있는 교육이나 슈퍼비전도 직접 주도할 수 있고 상담의 노하우(knowhow) 전수도 가능해질 것이다. 운영자, 즉 상담사의 역량이 높을 때 선생님들의 상담역량과 특성을 파악하여 맞는 대상을 이어 줄 때 더욱 높은 성과도 가져올 수 있을 것이다.

상담사의 소진과 복지 또한 간과할 수 없는 부분이기 때문에 양질의 상담서비스를 제공하기 위해서라도 운영자는 상담사와 내담자들의 특성(예: 아동 · 청소년과 성인, 성별 등) 등을 고려하여 조화롭게 배정하는 것도 고민해야 할 것이다.

2) 내담자 관리

사설 상담기관은 공적기관과 달리 유료상담으로 내담자가 직접 돈을 지불하는 형태이다. 그렇기 때문에 내담자가 꾸준하게 상담에 임하게 하는 것이 상담센터 수익창출과 유지에 가장 주요한 요인이다. 이를 위해 상담목표가 이루어질 때까지 상담회기마다 내담자 만족도가 매우 중요하다. 따라서 내담자의 만족도를 높이기 위한 고도의 전문적 숙련도와 함께 인격적인 성숙이 상담자 자질로 요구된다.

(1) 내담자 일정

내담자의 일정관리에 대해 초반 상담구조화를 하면서 주 간격과 날짜 그리고 시간을 어떻게 할지 미리 구두로 협의를 한다. 상담회기는 사례마다 차이가 있을 수 있으나 일반적으로 주 1회 대면으로 이루어진다. 간혹 내담자가 트라우마 증상이 심하거나 때로는 불안감이나 분노감 등으로 인해 내담자가 1주 간격을 견디기 어려워하거나 심각한 부적응을 초래되는 경우에는 주 2~3회 진행되는 경우도 있다.

상담 날짜가 정해지더라도 개인 사정에 따라 변동이 일어날 수 있는데 이 부분은 상담 동의서를 작성할 때 상담시간변경에 대한 동의를 미리 받아 두는 것이 필요하다. 구체적으로 상담시간변동이 생겼을 시 조정은 예약 24시간 이전 상담자와 하며 그렇지 않은 경우 예약한 시간으로 진행한다. 갑작스러운 일이 생겼을 때 상담 예약 3시간 전 상담자와 연락을 취한다고 명시한다. 아무런 연락 없이 불참하는 경우 미리 지불된 상담료 40% 차감된다는 것을 서면으로 표기하는 경우도 있다. 이는 내담자가 상담시간에 대한 책임을 가지기 위한 방법으로 사용된다. 실제 임상현장에서 대부분 내담자는 약속을 이행한다. 때로는 상담실로 오다가 사고 등의 불가항력적인 요소가 발생했을 때는 예외를 둔다.

매회 상담이 끝나는 시간에 다음 상담 일을 내담자와 소통하며 노쇼(no-show)가 나지 않도록 관리를 해야 한다. 상담 전날은 내담자에게 문자로 상담일과 시간을 알려 다시 한번 확인을 하면 노쇼(no-show)의 경우를 줄일 수 있다. 만약 내담자의 개인 사정으로 약속이 불이행되면 문자나 전화를 통하여 다음 상담날짜를 다시 정하면 된다.

(2) 상담료

내담자가 지불하는 회기 상담료는 상담센터마다 약간의 차등이 있다. 회기에 10~15만 원 등 상담자가 소유하고 있는 자격과 상담경력, 기타(상담센터별) 사정에 따라 다르다. 내담자에게 상담료를 받을 때 주로 선불로 4회, 5회, 10회, 15회 등으로 묶어 받는데 센터의 편의대로 결정하고 있다. 결제할 때는 현금 또는 카드로 한다.

몇 주를 묶어 상담료를 선불로 지급될 때 상담 진행에 더욱 안정적인 장점이 있다. 매주 상담료를 받을 때는 상담자도 다음 상담에 대한 불안정감이 있고 내담자 역시 돈을 미리 지불했을 때와 그렇지 않을 경우 마음에 영향을 받게 될 가능성도 있다.

상담은 심리적으로 힘들어서 방문한다. 그러나 항상 계속 오고 싶은 것은 아닐 것이다. 특히 장기로 이어질 때, 얘기하고 싶지 않고 피하고 싶을 때, 느끼고 싶지 않았던 감정을 표현해야 하는 경우에는 더욱 마주하고 싶지 않을 때도 있다. 이런 경우 내담자가 회피하는 패턴에 빠질 가능성도 있지만 이미 돈을 지불했을 때는 어쩔 수 없이 오게 된다는 내담자 경험도 들을 수도 있었다. 누구에게나 고비는 있다. 이러한 고비와 저항을 잘 다루게 되면 상담의 성과를 높일 수 있다.

(3) 내담자 회기

상담은 시작이 되면 짧게는 3개월에서 길게는 5년 이상 이어지는 경우가 있다. 장기로 이어지는 상담에서 일주일에 한 번씩 내담자가 반복 방문하는 것은 그리 쉬운 일이 아니다. 사설 상담에는 특히 매회기마다 내담자가 자신이 치료되어 변화됨을 느껴 돈을 지불하고 시간을 낼 만큼 가치가 있다는 경험이 주어져야 안정적으로 진행이 된다.

① 청소년상담

청소년상담에서는 부모와의 협조도 상담회기의 진행을 위해서 무엇보다 중요하며 부모와의 불협화음이 날 때 그 상담은 바로 종결되는 경우가 빈번하게 발생한다. 간혹 가족상담의 형태가 아니더라도 청소년을 둘러싼 체계에 있는 모두를 만나야 할 때도 있다.

성인상담보다 더욱 복잡하고 상담자가 해야 할 일, 신경 써야 하는 부분이 많다. 특히 부모가 비협조적이고 청소년의 문제로만 인식하는 경우가 자주 발생한다. 뿐만 아니라 청소년의 변화된 행동을 부모가 못 받아들일 가능성이 있고 청소년의 문제보다 부모의 문제가 더 큰 경우 등 상담 진행이 어렵게 느끼지는 상황도 발생한다. 이러한 이유로 상담자의 내면적 갈등이 심해질 때도 있다.

상담자가 상담의 진행이 어렵다고 느껴질 때 슈퍼바이저 또는 동료 상담자에게 도움을 구하기도 하지만 결국 드롭(drop)되는 경우가 많다. 그렇다 할지라도 그 내담자와 부모를 향해 상담자가 진솔한 태도와 연민의 마음으로 끝까지 노력한다면 이후 다시 상담이 재개될 확률이 높다. 이러한 경우에 내담자나 그 가족이 상담에 대한 마음의 준비가 되지 않았으나 힘들다는 이유로 무작정 찾아오거나, 변화를 받아들일 동기가 미흡할 경우도 많으니 상담자는 성심성의껏 진솔한 태도를 유지하는 것이 필요하다.

② 청소년상담에서 가족관리

내담자의 상담내용에 대한 비밀유지는 윤리적으로 매우 중요한 문제다. 하지만 부모와의 소통은 어느 정도 이루어져야 한다. 또한 부모의 알 권리도 어느 정도 충족되어야 한다. 이때 부모에게 상담내용에 대한 비밀유지의 고지가 있어야 하지만 청소년문제는 부모가 개입될 수밖에 없다. 청소년상담에 있어 부모는 청소년을 둘러싼 환경 중 가장 중요한 자원이며 경제적 주도권을 가진 대상으로 사설상담에서 부모와 상담사의 관계는 매우 중요하다.

협조적인 부모라면 상담 진행에 대해 함께 힘을 합해야 목표달성이 순조롭고 성공적으로 진행된다는 것을 교육한다. 더 나아가 아이문제에 대한 죄책감보다 부모역할에 대한 효능감을 갖도록 격려한다. 상담내용도 내담자에게 이득이 클 때는 내담자와 조율하고 허락하에 상담내용 일부분을 상담자의 생각과 느낌으로 전달하며 아이를 돕기 위한 부모 솔루션(solution)이 주어지기도 한다.

다른 형제들과의 관계문제가 계속 발생할 때는 그 형제도 만날 수 있다. 필자가 항상 신념처럼 '내담자를 포함한 가족들이 생각하고 말하는 모든 것은 옳다.'라는 생각을 가지고 이들을 만난다. 가족구성원 각자의 이야기를 하나하나 듣다 보면 그들 역시 자신의 마음을 상담자가 알아 주기를 바라고 있다는 것을 매번 깨닫게 된다. 이러한 협조가 잘 이루어졌을 때 대체로 회기관리에도 긍정적인 영향을 미쳐 가장 좋은 상담성과를 획득하게 된다.

③ 성인상담

성인내담자의 경우 주로 장기상담으로 애착과 트라우마(Trauma, Complex PTSD), 우울, 불안 등 문제를 포함한 정신과적 진단을 가지고 오는 내담자가 많다. 청소년은 주로 관계문제, 자해를 포함한 학교 부적응이 다수라면 성인내담자의 경우 오랫동안 증상을 앓다가 지쳐서 오는 경우로 자살사고 또는 자살문제를 동반하여 내방하는 경우도 종종 있다. 이와 같이 복합적인 문제를 가지고 있는 내담자들은 먼저 현재 삶에 불편을 초래하고 있는 호소문제, 즉각 개입해야 하는 자해·자살에 초점을 맞추게 된다. 특히 자해·자살은 빈도, 기능, 사고, 계획 등을 면밀히 탐색하고 윤리 규정에서 비밀의 예외규정을 설명하고 설득한다. 상담자에게 가장 난해한 영역이지만 상세히 자해·자살 전 트리거 요소를 찾고 자해를 하는 장소, 이루어지는 시간, 등을 탐색하다 보면 파괴적 행동에 대한 명확한 대책들을 발견하게 된다. 자해·자살기능에 대체할 수 있는 옵션들도 최대한 많이 함께 작성하여 내담자에게 전달하여 다음회기가 올 때까지 안전장치를 만들어 놓는다. 이러한 시도가 극단적이고 부정적인 행동에서 긍정적인 행동으로 옮겨 가는 가능성을 높이며, 내담자가 회복될 때까지 안전하게 회기를 끌어갈 수 있고 상담자에게도 심리적 안정감을 가져올 수 있다.

상담자는 내담자와 함께 중간 이탈 없이 장기목표를 완성할 수 있는 것은 무엇보다 임상현장에서 사용할 수 있는 많은 기술과 여러 이론을 섭렵하고 있어야 한다. 다양한 문제가 있는 내담자에게 가장 알맞은 치료적 접근을 할 수 있는 상담자의 높은 역량이 항상 필요하다. 더욱이 트라우마·애착 트라우마 관련 치료는 정신역동치료와 관련한 상담이론으로 한계가 있고 반드시 트라우마 치료이론에 대해 학습이 선행되어야 한다. 특히 최신 치료이론을 받아들이는 것에 대해 상담사는 주저함이 없어야 한다. 최신 치료이론에는 기존의 한계를 넘어서는 치료방법에 대한 내용들이 있기 때문이며 사설 상담센터에서 내세울 수 있는 경쟁력은 무엇보다 상담자의 치료역량에 있다.

다수 국외연구에서도 상담 및 심리치료의 효과는 궁극적으로 상담사의 역량에 달려 있는 것으로 나타났다(Baldwin & Imel, 2013; Kim, Bolt, & Wampold, 2006; Wampold & Imel, 2015). 더하여 상담자의 인간적 성숙도를 이루기 위해 자기 알아차림, 통찰능력 등을 꾸준히 훈련해야 하며 치료역량을 높여야 한다. 상담자의 높은 치료역량은 내담자의 드롭(drop)을 줄이고 끝까지 상담목표를 달성하게 되는 멋진 한 편의 드라마를 만들어 낼 수 있을 것이다. 이렇게 상담자의 역량을 높임으로써 내담자와 지속적인 재방문이 이루어지고 사설 상담센터운영의 성공요소인 내담자 관리가 가능해질 것이다.

3) 상담자 관리

사설 상담기관 개업상담사는 수익이 안정될 때 까지 늘 부담감을 가지고 있다. 더불어 내방한 가족들과 내담자들의 심리상담 및 치료에 대한 인식부족과 상담사를 신뢰하도록 설득해야 하는 문제들에도 부딪히기도 한다. 유료상담으로서의 내담자나 그 보호자의 기대에 부응해야 하는 심리적 부담 등의 여러 요소가 과도한 스트레스가 되어 소진이 일어난다. 이러한 상담자 소진에 대한 대처방안 등 향후 사설 상담센터 개업을 준비하고자 할 때 갖추어야 할 부분에 대해 경험적 제시를 하고자 한다.

(1) 사설 상담기관의 운영과 책임

상담사들은 석사 · 박사과정 중이거나 수료 또는 졸업 후 자격증을 취득하고 상담관련 기관에 취업하게 된다. 상담관련 기관에서 상담사는 상담과 행정 등 기관이 요구하는 역할을 복합적으로 맡게 된다. 몇몇 상담사는 이렇게 쌓인 임상경험이 중급이나 그 이상의 상담전문가로써 실력이 겸비될 때 개업에 대한 소망을 갖고 준비를 하게 된다.

사설 상담기관의 상담은 기본적으로 영리를 목적으로 하며 적정수준의 상담료가 책정되어 개인 혹은 연계된 기관으로부터 받게 된다. 수입원에는 개인/가족상담료, 집단상담, 국가 바우처, EAP제공기관과 연계상담, 외부강의 등이 있다. 다양한 영역에서 활동은 곧 상담기관의 성패와 관련된다.

상담사가 개업을 준비하게 되면 상담기관의 형태를 1인 사업자로 할지 상담 프랜차이즈나 개인이 여러 명의 상담사를 채용해서 운영하는 방식 중에 선택할 수 있다. 여러 명이 구성된 사설 상담센터의 경우 센터장은 상담자관리에서 특별히 신경을 써야 한다. 센터를 운영하는 운영자는 상담자특성과 내담자특성을 고려한 연결, 상담자 간의 관계성, 상담자 교육 등을 염두에 두고 실천하는 센터를 운영하는 리더십이 필요하다.

1인 사업자의 경우 상담소의 운영은 물리적 환경의 중요성을 반영하여 자신만의 소신을 세우고 모든 아이디어를 동원한다. 상담기관의 물리적 위치도 무시하기 힘든 요소로 내담자가 접근하기 편한 곳의 선정에 대한 고민도 해야 한다. 개업상담사는 상담기관의 안정적인 수익구조를 만들기 위해 개인상담은 어떤 루트를 가지고 홍보를 할지, 어떤 기관과 연계를 해야 할지, 정부에서 하는 사업은 어떤 것이 있는지, 타 상담기관에서 이미 하고 있는 사업은 어떤 것들이 있는지 등에 관한 정보를 수집해야한다. 예전 상담기관의 경험에서 부족한 부분(예: 상담영역의 특화-가족상담, 트라우마 등)을 보강하여 운영자로서 직접 실천해 보는 것도 역할에 대한 아이디어가 될 것이다.

개업상담사는 운영과 상담 모두를 해야 하는 많은 역할의 부담을 가지고 소진의 위험에 노출되기도 한다. 개업상담사는 상담사로서 유료상담에 대한 윤리의식과 전반적인 사례관리의 책임, 주도적이고 능동적으로 운영하는 전문상담자면서 사업가의 역할을 동시에 수행한다. 때로는 감당하기 어려울 만큼 많은 일을 처리해야 하지만 내담자의 정신건강을 책임지고 변화시키는 작은 성공의 경험을 쌓아 나갈 때 개업상담자들은 보람과 자부심, 만족을 경험한다.

더하여 안정적인 운영을 보장하는 데는 상담사의 역량을 높이는 것뿐만 아니라 사업가로서의 역량도 높여야 한다. 상담영역 안에서도 특화된 영역(집단상담, 트라우마 등)에 역량을 키워 필요한 업체(교육청, EAP, 소방서, 각 공단들 등)에 사업계획서를 제출할 수도 있다.

상담소 외 · 내부 환경적 퀄리티(quality)에도 관심을 가져야 한다. 환경적인 요인은 상담소에 대한 이미지와 홍보효과에 영향을 미치기 때문에 빼놓을 수 없는 부분이기도 하다. 따라서 개업을 생각하는 후임자의 경우 상담센터 운영에 대한 선임자들의 정보를 최대한 많이 수집하여 수입구조의 다변화와 상담소 환경 이미지를 만드는 것에 충분한 노력이 필요하다.

(2) 사설 상담기관에서 상담자

사설 상담기관은 상담사가 하는 모든 활동에서 수입이 결정되며 상담사의 유능성과 높은 성과, 책임감이 함께할 때 성공이 뒤따른다. 센터를 방문하는 모든 내담자(가족상담 등 포함)는 구조화된 기간 안에 상담의 목표가 이루어지고 정신건강이 회복되도록 도와야 하는 책임이 있다. 집단상담도 끝나는 시점에 집단원들은 각자의 소기에 목표와 집단의 목표가 동시에 이루어지도록 도와야 하는 상담자의 책임이 있다.

EAP 상담이나 외부 출장상담 강의 등도 좋은 결과와 함께 출장 간 기업(공공기관)의 긍정적 피드백이 있어야 다음 활동으로 연결이 된다. 이 모든 상담자활동에는 높은 역량과 유능성이 포함된다.

한편, 사설 상담센터에서 근무하는 상담자는 상담전문가라는 직업에 대한 사회적 인식이 낮아 회의감을 느낄 수도 있다. 학교나 기관에 소속되었을 때는 학교상담자 또는 기관 상담자라는 사회적 인식이 있으나 개업 이후에는 이러한 인식을 느끼지 못하게 되는 경우가 많다.

상담자들은 개업 상담소를 찾아오는 내담자들에게 좀 더 효과적인 상담을 제공해야 한다는 책임감이 있다. 유료상담을 받는 내담자들이 기대한 만큼 상담이 효과적으로 진행될 수 있도록 해야 한다는 스트레스가 소진을 일으키는 요인으로 작용하게 된다. 따라서 내담자의 피드백에 민감해지고 회기 유지에 대한 부담감을 크게 느낄 수도 있다.

상담사 개인적으로 먼저 소진이 일어나지 않도록 자기관리가 무엇보다 중요하다. 동료 상담자들과의 슈퍼비전이나 지속적인 전공 공부모임 등을 유지하면 소진에 빠지는 것을 방지할 수 있다. 이러한 노력으로 불안감을 줄일 수 있으며 전문성을 확장하여 상담자의 발전을 이룰 수 있다. 무엇보다 중요한 것은 개인적 시간의 확보이다. 취미활동에 몰두하고 종교나 명상 등의 시간을 갖는 것이 상담에 매몰되는 것을 방지하고 심리적 어려움을 분산시킬 수 있다.

개업한 상담전문가들의 소진 대처방안에는 상담소 운영방식 조율하기, 자기이해 확충, 개인 시간 확보하기, 지지그룹 갖기 등의 방법이 있다(김영혜, 강순화, 2014). 경제적인 부담감은 외부활동과 상담소 운영을 조율하고, 자신이 할 수 있는 요일과 시간에 맞추어 상담시간을 결정하는 것이 필요하다. 뿐만 아니라 전문 관리가 필요한 일은 사람을 고용하는 등의 상담소 운영방식에 대한 체계화 및 변화에 대한 고민이 필요하다.

상담사들은 사설 상담기관을 운영하면서 느끼는 어려움을 동료나 가족에게 호소하였을 때 이해나 격려를 받는 힘이 긍정적인 대처방안으로 작용한다고 대체로 보고한다. 또한 외부활동에 참여함으로써 자신과 같은 업무를 공유하고 이해받음으로써 소진을 방지할 수 있다.

4) 상담절차 및 행정

사설 상담센터의 상담 진행절차는 대체적으로 일정예약, 상담시간 안내, 초기상담, 심리검사 및 평가, 검사 및 평가에 따른 결과해석의 상담진행, 상담 및 치료진행, 상담종결, 사후관리 등의 순으로 이루어진다.

제일 먼저 상담을 필요로 하는 사람이 사설 상담기관에 직접 전화를 하면 초기상담에서 진행되는 내용과 시간, 전반적인 진행 및 경비 등을 안내한다. 안내를 받은 클라이언트는 일정을 맞추어 상담예약을 하게 된다. 예약한 시간에 방문하면 초기 면접상담이 이루어진다.

사설 상담기관의 이용자들은 초기상담에서 코칭으로 끝나는 사례에서부터 심각한 정신병리를 가진 내담자들로 매우 다양하다. 상담자는 내담자 호소와 심리검사 등을 통해 종합적인 평가를 하게 된다. 이때 간단한 개인정보에 관련된 서류작성이 필요하다. 그 후 종합적인 심리평가에 대한 결과해석을 진행하면서 상담 및 심리치료에 대한 안내를 하여 상담이 진행하는 경우와 심리평가에 대한 소견서 작성을 하는 경우 또는 단순히 코칭을 해야 하는 경우로 분류된다.

심리평가에 대한 치료적 부분이 필요한 경우에 비로소 본격적인 상담 및 심리치료가 진행된다. 이때 내담자에게 상담서약서를 받게 되는데 아동 및 청소년인 경우 보호자의 동의가 꼭 필요하다. 때로는 미성년자의 경우 법적인 문제가 발생하는 경우가 발생하기 때문에 상담 및 심리치료에 대한 보호자의 동의가 우선되어야 한다.

전반적으로 상담 및 심리치료의 진행은 50~60분 정도 소요되며 아동 및 청소년의 경우 상담진행과 함께 가정연계를 위한 조력상담이 10분 정도 할애된다. 이때 상담자는 그에 따른 상담회기보고서를 작성하여 보관하여야 한다.

치료 진행에 따라 상담종결 시기를 결정한 후 상담종결과 사후관리에 대한 안내를 하고 상담자는 상담종결보고서를 작성하여 파일을 보관한다. 특히 파일보관에는 법적 제한은 없으나 사설 상담센터에서는 재방문율이 매우 높다. 처음 상담센터를 방문할 때 클라이언트들은 많은 고민과 망설임을 딛고 상담센터를 노크를 한다. 큰 용기를 내어 상담센터에서 서비스를 받은 클라이언트는 치료자와의 신뢰관계가 형성되어 있어 발달적인 측면과 사후관리를 위해 조력자로서 상담자를 필요로 할 때가 빈번하게 일어난다. 내담자에 대한 파일은 보통 가나다 순으로 정리하여 3~5년 이상 보관을 권한다.

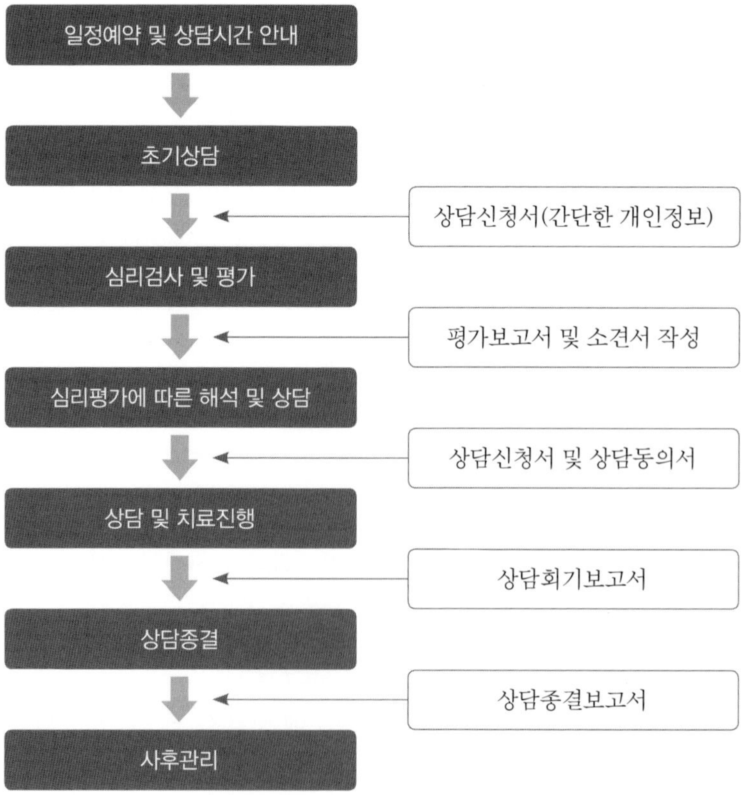

[그림 9-1] 상담절차 및 상담 행정

4. 사업

사설 상담센터에서 실시하는 사업은 크게 상담과 교육으로 나누어진다. 먼저 상담에는 인원수에 따라 개인상담과 집단상담으로 구분 지을 수 있다. 상담교육은 운영자가 프로그램을 개발하여 실시할 수 있고, 기관에서 의뢰되어 교육을 실시하는 경우가 있다.

사설 상담센터 사업은 개인이 직접 내방하는 경우와 기관과의 연계로 구분 지을 수 있다. 사설 상담센터 운영에 있어서 개인이 직접 내방하는 경우는 안정적이지 못할 수 있다. 상담센터를 개설하기까지 많은 고민과 변수를 생각하고 나름 준비를 하였으나 마냥 클라이언트를 기다리는 것은 상담센터 운영에 있어 영업이익이 보장되지는 않는다. 따라서 운영자에게는 상담센터를 개설하여 예약을 기다린다는 것은 인고의 시간이 필요하다. 그렇기 때문에 상담센터를 운영하고자 하는 자는 지방자치단체의 상담에 관련된 정책이나 지원에 대한 정보를 알고 있으면 유용하게 활용할 수 있다.

각 지방단체마다 상담 관련 정책시행은 약간의 차등은 있으나 각 지방자치단체의 홈페이지의 행정정보를 이용하는 방법이 있고, 각 기관별로 검색하여 정보를 수집하는 방법이 있다. 이러한 능동적으로 정보를 수집하여 직접 연계하는 방법과 반대로 기관에서 의뢰되는 경우도 있다. 따라서 사설 상담센터를 운영하고자 하는 자는 늘 상담 관련 정책과 그에 따른 시행에 대해 관심을 가지고 있는 것이 필요하다. 이에 기관에서 의뢰되는 과정과 그에 따른 행정절차에 대해 상담과 교육, 즉 아동보호전문기관, EAP상담 및 기관연계 교육에 대해 실례를 들어 보고자 한다.

1) 아동보호전문기관

아동학대 신고접수는 2020년 보건복지부 통계에 따르면 매년 증가하고 있다. 그에 따라 아동보호전문기관은 계속 증가하여 아동학대 예방사업을 실시하고 있다. 아동학대 예방사업 서비스 중 약 80% 이상이 상담 및 심리치료 지원서비스로 나타났다. 아동보호전문기관은 올해 기준 75개로 늘었으나 사례에 비해 부족한 실정이다. 이에 따라 아동보호전문기관이 내담자들의 접근성과 편리성을 추구하여 사설 상담기관에 의뢰된다.

(1) 상담진행과정

상담절차는 앞서 서술한 상담 진행절차와 비슷하다. 내담자들이 사설 상담기관에 의뢰하여 일정예약, 상담시간 안내, 초기상담, 심리검사 및 평가, 검사 및 평가에 따른 결과해석 상담 진행, 기관에 소견서 제출, 승인 안내, 상담 및 치료 진행, 상담 종결, 사후관리 등의 순으로 이루어진다. 일반상담과 다른 점은 소견서를 아동보호전문기관에 제출하여 승인절차가 추가되는 점이다.

(2) 소견서

소견서는 성명, 작성기관, 작성일, 작성자, 의뢰 사유 및 주호소문제, 소견 등의 항목으로 구성되어 있다. 이중 소견내용은 의뢰 사유 및 주호소문제와 소견으로 나누어진다. 구체적으로 치료 필요 사유는 무슨 사유로 치료가 필요한지와 치료회기를 표기한다. 대상자의 치료목표는 시기별로 초기, 중기, 후기를 구분하여 작성한다. 예를 들면, 초기목표는 불안증상 완화, 중기목표는 불안증상 완화 및 사회적응을 위한 훈련 연습, 후기목표는 자존감 향상 등의 간결한 문장으로 작성하여야 한다. 때로는 아동보호전문기관에서 소견서 양식을 보내 오며 그 양식에 맞춰 작성하여 보내면 된다.

사설 상담센터에서 작성한 소견서는 아동보호기관에 제출하여 심의를 거쳐 승인절차를 밟게 된다. 아동보호기관은 아동학대사례에 해당하여 치료가 필요하다는 판단이 되면 사설 상담센터에 안내문을 발송한다.

안내문 내용은 지원 대상, 지원 횟수, 지원 절차, 특이사항 및 기관에서 원하는 서식이 있다. 구체적으로 지원 대상은 「아동복지법」에 따라 아동학대로 판단된 아동 중 심리치료가 필요하다는 소견의 대상으로 지정한다. 지원회수는 총 20회기이며 치료지원 연장이 필요하다는 담당 치료사의 소견서가 있는 경우 추가 10회기 연장이 가능하다. 다만 ○○아동보호전문기관에서 제공한 심리치료를 받은 아동의 경우에는 기제공지원 횟수와 합해 최대 30회까지 지원이 되기 때문에 대상자별 지원 횟수가 다를 수 있다. 지원 절차는 사설 상담기관에서 아동보호전문기관으로 심리치료일지, 출석확인서, 세금계산서 등 치료지원증빙서류를 제출하여야 한다. 심리치료비용은 아동보호전문기관에서 사설 상담기관으로부터 치료지원 서류를 직접 제출받은 후 센터로 지원한다. 특이사항란에 서비스의 시작일과 대상자의 지원 가능 횟수가 표기된다.

(3) 심리치료일지

아동보호전문기관에서 승인이 되면 사설 상담센터는 내담아동 보호자에게 연락을 취해 치료시간 및 치료 진행에 대한 안내를 한다. 본격적으로 상담 및 심리치료가 진행되면 매 회기마다 심리치료일지를 작성하여 2~3일 내로 아동보호기관에 제출하여야 한다.

심리치료일지는 서비스 대상자 성명, 치료 장소, 치료유형, 회기, 회기목표, 치료내용, 치료평가, 치료 관련 증빙자료로 이루어져 있다.

작성요령을 살펴보면 치료 장소는 '○○치료센터' '○○치료실'로서 아주 구체적으로 작성해야 하며, 치료유형에는 놀이, 미술, 심리상담, 심리교육 등으로 구분해서 표기한다. 치료내용은 아동에 관련된 내용과 치료사에 관련된 내용으로 나누어 작성하는데 특히 아동의 경우 놀이도구는 무엇이며, 행동 관찰사항, 심리정서적인 변화 등을 보다 상세하게 기록한다. 치료사는 아동의 행동관찰사항에 어떻게 반응하였으며 상호작용은 어떻게 하였고 상담기법, 치료기법 등을 아주 상세하게 주어와 서술어의 완성된 문장으로 기술한다. 치료평가는 치료내용에 대한 요약과 전체적인 평가를 기록하면 된다.

치료 관련 증빙자료는 치료와 관련하여 의미 있는 장면일 경우 사진을 첨부하거나 치료 아동 관련 부모 상담내용을 기록한다. 예를 들어, 치료 장면에서 양육자에게 전달해야 하는 필요사항이나 아동이 양육환경에서 어떠할 때 ○○한 행동을 보이고 양육자는 어떻게 대처하는 것이 좋을지 안내한 내용을 기록하면 된다. 내담아동의 치료를 극대화하기 위해 가정에서 연계하여 함께해 주면 좋은 상황들을 설명한 내용을 기록한다.

소견서

성명	(남, 여)	작성기관	
작성일	2000년 00. 00.	작성자	(인)
의뢰 사유 및 주호소문제	-의뢰사유: -주호소 문제:		
소견	-치료필요 사유: -연장필요 사유:		

[그림 9-2] 소견서 양식

(4) 치료종결

마지막으로 치료사는 모든 상담이 종결된 후 심리치료결과보고서를 아동보호기관에 제출하여야 한다. 심리치료결과보고서는 서비스 대상 아동의 성명, 치료 기간, 작성자, 의뢰 사유 및 주호소, 사전검사, 치료목표, 치료과정 및 소견, 사후검사, 치료종결 사유, 치료평가, 치료사 소견 등으로 구성되어 있다. 그 내용에 맞게 작성하여 심리치료결과보고서를 아동보호기관에 제출하면 최종적으로 상담은 종료가 된다.

2) EAP상담

사설 상담센터에서는 EAP 제공기관과 협약을 통해 개인상담, 부부/가족상담, 심리검사, 진로상담, 양육코칭, 집단상담, 위기긴급지원, 근로자 스트레스 심리케어, 교육 등 다양한 전문적 프로그램을 제공하고 있다. 여기에 부응하기 위한 여러 상담모델이 제공되고 있으며 그만큼 상담자의 과업과 역할 및 역량이 강조되는 분야이다. 한 근로자 개인을 둘러싼 가족, 조직 등 많은 체계에서 주어지는 스트레스와 갑자기 닥치는 사건, 사고 등 모든 영역에 상담접근이 이루어진다. 이 중에서 사설 상담센터에서 이루어지는 EAP상담의 형태를 간략하게 소개하고자 한다.

(1) 센터 내 대면 개인상담

사설센터에서 가장 자주 일어나는 상담영역은 대면으로 이루어지는 개인상담이다. 이외에도 가족상담, 부부상담, 자녀상담, 전화상담, 사이버상담 등이 있다. 상담방문에는 단순 호기심에 내방하는 경우부터 우울, 불안, 트라우마(애착, 복합 PTSD), 강박, 공황장애 등의 장기상담이 필요한 경우를 비롯하여 일반상담의 모든 영역을 포함하고 있다.

상담료는 무료이며 대신 기업에서 EAP 제공기관으로 주어지며 상담센터에는 한 달 단위로 대면 회기만큼 익월에 세금공제 후 상담사 개인통장으로 입금된다. 상담일지에 대한 입력은 EAP 제공기관의 D/B에 들어가서 상담 후 3일 이내 등록하면 인정된다. 내담자에게 주어지는 회기는 기업마다 차이가 나는데 주로 3~10회기까지 단기상담형태이다.

EAP상담은 단기로 이루어지는 상담이지만 내담자의 문제가 장기로 접근해야 하는 애착 · 복합 PTSD, 성격장애 등도 있다. 대체로 내담자가 자신이 해결하고자 하는 문제에 대한 이해와 치료가 이루어진 후 남은 문제는 앞으로 해결하기 위한 방안 정도를 제시한다. 특히 성격장애 문제를 가진 내담자는 자신의 문제를 통찰하기 어렵다. 뿐만 아니라 현재문제를 타인의 문제로 보는 경우가 많기 때문에 짧은 회기 동안 이를 도와준다는 것이 매우 어렵다. 이러한 경우 상담자는 관계경험을 긍정적인 것에 초점을 맞추면서 접근한다면 무리 없이 내담자의 방어를 넘어 작게나마 성과를 가져올 수 있다.

EAP상담은 내담자에게 무료이기 때문에 가볍게 내방하는 경우도 있다. 그러나 실제 개입해 보면 의외의 과거 트라우마 사건으로 생긴 증상을 자신의 속성으로 일체화시켜 불편한지 모르고 오는 경우도 있다. 또한 자신을 알기 위해 결혼이라는 새로운 출발로 자신과 가족의 성격과 기질, 양육코칭 등을 알고 싶어서 방문하는 사례도 있다. 이들은 대체로 심리적 자원도 많고 심리적 취약성도 낮아 상담목표가 쉽게 달성이 되며 상담자의 풍부한 전문지식을 활용해 그들이 기대한 것 이상의 많은 것을 알고 경험해 간다. 그들은 자기에 대한 이해와 호기심, 궁금증을 해소하고 인간적 성숙의 전환점에 계기도 마련한다. 내담자들은 종종 "그냥 왔는데 생각지도 못했는데, 이런 게 있었다니 기대 이상이다!"라며 과거 트라우마 증상 해결과 함께 삶에 대한 좀 더 나은 유연함을 얻어가며 기뻐한다. 이외에도 다양한 주제가 있는데 직장 내의 문제인 동료/상사와의 갈등, 승진이 좌절된 경우, 이직을 위한 적성 흥미검사, 새로운 프로젝트에 대한 스트레스 등의 영역을 포함하고 있다.

종결이 되면 내담자에게 상담의 효과에 대한 설문이 실시된다. 대체로 피드백이 좋으며 상담자에게 보람을 안겨 주는 결과로 돌아오는 상담이다.

(2) 센터 밖 출장상담

EAP상담에서는 출장을 가야 하는 경우도 있다. 직장 내 위기의 발생으로 개입하는 사건에 개입하기 위해 직장방문을 하여 상담을 진행한다. 직장 내 사고, 자살, 갑작스러운 죽음, 부서원들 사이에 심각한 갈등을 해결하고, 스트레스를 많이 받는 직원들 중 자율신청으로 진행되는 스트레스 심리케어 등으로 개입한다.

① 직장 내 위기상담

직장인들은 직장내 사건·사고, 자살이나 갑작스러운 죽음 등의 간접 외상(indirect trauma)을 경험할 수 있다. 사건과 관련된 입사 동기, 친했던 직원들, 함께 일한 부서 전체가 개인상담을 받게 된다.

위기상담에는 보통 상담자 1명에게 6~10명 정도 만나며 기관협약 업체마다 개입 횟수가 다르긴 하지만 1~4회기 정도 이루어진다. 상담개입의 간격은 2~4주가 된다. 이들을 만날 때 EAP 제공기관에서 제공되는 외상 관련 스크리닝(screening)을 간단하게 시행하고 그 결과를 토대로 외상정도 파악 후 외상치료 개입이 이루어진다. 하지만 스크리닝 평가는 낮게 나왔지만 상담 진행 중 감정의 둔감화 또는 일부가 해리된 내담자를 만나기도 한다. 이들은 이미 트라우마 경험을 가지고 있고 인식을 하지 못하였으나 이번 사건이 트리거(trigger)가 되어 증상이 확인되거나 상담사의 피드백으로 증상을 알아차리기도 한다.

사례마다 다르긴 하지만 억압된 감정과 관련한 과거 에피소드를 탐색하다 보면 내담자가 현재 자신의 상태를 이해하게 되는 경우가 빈번히 발생한다. 내담자들은 '계속 이유를 알 수 없는 눈물이 나는데 감정은 모르겠다.' '가까운 사람인데 아무 감정을 느끼지 못하는지, 왜 몸에 아무 느낌이 없고 붕 떠다니는 느낌인지, 밤에 잠이 오지 않는지' 등 대체적으로 안정화 작업을 통해 신체에 깃든 감각을 알아차리게 된다. 더불어 내담자 각각에 맞는 안정적인 자원 확보를 하면 보통은 사건 전 상태로 회복이 빠르게 일어난다. 상담에서 익힌 트라우마를 다루는 안정적인 자원은 일상에서 스스로 케어(care)할 수 있는 도구로 사용된다. 또한 개인의 애도 과정을 자연스럽게 일어나도록 돕고 트라우마 교육도 함께 실시한다.

직장 내 위기 사건이 있다고 해도 모두 PTSD 증상으로 진행되는 것은 아니다. 이미 애착 트라우마 또는 기존 트라우마(big trauma, c-trauma)를 가지고 있고 사건의 당사자와 가까웠다면 더욱 일시적 급성 스트레스(ASD)에서 외상 후 스트레스장애(Post-Traumatic Stress Disorder: PTSD)로 발전하기 쉽다. 긴급지원은 상담자가 이들이 PTSD로 발전되지 않도록 돕는다. 주어진 상담회기가 종료되어도 증상이 PTSD로 진행될 것으로 예측되면 EAP 외부연계기관으로 연계를 한다. 저자의 경험으로 이들을 포함한 대부분 내담자들은 상담이 마무리되는 시점에 사건 전 상태로 어느 정도 복구가 된다.

긴급하게 개입되는 상담은 상담자도 일반상담에 비해 더 많은 에너지가 필요하다. 특히 증상이 심하고 자살이슈를 가진 내담자가 있다면 더욱 그러하다. 이때는 비밀유지를 할 수 있는 부분이 아니므로 내담자에게 비밀의 한계를 알린다. 내담자 주변(직장 상사, 기관장, 동료, 가족 등)에 도움을 줄 수 있는 체계를 만들어 놓고 상담자도 다음 만남이 있을 때까지 신경을 쓸 수밖에 없다. 상담자는 내담자의 안전을 위해 언제든 도움을 받을 수 있는 지지자원과 전화를 할 수 있는 체계도 만들어서 자신의 생명을 위해 스스로 책임지고 노력할 수 있는 것들을 반드시 만들어 줘야 한다.

② 부서원들 내 심각한 갈등

부서원들의 심각한 갈등이 있는 경우도 상담자가 직접 기업으로 출장을 갈 수 있다. 이때는 집단상담이 아니지만 집단역동을 파악함과 동시에 갈등을 일으키는 개인의 속성을 파악해야 한다.

현재 문제를 알기 위해 의뢰한 기업담당자의 전체적 이야기를 듣고 큰 그림을 그려 보아야 한다. 이후 문제가 개인적인 성격문제인지, 업무와 관련한 것인지, 이미 있던 소집단의 알력인 텃새가 개입된 문제인지 등의 상담을 진행하면서 부서원 한 사람씩 퍼즐 맞추듯 큰 그림을 파악해 나간다. 부분에서 전체를 맞추듯이 계속 하다 보면 하나의 큰 그림이 나오고 문제를 풀 방향이 설정된다. 내담자가 된 부서원들은 이 문제가 회사에 누를 끼친 사람이라는 개인적 죄책감과 수치감을 어느 정도 경험하며 낙인찍힐까 하는 염려와 두려움이 있다. 그러나 만남이 이루어지다 보면 문제를 함께 풀어 나갈 긍정적인 의사를 보통은 확인할 수 있다.

그들은 자신들을 나쁘게 판단하여 불리해질까, 자신들의 이야기가 상사들한테 노출될까 등의 상담사에 대한 두려움을 가지는 경우도 있다. 상담사는 내담자의 두려움을 알아차리고 비밀유지 및 상담자가 하는 역할 등을 알려 줌으로써 안심하고 충분히 자신의 이야기를 할 수 있도록 격려한다.

상담을 통해 이 문제를 일으킨 사람이라는 낙인보다 각 개인이 효능감을 갖고 해결사가 되도록 솔루션(solution)도 받게 된다. 특히 개인이 가진 'slef 에너지(마음에 중심 잡힌 자기)'로 상대를 연민의 마음으로 볼 수 있도록 도와준다. 문제가 해결될 시점의 마지막 상담에는 '좀 안됐다는 생각도 들고, 감싸 안아야지요.'라는 새로운 관계들이 만들어지기도 한다. 이러한 상담은 문제가 해결되어 부서가 일이 있기 전 상태가 될 때까지 회기를 잡는 데 3~6회기 정도지만 사안에 따라 회기에 대한 조율이 가능하다.

③ 스트레스 심리케어

심리케어는 EAP 제공기관의 요청이 있으면 기업체로 출장을 나간다. 상담사 1명당 10~12명 정도 배정이 되며 내담자 한 사람씩 30~40분 동안 만나게 된다. 상담자는 스트레스 측정을 위한 HRV, 옴니핏을 사용한다. EAP 제공기관에서 측정도구는 기관에서 준비하여 상담사에게 전달해 준다. 원하는 내담자에 한하여 스트레스 지수 검사와 스트레스를 해소할 수 있는 교육과 함께 간단한 상담주제를 나누고 종료한다. 오전 9~10시 사이 시작하여 점심시간 1시간을 제외하고 오후 5시까지 긴 시간 여유 없이 진행된다.

상담주제는 일반상담에서도 다루는 다양한 주제(특별한 주제가 없을 때 내담자 목소리, 표정, 앉은 자세, 비언어적 요소를 관찰)에서 스스로 알아차리지 못하는 부분을 깨닫기도 한다. 예를 들면, 목소리가 높고 빠를 경우 잠시 호흡을 확인하게 하고 천천히 이야기를 해 보라고 한다. 그때 알아차림이 오고 지금까지 "힘들게 숨을 참고 말을 했구나!"라고 자동화된 행동을 변화시켜 볼 수 있는 기회를 가지게 된다.

상담종료 후 내담자는 도움이 되었는지 만족도를 체크하게 하는데 대체적으로 만족도가 매우 높은 상담형태이다. 내담자들은 "평소 상담실 방문할 의사는 없었으나 상담사가 직접 방문하여 상담을 받으니 좋다."라는 얘기를 많이 듣게 된다. 휴식시간이 부족하긴 하지만 상담사에게 많은 보람을 안겨 주는 또 다른 형태의 상담이기도 하다. 상담 종료 후 EAP 제공기관이 보내 준 엑셀 파일에 스트레스 검사에서 나온 지수와 상담주제에 대한 기록을 메일로 보내 주면 마무리된다.

(3) EAP 각사와 협약 절차

EAP 각사와 협약 절차는 EAP 각사의 홈페이지 → 협약문의 → 상담센터신청 → 협약체결 → D/B등록 → 상담센터의 대표자 기본정보 및 상담사정보 등록을 하면 된다.

표 9-1 EAP상담의 절차

상담요청	각 기업의 직원 회사 내부 홈피지원 프로그램, 전화 이메일 등을 이용 직접 신청-각사 협약 EAP 제공업체
상담접수	EAP 제공업체 상담관리팀-상담신청확인
상담예약	협약 EAP 업체-상담센터 배정 및 일정조율(첫 회기만) 각 기업직원이 직접 협약상담센터 지정인 경우 상담센터에서 기업체직원과 일정조율 후 EAP 제공업체 보고
접수확인	상담센터신청사례 EAP사 D/B 확인(내담자 기본 정보 주호소문제 등 확인)
상담진행	상담진행 및 차후 상담일정 조율
일지작성	EAP사 D/B에 일지 작성
상담료 수령	월말 마감으로 익월에 일괄 계좌송금(각 사마다 조건이 다를 수 있음)

내담자 배정을 받고 상담을 한 후 각 EAP사의 D/B에서 일지를 등록할 수 있게 된다.

3) 교육

(1) 청소년 대상 교육

어릴 때 경제적 어려움, 부모와의 이별, 폭력, 성 학대 및 전쟁 등과 같은 경험을 겪은 청소년들은 학교중도탈락이나 청소년비행을 일으킬 수 있다. 이러한 청소년들은 성인기에 심리적 트라우마를 비롯한 사회부적응으로 고통을 호소하는 경우가 빈번하게 발생하기도 한다. 부적응을 가진 청소년들은 성취경험들과 청소년기에 지지적인 성인과 지속적인 관계 및 교육을 통해 건강한 사회인으로 성장이 가능해진다. 이렇듯 교육은 역경 속에서도 다시 일어나게 해 주는 힘, 즉 회복탄력성을 길러 줄 수 있다.

청소년을 대상으로 하는 교육은 학업중단이나 위기청소년에게 꿈을 되찾고 작은 성공의 경험을 하게 하며 안정적인 정서적 지지관계를 통해 건강한 사회생활의 모델을 학습하는 기능이 있다. 청소년 대상 교육을 실시하는 대표 기관인 교육청, 법원, 검찰청, 청소년상담복지센터를 중심으로 살펴보고자 한다.

① 교육청

심리 관련 교육은 교육청을 통해 교사와 학생을 대상으로 교사연수와 학생교육을 실시하기도 한다. 예를 들면 성폭력예방교육, 의사소통능력, 대인관계능력 등의 교육프로그램 등이 있다. 상담사들은 다양한 종목 중 자신이 교육할 수 있는 종목을 인력풀에 등록한 후 기다리면 된다. 필요한 기관에서 연락이 오면 각 학교를 방문하여 교육을 실시할 수 있다. 교육청 홈페이지를 방문하여 기간제 인력풀시스템 회원가입 → 온라인 등록 및 신청 → 증빙서류제출(교육지원청) 등을 통해 인력풀에 등록절차를 밟을 수 있다. 인력풀 등재 유효기간은 등재 시점으로부터 4년이다.

교육청에서는 학업중단 위기학생과 학교 부적응학생에게 의미 있는 관계형성, 정서적 지원 및 회복을 위한 생활교육을 지원하기 위해 '꿈키움 멘토단' 모집 및 운영을 지원하고 있다. 멘토단 모집대상으로 먼저, 상담 · 진로 · 학습 · 예체능 등의 분야에서 전문가를 초빙한다. 다양한 분야의 직장인, 청소년 분야 전문가, 현직교사, 학업중단 위기극복경험이 있는 전문 지도자들이 지원할 수 있다. 학업중단 위기 학생들을 만나 일대일(1:1)로 만나거나 일대다(1:多) 멘토링을 통하여 학교적응을 돕는 역할을 한다. 사설 상담센터에서는 상담사가 수행할 수 있는 분야를 선정하여 교육청 홈페이지 공지사항에서 확인 후 신청하면 된다.

② 법원

지방법원에서는 위탁보호위원제도를 실시하고 있다. 경미한 비행을 범한 어린 소년을 대상으로 보호자가 없거나 보호자의 능력이 부족한 경우 위탁위원들이 보호자를 대신해 소년을 맡아 주는 제도이다. 위탁위원은 정신과의사 또는 심리학자들이 선정되어 소년의 선도 및 재비행방지에 도움을 주고자 소년위탁보호활동을 할 수 있다. 위탁위원의 신청자격과 활동방법에 있어서 먼저 법원 홈페이지에서 공고모집을 참고하면 된다.

아동심리학, 상담학, 사회복지학, 가족관계학, 기타 소년과 관련된 분야에서 석사・박사 학위 이상의 소지자 중 상담 관련 자격증을 소지한 분으로 상담전문가를 모집한다. 활동방법은 위탁된 소년에 대하여 6개월(6개월 연장가능) 동안 매월 4회 이상 보호소년을 만나 상담한 후 감호일지를 매월 1회 이상 작성하여 법원에 제출하면 활동이 마무리된다.

③ 검찰청

검찰청에서는 검사로부터 선도처분을 받은 청소년들에게 심성개선 프로그램인 '푸른 교실'을 운영하고 있다. 소년범 개개인의 특성과 여건 등을 고려해 법사랑지역연합회가 진행하는 교육 프로그램이다. 검찰청은 교육 프로그램 운영을 위한 강사모집은 해마다 연초에 공고문이 검찰청 홈페이지에 게시한다. 상담사는 년 초에 실시하니 관심을 가지고 있다가 검색하여 신청하면 된다. 교육과정은 전문심리상담, 음악심리상담, 미술심리상담, 정서순화를 위한 공예실습, 인성교육을 위한 대안교육, 국가관 재정립을 위한 역사클래스, 인내력 함양을 위한 체험, 동료집단과의 밀착을 위한 사물놀이, 극기를 위한 농촌봉사반 등으로 구성되어 있다.

④ 청소년상담복지센터

각 지역의 청소년상담복지센터에서는 청소년들의 위기문제 유형별 예방교육 강사모집을 한다. 예방교육 강사모집에 대한 정보는 각 지역 청소년상담복지센터 홈페이지 공지사항에 게시가 되니 수시로 검색을 하여 신청할 수 있다. 교육내용에 따라 단 회기의 예방교육프로그램, 집단프로그램 운영 및 그레잇(great) 프로그램 지도자를 모집한다.

그레잇(great) 프로그램은 초·중·고등학생들로 자살이나 자해를 경험한 학생들을 주 대상자로 학교나 청소년 관련 기관의 추천으로 학부모의 승인을 받아 진행되는 프로그램이다. 대상자와 2일 동안 12시간을 만나 대인관계 형성에 있어서 긍정적인 도움을 주고자 하는 프로그램이다. 활동내용으로는 자살시도나 자해 등의 위기상황에 있는 청소년들에게 전문지도자와 1:1 맞춤형, 밀착형 프로그램이다. 청소년의 선호활동을 통한 스트레스 해소 및 대안활동 탐색을 주 내용으로 한다.

2) 노인 대상 교육

사람은 나이가 들어 일정한 나이가 되면 은퇴로 인한 역할상실과 고독이라는 문제점이 대두되게 된다. 또한 기능저하로 인한 육체적·정신적인 불편함을 느끼게 되기도 한다. 뿐만 아니라 폐쇄적인 생활을 하게 됨으로써 절망감을 느끼는 경우가 많다. 증가하는 노인인구에 대비하기 위해 물질적 지원 체계나 노인복지제도 도입이 중요하다.

현대사회는 빠른 변화로 인해 과거의 지식만으로 노년기 생활을 영위하는 것을 매우 어렵게 만드는 경우가 많다. 또한 노인들은 젊은 세대와 가치관이나 생활양식의 차이로 정신적·신체적으로 많은 고통을 경험하기도 한다. 이에 노인들은 환경변화에 대한 적응을 위한 교육의 필요성이 강조된다.

노인교육은 노인들에게 통합의 원리를 개발해 나가도록 하는 것이 주된 목적이다. 노인교육은 현대사회에 적응할 수 있는 능력을 키우기 위한 지식을 습득하게 하고 고독과 소외감 등을 없애거나 줄여 삶의 질을 향상시키는 기능을 한다. 따라서 노인들은 교육을 통해 자신의 입장을 인식하고 급변하는 현대생활에 적응할 수 있도록 도와주며 건강이 허락하는 범위 안에서 자신들의 문제를 스스로 해결하고 자존감을 높이므로 스스로가 귀한 존재임을 인식하게 된다. 나아가 국가사회에 도움을 주며 젊은 세대를 선도할 수 있는 노인이 되도록 하는 것이 중요하다. 일생 동안 많은 발달과정을 거치지만 가장 중요하게 긴 시간을 교육해야 하는 기간이 바로 노인기이다. 노인기관에 대한 설명을 덧붙임으로서 이해를 돕고자 한다.

(1) 노인복지관

노인을 위한 교육목표는 인간의 전 생애에 걸친 평생교육 일환으로 소외집단에 대한 보호차원이나 대우 차원이 아니라 스스로 자신들의 불리함을 극복하고 지속적인 발달을 추구해 나갈 수 있도록 돕는 데 있다. 교육은 1차적 사회관계망 역할을 수행하는 것으로, 노인들의 고립과 소외감 해소를 목적으로 하고 있다. 또한 새로운 정보 제공자의 역할, 노인 문제를 예방치료, 가족 원조자의 역할(노인을 부양하는 가족들에 대한 정서적 지지 정보의 제공) 등을 내용으로 하고 있다.

(2) 노인관련 복지시설

노인의 복지를 증진하기 위한 시설로서 「노인복지법」은 그 종류를 노인주거복지시설, 노인의료복지시설, 노인여가복지시설, 재가노인복지시설, 노인보호전문기관, 노인 일자리지원기관 및 학대피해노인 전용쉼터로 구분한다.

① 노인주거복지시설

양로시설에서는 노인을 입소시켜 급식과 그 밖에 일상생활에 필요한 편의를 제공한다. 이는 노인공동생활가정의 역할을 하는데, 노인에게 가정과 같은 주거여건과 급식, 그 밖에 일상생활에 필요한 편의를 제공함을 목적으로 하는 시설이다.

노인복지주택은 노인에게 주거시설을 임대하여 주거의 편의 · 생활지도 · 상담 및 안전관리 등 일상생활에 필요한 편의를 제공함을 목적으로 하는 시설이다.

② 노인의료복지시설

노인요양시설에서는 치매 · 중풍 등 노인성질환 등으로 심신에 상당한 장애가 발생하여 도움이 필요한 노인을 입소시켜 급식 · 요양과 그 밖에 일상생활에 필요한 편의를 제공함을 목적으로 하는 시설이다.

노인요양공동생활가정은 치매·중풍 등 노인성질환 등으로 심신에 상당한 장애가 발생하여 도움이 꼭 있어야 하는 노인에게 가정과 같은 주거여건과 급식·요양, 그 밖에 일상생활에 필요한 편의를 제공하는 기능을 하는 기관이다.

③ 노인여가복지시설

노인복지관은 노인의 교양·취미생활 및 사회참여활동 등에 대한 각종 정보와 서비스를 제공하고, 건강증진 및 질병예방과 소득보장·재가복지, 그 밖에 노인의 복지증진에 필요한 서비스를 제공함을 목적으로 하는 시설이며, 경로당은 지역 노인들이 자율적으로 친목도모·취미활동·공동작업장 운영 및 각종 정보교환과 그 밖의 여가활동을 할 수 있도록 하는 장소의 제공을 목적으로 하는 곳이다. 노인교실은 노인들에 대하여 사회활동 참여욕구를 충족시키기 위하여 건전한 취미생활·노인건강유지·소득보장 그 밖의 일상생활과 관련한 학습프로그램을 제공함을 목적으로 하는 시설이다.

④ 재가노인복지시설

방문요양서비스는 가정에서 일상생활을 영위하고 있는 노인(재가노인)으로서 신체적·정신적 장애로 어려움을 겪고 있는 노인에게 필요한 각종 편의를 제공하여 지역사회 안에서 건전하고 안정된 노후를 영위하도록 하는 서비스를 하는 곳이다.

주·야간보호서비스는 부득이한 사유로 가족의 보호를 받을 수 없는 심신이 허약한 노인과 장애노인을 주간 또는 야간 동안 보호시설에 입소시켜 필요한 각종 편의를 제공하여 이들의 생활안정과 심신기능의 유지·향상을 도모하고, 그 가족의 신체적·정신적 부담을 덜어 주기 위한 서비스기관이다.

단기보호서비스는 부득이한 사유로 가족의 보호를 받을 수 없어 일시적으로 보호가 필요한 심신이 허약한 노인과 장애노인을 보호시설에 단기간 입소시켜 보호함으로써 노인 및 노인가정의 복지증진을 도모하기 위한 것이며, 방문 목욕서비스는 목욕 장비를 갖추고 재가노인을 방문하여 목욕을 제공하는 것이다. 더불어 재가노인지원서비스는 그 밖의 재가노인에게 노인생활 및 신상에 관한 상담을 제공하고, 재가노인 및 가족 등 보호자를 교육하며 각종 편의를 제공하여 지역사회 안에서 건전하고 안정된 노후생활을 영위하도록 하는 서비스다. 그리고 방문간호서비스는 간호사 등이 의사, 한의사 또는 치과의사의 지시서에 따라 재가노인의 가정 등을 방문하여 간호, 진료의 보조, 요양에 관한 상담 또는 구강위생 등을 제공하는 것이다.

⑤ 노인보호전문기관

중앙노인보호전문기관은 국가가 지역 간의 연계체계를 구축하고 노인 학대를 예방하기 위하여 설치 · 운영하는 시설이다. 지역노인보호전문기관은 학대받는 노인의 발견이나 보호, 치료 등을 신속히 처리하고 노인학대를 예방하기 위하여 특별시, 광역시도, 특별자치도에 설치되어 있다.

⑥ 노인일자리 지원기관

지역사회 등에서 노인일자리의 개발 · 지원, 창업 · 육성 및 노인에 의한 재화의 생산 · 판매 등을 직접 담당하는 기관이다.

이렇듯 교육청, 청소년상담복기기관, 법원, 검찰청 등 다양한 기관에서 청소년을 대상으로 상담은 물론 교육을 담당하게 되고, 노인보호전문기관을 비롯한 다양한 기관에서는 노인을 대상으로 상담과 교육을 실시하고 있다.

요약

사설 상담기관은 유료상담으로 내담자가 직접 돈을 지불하는 형태이다. 내담자 만족도가 상담센터 수익창출과 유지에 가장 중요하다. 내담자의 만족도를 높이기 위한 상담자 자질로 고도의 전문적 숙련도와 인격적인 성숙 및 경영 마인드가 요구된다. 사설 상담센터를 운영하다 보면 보다 많은 긴장감을 가지게 된다. 그렇지만 반면 무엇보다도 큰 보람과 사명감을 가질 수 있는 분야이다. 사설 상담센터를 운영하거나 이해를 높이기 위해 이 장에서는 사설 상담센터의 개원, 홍보, 운영에 대한 이해와 현장에서 적용되는 실제의 예를 들어 사업을 구체적으로 제시하였다.

참고문헌

김영혜, 강순화(2014). 상담전문가의 개업 경험과 소진에 관한 탐색적 연구-포커스 그룹 인터뷰를 중심으로. **한국심리학회지: 상담 및 심리치료, 26**(1), 1-26.

Baldwin, S. A., & Imel, Z. E. (2013). Therapist effects: Findings and methods. In M. J. Lambert (Ed.), *Bergin and Garfield's handbook of psychotherapy and behavior change* (6th ed., pp. 258-297). New York, NY: Wiley.

Kim D. M., Wampold B. E, & Bolt D. M. (2006). Therapist effects in psychotherapy: a random-effects modeling of the national institute of mental health treatment of depression collaborative research program data. *Psychotherapy Research, 16*(2), 161-172.

Wampold, B. E., & Imel, Z. E. (2015). *The great psychotherapy debate: The evidence for what makes psychotherapy work.* New York, NY: Routledge.

제10장

사설 상담기관에서의 행정 4: 힐링센터 치유농장

자연환경에서 자신과 필요한 대상자가 함께 치유되어 나가는 과정인 치유농장을 운영하고자 한다면 심리상담과 치유농업을 효과적으로 접목하고 연구해 나가는 것이 심리상담자의 치유농업현장에서의 과제이다.

1. 치유농업의 이해

최근 치유농업은 농업인에게 많은 관심을 받고 있다. 국가에서는 지난 2020년 3월에 「치유농업 연구개발 및 육성에 관한 법률」을 공포하였고, 21년 3월부터 시행되기 시작하였다. 치유농업은 국민의 신체적 · 심리적 · 인지적 · 사회적 건강을 유지, 회복, 증진시키기 위해 다양한 농업이나 모든 농촌자원 등을 활용하거나 이와 관련된 활동을 통해 농업의 사회적 · 경제적 부가가치를 창출하는 산업을 말한다(농촌진흥청, 2020). 농업활동이 생산, 제조, 가공, 판매 등으로 이루어졌다면 치유농업은 이에 나아가 교육, 서비스 등으로 확장된 것이다.

이에 따른 종합계획으로 ① 치유농업의 형황 및 전망, ② 치유농업 연구개발 및 육성에 대한 기본 방향과 중장기 목표, ③ 치유농업 연구개발 및 육성을 위한 중장기 투자계획, ④ 치유농업 관련 기술보급 및 국제협력에 관한 사항, ⑤ 치유농업 관련 교육훈련 및 전문인력 양성에 관한 사항, ⑥ 치유농업 관련 기술의 사업화 촉진에 관한 사항, ⑦ 치유농업 관련 정보교류, 산업 간 연계에 관한 사항이 포함되어 있다.

한국은 2013년에 치유농업의 개념을 정립한 이후로 치유농업의 정착과 발전을 위해 노력하고 있다. 농촌진흥청에서는 치유농장이 활성화되어 있는 네덜란드 등 유럽 국가들을 방문하고 한국 실정에 맞는 프로그램을 개발하고 시범 농장에 적용하여 그 효과를 검증하는 등 노력을 기울이고 있다. 농촌에서도 그간 체험농장이나 교육농장 형태로 운영하던 농장을 치유농장으로 전환하려는 경우가 늘어나면서 치유농장에 대한 관심이 늘어나고 있다. 치유농장이 체험농장이나 교육농장과 다른 점은 이들 모두 힐링이나 교육 등 목표가 있겠지만 치유농장은 전국민을 대상으로 건강을 유지, 회복, 증진시키기 위한 대상자에게 맞는 목표를 이루기 위하여 프로그램을 기획하고 실행해 가는 체계적인 과정인 면에서 차이가 있다. 이에 처음으로 치유농업사 2급 국가자격제도가 21년 후반기에 시행되었으며, 각 도마다 1개소로 선정된 치유농업사 양성기관에 높은 입학경쟁률을 보였다. 1차, 2차 자격시험을 거쳐 최종 93명이 합격하였다.

치유농업사는 지금까지 원예치료, 동물매개치료, 숲치료 등과 이와 관련된 상담학, 임상심리학, 복지학 등 여러 분야를 하나의 국가전문자격으로 통합하여 국가에서 관리하고자 도입하였다. 치유농장을 운영하기 위해서는 이처럼 다방면의 학문이나 지식이 필요하다. 그중에서도 참여자들과 다양한 참여자들의 심리를 파악하고 따뜻한 관계형성이나 공감, 그리고 함께 치유라는 목표를 위해 나아가기 위해서는 무엇보다 심리상담 분야의 전문지식이 필요하다.

2. 치유농업 관련 행정 및 법령

1) 치유농업 사업자 등록

치유농업 사업자 등록에 대해 살펴보면 다음과 같다. 농촌에서 치유농장 등 상담 관련 사업을 하려면 일반적으로 다른 사업과 마찬가지로 사업자등록이 필요하다. 사업자 등록에는 개인사업자와 법인사업자 등록이 있다.

개인사업자는 관할세무서에 개인사업자등록을 하고, 법인사업자등록은 법인회사를 설립한 후에 관할세무서에 법인사업자등록을 하고 영업을 개시하면 된다. 농촌에서 농촌자원 등을 활용하는 치유농장은 수익사업이기보다는 공익사업에 가까워서 많은 수입을 기대하기 어려운 부분이 있다. 따라서 정부로부터 지원금 등을 받아서 시설이나 경영에 관한 컨설팅 등을 받을 수 있는 이점을 활용하려면 법인사업자가 유리하다. 이 지원금은 개인사업자보다 법인사업자에게 더 혜택을 주려는 것이 관의 입장이기 때문이다.

법인사업자는 관할법원에 농업회사 법인 설립에 대한 등기부를 등록해야 하며, 등기부를 등록 후 등기부등본 등 구비서류를 세무서에 제출하고 법인사업자 등록을 해야 한다. 개인이 직접 신청할 수도 있지만 대부분 법무사에 의뢰해서 대행하는 경우가 많다. 농업회사법인 설립을 위해 필요한 서류는 다음과 같다. 농업회사법인은 1명 이상이면 설립이 가능하다. 농업회사 법인을 설립하려면 법인설립자 중 농업인이 1명 이상 포함되어야 한다. 농업경영체등록 확인서, 인감증명서, 주민등록등본, 농지원부, 인감증명서, 도장, 출자금이 필요하다. 농업경영체 등록 확인서는 농업인이라는 것을 증명하는 서류로 국립농산물품질관리원에 농업경영체를 등록한 경우에 발급받을 수 있다. 농업인이라 함은 농업에 종사하는 개인을 말한다.

「농지법」에 따르면 다음 어느 하나에 해당하면 농업인이다. ① 1,000제곱미터 이상의 농지에서 농작물 또는 다년생 식물을 경작 또는 재배하거나 1년 중 90일 이상 농업에 종사하는 사람, ② 농지에 330제곱미터 이상의 고정식 온실, 버섯 재배사, 비닐하우스 등 농업생산에 필요한 시설을 설치하여 농작물 또는 다년생식물을 경작 또는 재배하는 사람, ③ 대가축 2두, 중가축 10두, 소가축 100두, 가금 1천 수 또는 꿀벌 10군 이상을 사육하거나 1년 중 120일 이상 축산업에 종사하는 사람, ④ 농업경영으로 농산물 연간 판매액이 120만 원 이상인 사람 등으로 되어 있다. 이때 농지는 반드시 자신 소유의 농지가 아니고 대여한 경우에도 해당된다.

2) 치유농업시설 조성

치유농장을 운영하려면 치유농업시설을 조성하는 것이 필요하다. 치유농업시설이란 치유농업과 관련된 활동을 할 수 있도록 이용자의 치유효과와 안전을 고려하여 적합하게 조성한 시설로서 장비를 포함한다(농촌진흥청, 2020). 치유농업 시설을 조성하기 위해서는 치유농업의 입지유형에 따라서 관련법이나 관련규정 등 다양한 제도를 이해하고 있어야 한다. 농지에 건축을 하게 되면 「국토의 계획 및 이용에 관한 법률」이나 「농지법」 등의 적용에 따라 조성해야 한다.

(1) 국토의 계획 및 이용에 관한 법률

국토의 계획 및 이용에 관한 용어를 구분하면 크게는 용도지역과 용도지구, 용도구역으로 나눌 수 있으며 용도지역은 다시 도시지역, 관리지역, 농림지역, 자연환경보호지역으로 구분할 수 있다. 이 중에서 관리지역은 '도시지역의 인구와 산업을 수용하기 위해 도시지역에 준하여 체계적으로 관리하거나, 농림업의 진흥, 자연환경 또는 산림의 보전을 위하여 농림지역 또는 자연환경보전지역에 준하여 관리할 필요가 있는 지역'으로 계획관리지역, 생산관리지역, 보전관리지역으로 세분할 수 있다. 국토의 계획 및 이용에 관한 용어, 용도의 구분 및 용도지역은 다음 〈표 10-1〉과 같다.

표 10-1 국토의 계획 및 이용에 관한 용어, 용도의 구분 및 용도지역

<table>
<tr><th colspan="4">구분</th></tr>
<tr><td rowspan="6">용도
지역</td><td rowspan="6">토지의 이용 및 건축물의 용도, 건폐율, 용적률, 높이 등을 제한함으로써 토지를 경제적·효율적으로 이용하고 공공복리의 증진을 도모하기 위하여 서로 중복되지 아니하게 도시·군관리계획으로 결정하는 지역</td><td>도시지역: 인구와 산업이 밀집되어 있거나 밀집이 예상되어 그 지역에 대해 체계적인 개발, 정비, 관리, 보전 등이 필요한 지역</td><td>녹지지역: 자연환경, 농지 및 산림의 보호, 보건위생, 보안과 도시의 무질서한 확산을 방지하기 위하여 녹지의 보전이 필요한 지역</td></tr>
<tr><td rowspan="3">관리지역: 도시지역의 인구와 산업을 수용하기 위해 도시지역에 준하여 체계적으로 관리하거나, 농림업의 진흥, 자연환경 또는 산림의 보전을 위하여 농림지역 또는 자연환경보전지역에 준하여 관리할 필요가 있는 지역</td><td>계획관리지역: 도시지역으로의 편입이 예상되는 지역이나, 자연환경을 고려하여 제한적인 이용, 개발하려는 지역으로 계획적·체계적 관리가 필요한 지역</td></tr>
<tr><td>생산관리지역: 농업, 임업, 어업 생산 등을 위하여 관리가 필요하나 주변용도지역과의 관계 등을 고려할 때 농림지역으로 지정하여 관리하기가 곤란한 지역</td></tr>
<tr><td>보전관리지역: 자연환경 보호, 산림보호, 수질오염 방지, 녹지공간 확보 및 생태계 보전 등을 위해 보전이 필요하나 주변 용도지역과의 관계 등을 고려할 때 자연환경보전지역으로 지정하여 관리하리가 곤란한 지역</td></tr>
<tr><td colspan="2">농림지역: 농림업을 진흥시키고 산림을 보전하기 위하여 필요한 지역(도시지역에 속하지 아니하는 「농지법」에 따른 농업진흥지역 또는 산지관리법에 따른 보전산지 등)</td></tr>
<tr><td colspan="2">자연환경보호지역: 자연환경, 수자원, 해안, 생태계, 상수원 및 문화재의 보전과 수산자원의 보호, 육성 등을 위하여 필요한 지역</td></tr>
<tr><td>용도
지구</td><td colspan="3">토지의 이용 및 건축물의 용도, 건폐율, 용적률, 높이 등에 대한 용도지역의 제한을 강화하거나 완화하여 적용함으로써 용도지역의 기능을 증진시키고 경관·안전 등을 도모하기 위하여 도시·군관리계획으로 결정하는 지역</td></tr>
<tr><td>용도
구역</td><td colspan="3">토지의 이용 및 건축물의 용도, 건폐율, 용적률, 높이 등에 대한 용도지역 및 용도지구의 제한을 강화하거나 완화하여 따로 정함으로써 시가지의 무질서한 확산 방지, 계획적이고 단계적인 토지이용의 도모, 토지이용의 종합적 조정, 관리 등을 위하여 도시·군관리계획으로 결정하는 지역</td></tr>
</table>

출처: 법제처(2020). 국가법령정보센터 「국토의 계획 및 이용에 관한 법률」 재구성.

(2) 농지법

치유농업시설 관련법인 농지법을 살펴보면 농지란 전·답, 과수원, 그 밖에 법적 지목을 불문하고 실제로 농작물 경작지 또는 대통령령으로 정하는 다년생식물 재배지로 이용되는 토지를 말한다(「농지법」 제2조).

농업진흥구역과 농업보호구역에서 불가능한 토지이용행위와 가능한 토지이용행위를 살펴보면 다음 〈표 10-2〉와 같다.

표 10-2 농업보호구역에서 불가능한 토지이용행위와 가능한 토지이용행위

구분	토지이용행위	
농업 진흥구역	불가능	-농업생산 또는 농지 개량과 직접적으로 관련된 행위로서 대통령령으로 정하는 행위 외의 토지이용행위 불가 (「농지법」 제32조 용도구역에서의 행위 제한)
	가능	① 대통령령으로 정하는 농수산물(농산물, 임산물, 축산물, 수산물)의 가공·처리시설의 설치 및 농수산업 관련 시험·연구시설의 설치 ② 농어촌 소득원 개발 등 농어촌 발전에 필요한 시설로서 대통령령으로 정하는 시설의 설치 (「농지법」 제32조 용도구역에서의 행위 제한) ③ 농업인, 어업인 또는 농업법인, 어업법인이 자기가 경영하는 농지, 산림, 축사, 어장 또는 농수산물 가공·처리시설을 체험하려는 자를 대상으로 설치하는 교육·홍보시설 또는 자기가 생산한 농수산물과 그 가공품을 판매하는 시설로서 그 부지의 총면적이 1,000제곱미터 미만인 시설 (「농지법 시행령」 제29조 농업진흥구역에서 할 수 있는 행위)
농업 보호구역	가능	① 농업인 소득 증대에 필요한 시설로 대통령령이 정하는 건축물, 공작물 그 밖의 시설의 설치 (「농지법」 제32조 용도구역에서의 행위 제한) ② 농업인 소득 증대에 필요한 시설로서 대통령령이 정하는 건축물, 공작물 그 밖의 시설로 관광농원사업을 설치하는 시설로서 농업보호구역 안의 부지 면적이 20,000제곱미터 미만인 것 (「농지법 시행령」 제30조 농업보호구역에서 할 수 있는 행위)

출처: 농촌진흥청(2121). 제1기 치유농업사 양성교재.

치유농장은 다른 사업자와 달리 자신의 농지를 소유하거나 대여하는 등 농지를 바탕으로 하기 때문에 행정적인 측면에서의 실무를 익히는 것도 중요하지만 농지를 관리하는 데 시간과 노력을 많이 요구한다. 치유농장의 작물은 생산이 목적이 아니라 이를 치유에 활용하는 것이므로 농장과 환경의 조화를 이루도록 가꾸고 관리해야 하는 부분과 친환경재배, 풀 관리 등에 노력이 필요하다. 그리고 농촌진흥청 등 관련부서에서 치유농업을 정착 발전시켜 나가기 위해서 치유농업사 양성이나 지원 등을 하고 있으나 현재는 보급단계에 있어서 경영에 어려움이 있는 경우가 많다.

그럼에도 불구하고 치유농장은 농장을 찾아오는 참여자뿐만 아니라 운영자도 함께 치유해 가는 과정이라는 면에서 심리치료의 새로운 분야로 인식된다. 농촌진흥청은 2020년부터 치유농업 연구개발 및 육성에 관한 법률을 시행하면서 관련기관과 업무협약 등을 통해서 치유가 필요한 대상의 신체적 · 심리적 · 인지적 · 사회적 건강을 유지, 회복, 증진시키고 치유농장주에게는 경제적 혜택 등 국민의 건강과 농촌의 발전을 위해 노력하고 있다.

자연환경에서 자신과 필요한 대상자가 함께 치유되어나가는 과정인 치유농장을 운영하고자 한다면 심리상담과 치유농업을 효과적으로 접목하고 연구해 나가는 것이 심리상담자의 치유농업현장에서의 과제이다.

[그림 10-1] 심리집단상담-자연물 활용 감정파이 만들기

[그림 10-2] 조별 쌈채소 가꾸기

[그림 10-3] 감자 수확하기

[그림 10-4] 수확한 채소로 음식 만들어 나누기

참고문헌

법제처(2020). 「농지법」.

법제처(2022). 「농지법 시행령」.

농촌진흥청(2020). 「치유농업 연구개발 및 육성 지원에 관한 법률」.

농촌진흥청(2121). 제1기 치유농업사 양성교재.

법제처(2020). 국가법령정보센터 「국토의 계획 및 이용에 관한 법률」.

제11장

상담 관련 대학원에서의 교육과정

'상담자가 되기 위해서는 대학원 과정을 꼭 이수해야 하는가?'라는 질문을 가끔 받는다. 이에 대해 상담대학원 교육의 목적과 그 역할을 살펴봄으로써 답을 찾을 수 있을 것이다. 상담대학원은 심리상담자를 육성하는 것을 주된 목적으로 하고 있다. 이를 위해 대학원은 상담이론과 기술 등의 전문적 지식을 습득시키고, 연구역량을 키우는 역할을 하고 있다. 또한, 대학원 과정을 이수함으로써 자격증 취득 및 상담현장에 취업할 수 있는 조건을 충족시켜 주기도 한다.

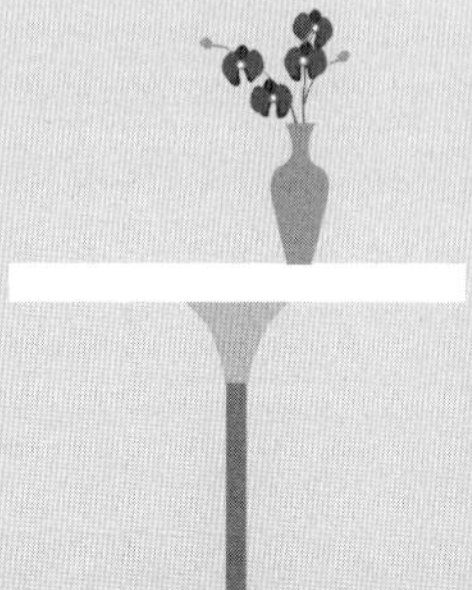

지금까지 Wee센터나 청소년상담센터, 대학 상담센터, 국가기관이나 기업체, 사설 상담기관 등 다양한 상담현장에서의 실무적인 내용에 대해서 알아 보았다. 이러한 현장에서 상담자로서 직무를 수행하기 위해 중요하게 요구되는 것이 바로 대학원 과정을 이수하는 것이다. 석사과정 이수는 필수라고 해도 과언이 아니며, 상담 관련 학과에서 강의를 하기 위해서는 박사과정도 이수해야 할 것이다. 이에 마지막 장에서는 상담 관련 대학원의 첫 관문인 석사과정을 중심으로 살펴보도록 하겠다.

1. 대학원 교육의 역할

'상담자가 되기 위해서는 대학원 과정을 꼭 이수해야 하는가?'라는 질문을 가끔 받는다. 이에 대해 상담대학원 교육의 목적과 그 역할을 살펴봄으로써 답을 찾을 수 있을 것이다. 상담대학원은 심리상담자를 육성하는 것을 주된 목적으로 하고 있다. 이를 위해 대학원은 상담이론과 기술 등의 전문적 지식을 습득시키고, 연구역량을 키우는 역할을 하고 있다. 또한, 대학원 과정을 이수함으로써 자격증 취득 및 상담 현장에 취업할 수 있는 조건을 충족시켜 주기도 한다.

1) 상담의 이론적 지식 및 기술 함양

상담 관련 대학원에서 일반적으로 개설되어 있는 교과목에는 〈표 11-1〉과 같이 학습, 발달, 사회, 성격, 연구방법론 등 다양한 심리학 지식과 상담(심리치료)이론 및 실제, 심리평가에 대한 이해, 상담방법 실습 등이 있다. 대학원마다 차이가 있지만, 공통필수, 전공필수, 전공선택 등으로 구분된다. 또한, 상담심리, 아동청소년상담, 가족상담 등 세부 전공에 따라 교육과정의 차이가 있다. 이러한 교과목들을 통해 학부에서 배운 지식을 보다 깊이 있게 학습함으로써 상담에 필요한 전문적인 지식과 상담역량을 강화시키게 된다.

표 11-1 상담 관련 대학원의 개설 교과목

전공	과목명		
	공통필수	전공필수	전공선택
상담심리	▶ 상담학입문 ▶ 상담 및 심리치료 이론 ▶ 상담윤리의 이론과 실제 ▶ 발달심리 ▶ 성격심리 ▶ 학습심리 ▶ 이상심리	▶ 집단상담 ▶ 가족상담 ▶ 심리평가 ▶ 상담면접 및 실습 ▶ 상담연구방법론 ▶ 통계분석입문 ▶ 상담학질적연구방법론 ▶ 심리검사 ▶ 심리진단 및 평가	▶ 상담심리세미나 ▶ 상담프로그램 개발 및 실습 ▶ 상담의 기법 ▶ 인지행동치료 ▶ 대상관계이론 ▶ 긍정심리 ▶ 상담사례실습 및 지도 ▶ 상담심리논문지도 ▶ 다문화상담 ▶ 중독상담 ▶ 집단상담이론과 실제 ▶ 개별상담 슈퍼비전 ▶ 집단상담 슈퍼비전
아동청소년상담		▶ 청소년심리와 상담 ▶ 진로상담 ▶ 청소년상담의 이론과 실제 ▶ 아동상담의 이론과 실제 ▶ 아동발달진단 및 심리평가 ▶ 중독과 상담 ▶ 위기상담 ▶ 성폭력과 상담	▶ 아동청소년 부모교육 ▶ 아동심리평가 ▶ 위기아동개입 ▶ 청소년상담의 이론과 실제 ▶ 아동정신병리 ▶ 아동상담 이론과 실제 ▶ 부모교육 ▶ 동기강화상담 ▶ 자살위기 진단평가와 상담 ▶ 학업진로상담 ▶ 놀이치료와 상담 ▶ 미술치료와 상담 ▶ 놀이치료 관찰 및 실습 ▶ 동작치료 ▶ 음악치료 ▶ 예술치료

가족상담		▶ 가족상담의 이론과 실제 ▶ 가족치료세미나 ▶ 가족상담실습 및 사례연구	▶ 가족상담이론과 실제 ▶ 부부상담 및 교육 ▶ 가족상담: 갈등조정 ▶ 가족상담사례연구 ▶ 부부상담과 이혼상담 ▶ 부부상담이론 ▶ 위기상담세미나 ▶ 자살위기진단평가와 상담 ▶ 다문화가족상담
성인 노인상담		▶ 노년학의 이해 ▶ 중년기심리와 상담 ▶ 노년기심리와 상담	▶ 중노년 발달 ▶ 노년발달연구방법론 ▶ 중노년발달 연구방법세미나 ▶ 놀이치료와 상담 ▶ 미술치료와 상담 ▶ 놀이치료 관찰 및 실습 ▶ 동작치료 ▶ 음악치료 ▶ 예술치료

2) 대학원에서의 연구역량 개발

어느 학생이 "대학원에서 왜 논문이나 연구보고서를 꼭 써야 하나요? 저는 상담을 배우기 위해 대학원에 왔지 연구는 생각해 본 적이 없어서 당황스러워요."라며 연구에 대한 어려움을 토로했었던 기억이 난다. 우리나라 상담자 훈련모델은 과학자(scientist)와 실무자(practitioner)라는 두 가지 역량을 갖춘 상담자 육성모델인 Boulder 모델에 기초하고 있다. 실무자 훈련은 다양한 상담센터에서 실제 내담자를 만나고 슈퍼비전을 받으면서 이루어지고, 과학자적 훈련은 주로 대학원에서 강의와 연구를 통해 이루어진다.

(1) 연구는 상담자 직무역량의 중요 요소

상담자가 복잡한 문제를 가진 내담자를 돕는 데 있어 연구와 상담 실제의 통합은 상담의 예술과 과학(예: 상담 경험과 실증적으로 검증된 상담 접근법)의 최고의 측면을 활용함으로써 최대의 상담효과를 가져옴과 동시에 비용을 절약할 수 있게 된다. 상담자는 개입처치의 초점을 결정하고, 적절한 개입을 구상하고, 성과를 평가하기 위해 자료 활용의 중요성을 인식해야 한다. 상담지원 대상의 확대와 경제적인 측면을 고려해 상담은 점점 시간 제한적으로 되어 가는 추세이므로, 상담자가 목표를 세우고, 개입을 하고, 적절한 시기에 성과를 입증하는 것은 중요하다.

그러므로 상담자 직무역량 모델에서는 '연구'가 하나의 구성요소로 제시되고 있다. 청소년상담사 직무역량 모델(조수연, 양미진, 2013)의 역량군에 '연구'가 포함되어 있으며, 이에 대해 연구설계 및 수행(자료수집, 통계분석 및 결과 해석과 정책 및 프로그램 개발 역량)과 연구보고서 작성 및 평가(연구보고서 작성 및 연구물에 대한 질적 평가 역량)의 두 가지 역량요소가 제시되어 있다. 유현실(2009)의 진로상담전문가 역량 모델에서도 직무지식 · 수행의 역량요소로 '연구'가 포함되어 있으며, 역량 지표로 연구 계획 및 수행능력과 전문적 글쓰기 능력을 제시하고 있다. 또한, 직무별로 요구되는 구체적인 능력을 세분화하고 해당 직무능력이 어떤 교육과 경력 수준에서 수행되는지를 제시함으로써 교육훈련 계획을 수립하거나 업무능력을 인정받기 위해 필요한 자격 수준을 이해하는 데 지침이 되는 국가직무능력표준(National Competency Standards: NCS)을 통해서도 상담 직무역량과 관련하여 요구되는 지식, 기술, 태도 등에 대해 이해할 수 있다. 고용노동부(2015)에서 규정한 심리상담 직무의 능력단위 중 심리상담 자료관리의 능력단위 요소에 상담통계 활용하기가 포함되어 있다.

이렇듯 상담자로서 직무를 수행하기 위해서는 연구능력이 요구되고, 연구역량을 개발하기 위해 대학원 과정에서의 연구방법 교육이나 직접적인 연구 수행을 통한 과학자적 훈련은 필수적이라고 할 수 있겠다.

(2) 상담현장 실무에서의 연구 적용

상담자의 연구능력은 개인 또는 집단 상담에서 자신의 전문적인 개입이 얼마나 효과적인지 그 성과를 검토하는 데 중요하게 사용된다. 상담효과는 상담 과정에서 나타나는 내담자의 변화나 상담 종결 시 내담자의 보고로 알 수 있다. 그러나 상담 개입의 효과성 검증은 내용중심의 정성적 지표에서의 변화와 더불어 정량적 지표를 제시하고, 근거에 기반한 결과해석으로 추후의 효과성에 대해 예측하고 그 효과를 최대로 끌어올려야 한다.

상담현장 실무에서 연구를 수행해야 되는 몇 가지 예를 들어 보면, 먼저 대학 상담센터에서 신입생 및 재학생의 실태조사이다. 대학 상담센터에서는 정기적으로 학생들의 실태와 요구를 파악하고, 연구와 분석 자료 환류를 통해 교육경영 및 정책 수립에 활용할 수 있는 근거자료를 지속적으로 구축해 나가고 있다. 또한 Wee센터에서도 개인 또는 집단 상담 시행 후 사전・사후 검사결과, 만족도 등 프로그램 성과를 평가한 결과보고서를 작성하거나 새로운 프로그램을 개발하는 등의 연구업무를 수행하게 된다. 특히 국가기관에서 예산이 지원되는 경우 제한적인 회기 내에서 상담효과를 보여야 한다. 최근 사설 상담기관이 많이 증가하는 추세인데, 이러한 환경에서 경쟁력을 지녀야 생존할 수 있다. 이를 위해 상담자는 자신이 사용한 개입방법이 연구에 근거를 두고 있으며, 임상적으로 타당하고 효과적인 결과를 가져온다는 증거를 제시하는 것이 필요하다. 때로는 자신이 근무하는 상담기관에서 연구 프로젝트를 수행해야 하는 업무를 맞닥뜨릴 수도 있다. 그리고 기존 프로그램보다 더 단기간에 효과적인 새로운 프로그램을 개발하고 운영해야 되는 경우도 있다.

상담현장에서 다양한 연구를 수행하는 데 있어 대학원에서의 과학자적 훈련은 매우 중요한 역할을 한다. 논문이나 연구보고서를 작성해 봄으로써 논리적인 글쓰기 능력 또한 향상되고, 이는 현장에서 다양한 보고서와 사업계획서를 작성하는 데도 실질적인 도움이 될 것이다. 그러므로 상담자의 연구역량은 필수적인 요소이며, 이러한 이유로 〈표 11-2〉와 같이 상담심리사 자격시험 과목에 심리통계 및 연구방법론이 포함되어 있고, 수련과정에서도 상담사례연구활동이나 학술 및 연구활동을 요구하고 있는 것이다.

표 11-2 상담심리사 자격시험 및 수련

	등급	과목
시험	1급	상담 및 심리치료 이론, 집단상담 및 가족치료, 심리진단 및 평가, 성격심리 및 정신병리, 심리통계 및 연구방법론
	2급	상담심리학, 발달심리학, 이상심리학, 학습심리학, 심리검사
수련	접수면접, 개인상담(면담, 슈퍼비전), 집단상담(참여, 실시, 슈퍼비전), 심리평가(검사실시, 해석상담, 검사슈퍼비전), 공개사례발표, 상담사례연구활동, 학술 및 연구활동	

출처: 한국상담심리학회 홈페이지(http://krcpa.or.kr).

3) 자격증 취득을 위한 조건 충족

일반적으로 자격은 관리와 운영 주체에 따라 국가자격과 민간자격, 국가가 인정하는 국가공인 민간자격으로 구분된다. 대학원 과정 이수는 이러한 자격을 따기 위한 조건을 충족시켜 준다. 현재 법령상에 명시된 대표적인 상담 분야 국가자격인 청소년상담사와 전문상담교사 그리고 가장 공신력 있는 민간자격인 상담심리사(한국상담심리학회) 자격 조건을 예로 들어 대학원 교육과정 이수와 관련된 사항을 살펴보면 다음과 같다.

(1) 청소년상담사

청소년상담사는 「청소년 기본법」 제22조 제1항에 근거하는 국가자격이며, 청소년상담관련 분야의 상담실무경력 및 기타자격을 갖춘 자로서, 자격시험에 합격하고 자격연수 100시간을 이수한 자에게 여성가족부 장관이 부여하는 것이다. 청소년상담사 자격은 1급, 2급, 3급으로 구분되며, 그 중 1급과 2급의 응시자격 기준을 보면

표 11-3 청소년상담사 응시자격 기준

등급	응시자격 기준
1급	1. 대학원에서 청소년(지도)학, 교육학, 심리학, 사회사업(복지)학, 정신의학, 아동(복지)학, 상담학 분야 또는 그밖에 여성가족부령으로 정하는 상담 관련 분야(이하 '상담 관련 분야'라 한다)의 박사학위를 취득한 사람
	2. 대학원에서 상담관련분야의 석사학위를 취득한 후 상담 실무경력이 4년 이상인 사람
	3. 2급 청소년상담사로서 상담 실무경력이 3년 이상인 사람
	4. 제1호 및 제2호에 규정된 사람과 같은 수준 이상의 자격이 있다고 여성가족부령으로 정하는 사람
2급	1. 대학원에서 상담관련분야의 석사학위를 취득한 사람
	2. 대학 또는 다른 법령에 따라 이와 동등한 학력을 인정받는 기관에서 상담 관련 분야 학사학위를 취득한 후 상담 실무경력이 3년 이상인 사람
	3. 3급 청소년상담사로서 상담 실무경력이 2년 이상인 사람
	4. 제1호부터 제3호까지에 규정된 사람과 같은 수준 이상의 자격이 있다고 여성가족부령으로 정하는 사람

출처: 「청소년 기본법 시행령」 제23조 제3항 별표3.

〈표 11−3〉과 같이 대학원과 관련된 조건이 포함되어 있다. 1급 청소년상담사의 경우 명시된 전공으로 박사학위를 취득하거나 석사학위 취득 후 상담 실무경력이 4년 이상인 사람이 응시할 수 있다. 2급의 경우 상담관련분야의 석사학위를 취득하면 응시할 수 있다.

(2) 전문상담교사

전문상담교사는 「초·중등교육법」 제21조 제2항에 근거하는 국가자격이며, 교육기관 또는 학교 현장에서 학생들을 대상으로 상담 업무를 수행할 수 있는 자격을 갖춘 자에게 교육부장관이 부여하는 것이다. 1급과 2급의 응시자격 기준을 보면 〈표 11−4〉와 같이 대학원과 관련된 조건이 포함되어 있음을 알 수 있다.

표 11−4 전문상담교사 자격 기준

등급	응시자격 기준
1급	1. 2급 이상의 교사자격증(「유아교육법」에 따른 2급 이상의 교사자격증을 포함한다)을 가진 사람으로서 3년 이상의 교육경력이 있는 사람이 교육부장관이 지정하는 교육대학원 또는 대학원에서 일정한 전문상담교사 양성 과정을 마친 사람
	2. 전문상담교사(2급) 자격증을 가진 사람으로서 3년 이상의 전문상담교사 경력을 가지고 자격연수를 받은 사람
2급	1. 대학·산업대학의 상담·심리 관련 학과를 졸업한 사람으로서 재학 중 일정한 교직학점을 취득한 사람
	2. 교육대학원 또는 교육부장관이 지정하는 대학원의 상담·심리 교육과에서 전문상담 교육과정을 마치고 석사학위를 받은 사람
	3. 2급 이상의 교사자격증(「유아교육법」에 따른 2급 이상의 교사자격증을 포함한다)을 가진 사람으로서 교육부장관이 지정하는 교육대학원 또는 대학원에서 일정한 전문상담교사 양성과정을 마친 사람

출처: 「초·중등교육법」 별표2.

(3) 상담심리사

상담심리사는 (사)한국상담심리학회의 자격규정에 명시된 자격검정 절차에 의해 상담심리사 자격을 취득한 자이다. 상담심리사 자격은 1급과 2급으로 구분되며, 자격을 취득하기 위해서는 학회 회원 가입, 상담경력 및 과목이수 충족, 자격시험 합격, 수련내용 충족, 자격심사 합격의 절차를 거쳐야 한다. 이러한 일련의 과정 중에

표 11-5 상담심리사 상담경력 및 과목이수 조건

등급	조건
1급	상담 관련 석사학위 취득 후 3년 이상의 상담경력, 석사과정 중 상담 관련 과목 4과목 이상, 기초과목 1과목 이상 이수(학부과정 중 이수과목 인정되지 않음)
	2급 상담심리사 자격 취득 후 4년 이상의 상담경력
	상담 비관련 석사학위 취득 후 상담 관련 박사과정 입학한 후 3년 이상의 상담경력, 박사과정 중 상담 관련 과목 4과목 이상, 기초과목 1과목 이상 이수(학・석사과정 중 이수과목 인정되지 않음)
	한국연구재단에서 인정하는 외국대학의 상담 관련 분야 박사학위, 외국의 상담 및 심리치료 분야의 전문가 자격증(각국 정부나 주정부 또는 각국 심리학회의 공인된 자격검정 절차를 통과한 수준의 자격증)을 소지하고, 국내에서 1년 이상의 상담경력
	한국연구재단에서 인정하는 외국대학의 상담 관련 분야 박사학위, 본 학회와 MOU를 체결한 외국학회(APA, ACA)가 인증한 교육기관에서 인턴십 과정을 마치고, 국내에서 1년 이상의 상담경력
2급	상담 관련 석사 입학 후 1년 이상의 상담경력, 석사과정 중 상담 관련 과목 4과목 이상, 기초과목 1과목 이상 이수(학부과정 중 이수과목 인정되지 않음)
	상담 관련 학사학위 취득 후 2년 이상의 상담경력, 학부과정 중 상담 관련 과목 3과목, 기초과목 3과목 이상 이수
	비상담 관련 학사학위 취득 후 3년 이상의 상담경력
	외국의 상담 및 심리치료 분야의 자격증(각국 정부나 주정부 또는 각국 심리학회의 공인된 자격검정 절차를 통과한 수준의 자격증) 소지, 국내에서 1년 이상의 상담경력

출처: 한국상담심리학회 홈페이지(http://krcpa.or.kr).

서 〈표 11-5〉와 같이 자격시험에 응시할 수 있는 자격을 부여하는 상담경력 및 과목이수 조건에 대학원 관련 사항들이 명시되어 있다.

4) 상담 관련 기관 취업을 위한 조건 충족

상담 관련 기관에 취업하는 데 있어 여러 조건 중 하나로 대학원 과정 이수에 대하여 명시하는 경우도 있다. 예를 들어, 「청소년복지지원법 시행령」에 따라 운영되고 있는 청소년상담복지센터의 경우 시・도 센터의 실무 업무 수행직원인 팀원 선발기준의 하나로 '상담복지 분야 석사학위 이상의 학위를 취득한 사람으로서 청소년상담복지 관련 업무를 수행할 수 있다고 시・도지사가 인정하는 사람'이라고 명시되어 있다. 또한 기업 내 상담실에 취업하기 위해서도 공신력 있는 상담 자격증을 필수적으로 요구하고 있고, 이러한 자격증을 취득하기 위해서는 석사학위 이상의 학력은 필요하다. 그러므로 대학원 교육은 이러한 상담 관련 기관에 취업하는 데 있어 선발 조건을 충족시키는 역할을 한다.

2. 상담 관련 대학원 교수의 역할

상담 관련 대학원 교수에게 요구되는 역할은 학교나 직책에 따라서 차이가 있겠지만, 일반적으로는 강의와 연구지도, 실습지도, 슈퍼비전 등을 제공하는 것이다. 그 밖에도 학생 관리 및 신입생 모집, 교과과정 이외의 활동이 요구되기도 한다.

1) 강의 및 연구지도

앞서 제시한 〈표 11-1〉에서와 같이 상담 관련 대학원에서는 다양한 교과목이 개설되어 있고, 이를 강의하는 것이 교수로서의 가장 기본적인 역할 중 하나이다. 강의를 할 때는 선수경험의 차이로 인해 학생들의 교과목 이해수준의 격차가 크다는 점을 고려해야 할 것이다. 상담 관련 특수대학원의 경우 학부전공 비동일계열의 학생들과 중년의 만학도가 늘어나고 있는 추세이다. 전공 동일계열 학생이나 상담현장 근무자, 또는 상담경험이 있는 학생의 경우 학부에서보다 더 심화된 내용을 요구하는 경향이 있다. 그러나 대학원에서 처음 상담 관련 교과목을 접하는 비동일계열의 학생이나 오래 전 학습경험을 연결하는 데 어려움이 있는 중년의 학생인 경우 기초적인 교과내용을 이해하는 데 어려움을 호소하기도 한다. 그러므로 학생들의 수업만족도나 학습성과를 높이기 위해서는 다양한 교수법을 활용해야 할 것이다.

특수대학원 석사학위 취득요건은 논문과정과 비논문과정으로 나뉘어져 있는데, 추후 박사과정으로 진학할 계획이 있는 학생의 경우에는 논문을 작성하도록 지도하는 것이 필요하다. 이렇듯 연구를 지도하는 데 있어서도 학생들의 개별적인 상황을 고려해야 한다. 일반대학원의 full-time 학생인 경우에는 공부나 연구에 전념할 수 있을 것이다. 반면에 직장인들은 과제수행이나 연구가 자신의 업무에 비해 후순위로 밀릴 수밖에 없어 물리적인 시간부족으로 연구과제를 수행하는 데 어려움을 호소하는 학생들도 많이 접한다. 연구주제를 선정할 때 그들의 기존 경험이나 지식, 관심분야 또는 업무와 연관성이 있는 연구주제를 선택할 수 있도록 지도하면 학생들에게 도움이 될 것이다.

2) 실습지도 및 슈퍼비전

실습지도는 대학원생들의 실제적인 상담역량을 강화시키는 데 매우 중요한 역할을 한다. 실습방식을 선택하기 위해서는 학생들의 다양한 상황을 고려해야 한다. 주로 주간에 수업하는 일반대학원의 경우에는 학교 내 상담센터를 활용하거나 상담현장을 연계하여 실습을 진행하는 것이 가능할 것이다. 그러나 야간에 수업하는 특수대학원의 경우 직장을 다니는 학생들로 인해 현장과 연계된 실습 진행이 어려워 실습 교과목을 통해 강의실에서 역할극(role-play)으로 상담기법을 훈련하는 경우도 있다. 실제 상담실습에 비해서는 아쉬운 부분이 있지만, 역할극을 활용했을 때의 장점은 상담자와 내담자, 관찰자의 경험을 동시적으로 해 볼 수 있다는 것이다. 일정 조정이 비교적 탄력적인 학생들은 상담자원봉사자를 필요로 하는 지역 내 기관과 연계하여 봉사활동을 통해 현장경험을 할 수 있도록 지도하는 방법도 있다.

대학원 교수는 연구지도나 슈퍼비전 등에도 많은 시간을 할애한다. 대학 내 상담센터에서 대학원생들이 수련을 하고 있는 경우에는 자신의 상담사례에 대해 슈퍼비전을 받으면 된다. 그러나 특수대학원의 경우 수련 중이거나 상담 관련 현장에서 근무하는 학생이 소수이고, 실제 상담경험이 없는 학생들도 많기 때문에 공개된 사례를 통해 상담 과정에 대한 이해를 증진시키기도 한다. 상담장면에서 개인의 특성이 어떻게 영향을 미치는지, 상담자로서의 자신의 강점이나 취약점이 무엇인지 파악하고 전문상담자로 나아가도록 하기 위해서는 상담실습 기회를 많이 제공해야 할 것이다. 대학원에서의 교육에 치중하다 보면 교수자 또한 어느새 상담사례가 현저히 감소하게 되는 경우가 있다. 현장감을 유지하고 최신의 경험을 학생들에게 나누어 주기 위해서는 상담을 꾸준히 수행할 필요가 있겠다.

3) 학생 관리 및 모집

교수의 직책에 따라 학과를 전체적으로 이끌어 나가는 역할을 해야 할 때도 있다. 학기마다 개설 교과목을 정하고, 강의자 배정 및 학과의 주요 일정을 교수들과 논의하여 결정하는 등 학과의 전반적인 직무를 수행해야 한다. 신입생들이 대학원 과정에 잘 적응할 수 있도록 돕고, 학생들이 겪는 불편사항에 귀 기울임으로써 개선시켜 나가는 노력도 해야 할 것이다. 학생들의 욕구는 다양할 수밖에 없고 때로는 서로 상충되기도 한다. 예를 들어, 무슨 교과목을 수강해야 되는지 결정하기 힘들어 학기마다 수강교과목을 정해 주기를 요구하는 학생이 있는가 하면, 정해진 교과목을 수강하는 것은 자신의 교과목 선택에 대한 자율권을 침해한다고 불편해 하는 학생도 있다. 이러한 문제를 해결하기 위해서는 학생들과 소통할 수 있는 기회를 자주 마련해야 할 것이다.

학과의 지속적인 발전과 유지를 위해 학생 모집에도 기여해야 한다. 최근 지방의 경우 상담 관련 대학원의 수가 늘어나고 있고, 제한된 지역 내에서 경쟁하다 보니 학생 모집이 갈수록 어려워지고 있어 학생 모집에 총력을 기울이고 있다. 학생을 모집하기 위해서는 홍보도 중요하지만 협소한 지역일수록 대학원에서의 교육 만족도가 높은 재학생이나 졸업생들의 추천으로 연결되는 경우가 대부분이다. 그러므로 재학생들의 만족도를 높이는 동시에 졸업생들과의 지속적인 교류는 학생 모집에 긍정적인 영향을 미칠 것이다.

새로운 학생 자원을 발굴하기 위해 공공기관에서 진행하는 상담 관련 교육을 파악하고, 관련 업무 담당자들과 교류하며, 지역 내 활동 중인 상담자원봉사자들의 모임이나 관련 행사에 참여하여 홍보하는 것도 필요하다. 대학 내 평생교육원을 이용하는 학습자들의 경우도 중요한 자원이므로 평생교육원과 연계하여 학습자들을 대상으로 상담교육이나 프로그램을 개설하여 선수경험을 제공함으로써 대학원으로 발걸음을 내딛을 수 있는 계기를 마련할 수 있을 것이다.

4) 교과과정 이외의 활동

대학원 교과과정 이외에 학생들 간의 활발한 교류와 학문적 소양을 넓히기 위해 대학원이나 학과 주최로 워크숍이나 세미나, 특강 등을 정기적으로 개최할 필요가 있다. 재학생뿐만 아니라 졸업생의 참여를 독려하고, 지역주민도 참여할 수 있는 기회를 제공하면 학과 홍보에도 도움이 될 것이다. 재학생이나 졸업생들과 함께 지역 내 상담이 필요한 현장이나 대상을 찾아가 심리지원서비스를 제공하여 지역사회에 기여함으로써 사회적 책임을 이행하는 것도 중요한 책무 중 하나라고 여겨진다. 이러한 활동은 지역사회에 학과를 알릴 수 있는 기회가 될 수 있으므로 일석이조의 효과를 기대할 수 있다.

3. 슬기로운 대학원 생활을 위한 Tip

1) 하나의 이론을 깊이 있게 공부하기

상담현장에서 근무하는 학생들이 하는 질문 중 하나가 '학교에서 배운 이론을 실제 상담사례에 적용하는 데 있어 한계점이 많고, 역시 이론은 이론일 뿐이라는 생각이 들어 열심히 이론공부를 할 필요가 있느냐'는 것이다. 이론에 근거하지 않은 상담개입은 마치 나침반이나 등대 없이 깜깜한 바다를 항해하는 것과 같은 위험한 상황이라고 볼 수 있다. 물론 현장에서 맞닥뜨리는 내담자는 복잡하고 개별적이며, 가변적인 대상이라 이론의 적용에 있어 한계가 있을 수밖에 없다는 것은 어느 정도 공감이 된다. 그리고 이론의 현실 적용에 대한 문제점이 제기되는 이유는 각 이론이 가지고 있는 제한적 시각뿐만 아니라 하나의 이론으로 정립되기 위해서는 독창성, 유용성, 경험적 검증, 포괄성, 윤리성, 활용 용이성, 전문집단의 인정 등 많은 조건을 충족하여야만 하고, 이러한 조건을 모두 충족하는 완벽한 이론은 불가능하기 때문이다. 더불어 인간이 처한 매우 복잡하고 다양한 상황과 조건, 특정 내담자와 관련된 사회체계에 대한 새로운 통찰력까지 이론에 담아낸다는 것은 매우 어려울 것이다.

이러한 상담이론이 가진 한계점에도 불구하고 이론은 인간을 이해하고 설명하고 예측함으로써 어떻게 통제(조절)할 것인가에 대한 논리적 길잡이 역할을 하므로 반드시 이론에 대한 깊이 있는 이해가 필수적이다. 이는 예외상황에 대한 대처 또한 용이하게 해 주며, 다른 상황으로의 적용을 확장함으로서 이론을 보다 정교하게 발전시켜 나갈 수 있다. 또한 이론과 현실의 괴리감을 좁혀 나가기 위해서는 기존 이론을 근거로 하여 현장에서의 유사성과 상이성을 재조명하고, 경험적이고 과학적 검증을 통해 보다 정교한 개인의 이론을 파생시켜 나갈 필요가 있다.

이렇듯 이론의 중요성을 절대 간과해서는 안 된다. 건물을 튼튼하게 짓기 위해 무엇보다 땅을 다지고 골조를 세우는 기초공사가 중요하듯이 상담전문가가 되기 위해서는 이론을 다져야 한다. 자격증 면접시험에서도 상담을 하는 데 있어 주로 사용하는 자신의 주된 이론에 관한 질문의 출제빈도가 높다. 다양한 상담이론을 두루 학습하면서 각 이론의 인간관이나 기본 가정들에 대해 자신의 경험 안에서 동의되는 것을 주된 이론으로 선택할 수 있다. 또는 특정 이론에서 제시하고 있는 상담기법이 흥미롭거나 자신이 잘 수행할 수 있는 것을 선택하여 깊이 있게 공부할 수도 있다. 학교 공부뿐만 아니라 그 이론과 관련된 단체에 가입하여 워크숍이나 세미나 등에 참석하여 경험의 폭을 넓혀 전문성을 강화하는 것 역시 중요하다.

2) 학부에서의 전공 동일계열과 비동일계열

대학원생들은 대학에서 상담 관련 학과를 졸업한 동일계열의 학생과 상담과 전혀 다른 학과인 비동일계열 학생으로 나눌 수 있다. 이에 따라 대학원에서의 교과 과정을 학습하는 데 있어 차이가 날 수밖에 없다. 비동일계열의 학생들이 상담 관련 대학원에 진학하는 경우가 점점 늘어나고 있는 추세이다. 특히 비동일계열의 경우 교과목에 대한 이해에서 동일계열과의 학습 격차가 발생한다. 그러므로 이들은 1, 2학기 때는 기초교과목 위주로 수강하는 것이 필요하고, 물리적인 학습량을 늘려서 교과목에 대한 이해를 높이는 것이 필요하다. 특히 비동일계열이면서 상담경험이 없는 경우에는 상담사례를 많이 접함으로써 구체적인 상담 과정에 대한 이해를 높이는 것 또한 중요하다. 동일계열의 학생들은 학부에서 이미 배운 교과목을 기피하는 경우가 있는데, 대학원에서는 동일한 명칭의 교과목이라 하더라도 강의자나 학습방법에 따라 차이가 있고, 반복학습으로 인해 이해의 폭을 넓힐 수 있음을 유념해야 한다.

3) 상담 관련 현장에서 근무하는 경우와 그렇지 않은 경우

대학원생들은 상담 관련 현장에서 근무하고 있는 경우와 전혀 다른 직업을 가진 경우로도 나누어진다. 최근 들어 상담 관련 특수대학원의 경우 중년 직장인들의 진학이 늘고 있는 추세이다. 이들이 대학원에 진학한 동기로는 자기이해 및 내적 성장, 여가활용, 제2의 진로설정, 자원봉사, 취업준비 등 다양하다. 어떤 목적으로 대학원에 진학했는지에 따라 수강과목 선택이나 자격증 취득 및 수련과정 진행 여부가 달라질 수 있다. 상담 관련 현장에서 근무하고 있는 경우에는 자신들의 직무를 수행하는 데 있어 바로 적용할 수 있는 상담기법이나 슈퍼비전 관련 교과목을 선호하는 반면, 상담경험이 없는 학생들은 이러한 교과목을 수강하는 데 부담을 느끼기도 한다. 그러므로 개인의 목표나 기대, 학습동기 등을 반영하여 대학원 전체 과정을 설계하는 것이 필요하다.

4) 대학원 내 수련시스템 확인하기

대학 내 학생 상담센터와 연계하여 대학원생들이 상담 수련을 할 수 있도록 시스템이 갖추어진 대학도 있는 반면 그렇지 못한 대학도 있다. 만약 수련을 원할 경우 본인이 다니는 대학 내 수련시스템이 갖추어지지 않은 경우에는 외부의 수련기관을 이용해야 한다. 학회 자격증을 취득하기 위해서는 반드시 수련을 거쳐야 한다. 그러므로 자신이 진학한 대학원의 수련시스템이나 외부의 수련기관에 대한 정보를 확인하고 자신의 상황에 맞게 적절하게 활용하는 것이 필요하다. 대학마다 차이는 있겠으나 제3장에서 제시된 대학 상담센터의 예를 들어 보면, 수련생의 자격요건으로 실습상담원은 상담관련 분야 석사재학 3학기 이상, 인턴상담원은 실습 상담수료자이거나 이와 동등한 자격을 가진 자로서 상담 및 임상심리 석사과정 졸업예정자 및 졸업자이며, 레지던트 상담원은 인턴과정 수료자이거나 이와 동등한 자격을 가진 자로서 상담 및 임상심리 석사학위 이상 소지자이다. 관련 분야 1년 이상 경력자, 객원(외래)상담원은 레지던트 과정 수료자이거나 상담 및 임상심리 분야의 박사과정 이상인 자, 또는 관련 분야 3년 이상 경력자로 규정하고 있다. 그러므로 대학 상담센터에서 수련을 하기 위한 조건을 확인하는 것도 필요하다.

5) 자격증 취득하기

상담 관련 자격증을 취득하기 위해서는 해당 조건에 충족되어야 하는데, 학회 자격증의 경우 반드시 수련과정을 거쳐야 하므로 시간이 어느 정도 소요된다. 그러므로 현재 직장 등의 문제로 수련을 할 수 없는 경우에는 우선적으로 대학원 과정 동안이나 졸업 이후 취득할 수 있는 자격증을 확인하고 이를 신속하게 취득해야 한다. 왜냐하면 해를 거듭할수록 문제의 난이도가 높아지는 경향이 있으므로 하루라도 빨리 취득하는 것이 좋을 것이다. 우선 당장 쓰임새가 없어 자격증 취득에 관심이 없는 학생들도 있는데, 미래는 누구도 예측할 수 없고 자신에게 어떤 기회가 올지 모르니 미리 그에 대비하여 대학원 과정 중에서나 졸업 직후 학습한 내용이 상대적으로 많이 남아 있을 때 자격증을 취득하기를 권한다. 상담 관련 국가공인 자격증에는 임상심리사, 청소년상담사, 전문상담교사, 직업상담사 등이 있다.

6) 상담 관련 학회 활동 병행하기

대학원에서의 교육만으로는 상담자로서의 역량을 개발하는 데 한계가 있을 수밖에 없으므로 상담 관련 학회 활동을 병행할 것을 권한다. 이러한 학회 활동을 통해 상담의 최신경향과 사회적 이슈에 대하여 학계나 현장 상담전문가들의 다양한 주장과 학술대회에서 발표되는 많은 연구를 접함으로써 본인의 전문성을 확장해 갈 수 있다. 또한 학회 자격증을 취득하기 위해서는 학회에 가입해 자격 취득에 요구되는 수련과정을 반드시 이수해야 한다.

7) 비판적인 사고능력 키우기

대학원에서 여러 교과목을 학습하고 연구를 수행하는 데 있어 중요하게 요구되는 것 중 하나는 비판적으로 사고하는 것이다. 교재에 제시된 내용들도 저자의 관점이 반영된 것이고, 각 이론들 또한 한계점이 있을 수밖에 없으며, 선행된 연구들도 어느 정도의 문제점들을 가지고 있다. 학생들이 책의 내용이나 선행연구들을 그대로 수용하거나 인용하는 경우가 많다. 이에 대해 잘못된 부분을 피드백해 주면 학생들의 반응은 주로 책에 그렇게 설명되어 있어서, 선행연구에서 그렇게 쓰여 있어서 맞다고 생각했다는 것이다. 예를 들어, 선행연구를 고찰할 때는 연구의 필요성을 잘 피력하고 있는지, 연구가설을 검증하는 데 적합한 방법으로 설계되어 있는지, 측정 도구의 문제는 없는지, 연구결과에 대해서 근거에 기반하여 해석하고 있는지, 연구 목적에 부합하는 결론이 도출되었는지 등 다양한 측면에서 비판적으로 살펴볼 필요가 있다.

8) 다양한 인적 네트워크 형성하기

대학원에 진학한 학생들은 연령대나 직업, 경력 등이 매우 다양하다. 이렇게 다양한 배경을 가진 많은 사람을 한 장소에서 만난다는 것이 흔한 경우는 아닐 것이다. 대학원 과정에서 학습만큼 중요한 것이 다양한 사람과의 교류를 통해 인적 네트워크를 형성하는 것이다. 근접 지역 내의 동기나 졸업생과의 지속적인 교류는 상담활동을 할 수 있는 다양한 기회를 제공해 주고, 취업이나 이직을 희망하는 학생들은 실질적인 도움이 되는 정보를 얻을 수도 있을 것이다.

요약

상담자가 되기 위해 필수적으로 거쳐야 하는 대학원 과정을 통해 학생들은 상담의 전문적인 지식을 쌓고 상담기술을 익히며, 과학자로서의 연구역량을 개발하고, 자격증 취득과 취업을 위한 조건들을 채울 수 있다. 이를 위해 상담대학원 교수들은 교과목 강의와 연구지도, 실습지도 및 슈퍼비전 등을 제공하고, 직책에 따라서는 학생 관리 및 신입생 모집, 교과과정 이외의 학과와 지역사회를 위해 다양한 활동을 수행한다. 대학원 생활을 슬기롭게 이수하기 위해서는 자신의 대학원 진학 동기 및 목표, 전공 동일계열 여부, 관련 직업 여부 등에 따라 학기별 수강교과목 선택, 자격증 취득, 상담 수련 등에 대한 계획을 짜야 한다.

참고문헌

고용노동부(2015). 2015 국가직무능력표준: 표준 및 활용 패키지.

김인규, 김동일, 김소아, 노성덕, 손재환, 유현실, 이호준(2021). **상담 행정과 정책**. 서울: 사회평론아카데미.

유현실(2009). 진로상담전문가의 역량모형 개발. 서울대학교 박사학위논문.

조수연, 양미진(2013). 청소년상담사의 역량모형 개발을 위한 델파이 연구. **청소년상담연구**, 21(2), 59-75.

Sheperis, C. J., Young, J. S., & Daniels, M. H. (2009). *Counseling research: quantitative, qualitative, and mixed methods*. 최한나, 김은하, 김형수 역(2013). **상담연구방법론: 양적 · 질적 · 혼합적 방법론**. 서울: 학지사.

찾아보기

인명

내용

저자 소개

금명자(Keum Myoungja)
서울대학교 심리학 박사
현 대구대학교 심리학과 교수, 한국상담심리학회 이사장

권나윤(Kwon Nayoon)
대구대학교 상담학 박사
현 권나윤심리연구소 소장

김민종(Kim Minjong)
대구대학교 심리학 박사과정 수료
현 국방부 육군 중령, 전방 부대 포병 대대장

김정인(Kim Jeongin)
대구대학교 상담학 박사과정 수료
현 한국피해자지원협회(KOVA) 대구경북지부장

박수진(Park Sujin)
대구대학교 상담학 박사
전 대구북구청소년상담복지센터장

서숙희(Seo Sookhee)
대구대학교 상담학 박사
현 농업회사법인(유) 소풍 대표

이미숙(Lee Misook)
대구대학교 철학 박사(상담 및 임상심리 전공)
현 동국대학교WISE캠퍼스 사회과학대학원 사회심리상담학과 초빙교수,
마음애 심리상담연구소 소장

이정숙(Lee Jungsuk)
대구대학교 심리학 박사
현 힐링맘심리상담센터 대표

장혁란(Jang Hyukran)
대구대학교 상담학 박사
현 포항대학교 사회복지과 교수, 진로심리상담센터장

전정희(Jeon Jeonhhee)
대구대학교 상담학 박사
현 창원심리상담 치유연구소 소장

정상화(Jeong Sanghwa)
대구대학교 심리학 박사과정 수료
현 대구대학교 학생생활상담센터 연구원

진보겸(Jin Bokyom)
대구대학교 심리학 박사과정 수료
현 경상북도구미교육지원청 Wee센터 전문상담사

채강수(Chae Kangsoo)
대구대학교 상담학 박사
현 아가페심리언어발달센터 대표

천보경(Chun Bokyung)
대구대학교 상담학 박사
현 사회적기업 아가페사회적협동조합 이사장, 대구가톨릭대학교 객원교수

최희숙(Choi Heesuk)
대구대학교 상담학 박사
현 대구대학교 학생생활상담센터 상담교수

황정임(Hwang Jungim)
대구대학교 심리학 박사과정 수료
전 (주)씨에스원파트너 심리상담실장

심리상담 현장의 행정 실무

Practical Administration at Psychological Counseling Site

2022년 8월 10일 1판 1쇄 인쇄
2022년 8월 15일 1판 1쇄 발행

지은이 • 금명자 · 권나윤 · 김민종 · 김정인 · 박수진 · 서숙희 · 이미숙 · 이정숙
장혁란 · 전정희 · 정상화 · 진보겸 · 채강수 · 천보경 · 최희숙 · 황정임

펴낸이 • 김진환

펴낸곳 • (주)학지사
04031 서울특별시 마포구 양화로 15길 20 마인드월드빌딩

대표전화 • 02-330-5114 팩스 • 02-324-2345

등록번호 • 제313-2006-000265호

홈페이지 • http://www.hakjisa.co.kr

페이스북 • https://www.facebook.com/hakjisabook

ISBN 978-89-997-2726-9 93180

정가 18,000원

저자와의 협약으로 인지는 생략합니다.
파본은 구입처에서 교환해 드립니다.

이 책을 무단으로 전재하거나 복제할 경우 저작권법에 따라 처벌을 받게 됩니다.

출판미디어기업 학지사

간호보건의학출판 **학지사메디컬** www.hakjisamd.co.kr
심리검사연구소 **인싸이트** www.inpsyt.co.kr
학술논문서비스 **뉴논문** www.newnonmun.com
교육연수원 **카운피아** www.counpia.com